I0889119

ŒUVRES COMPLÈTES

VII

COMMENTAIRE SUR L'*ESPRIT DES LOIS* DE MONTESQUIEU

suivi de

OBSERVATIONS DE CONDORCET SUR LE VINGT-NEUVIÈME LIVRE DE L'*ESPRIT DES LOIS*

DU MÊME AUTEUR

À LA MÊME LIBRAIRIE

De l'amour, texte original en langue française, introduction, édition et notes par Claude Jolly, préface de Jean Tulard, « Bibliothèque des Textes Philosophiques – Poche », 128 pages, 2006.

Œuvres complètes, éditées par Claude Jolly, « Bibliothèque des Textes Philosophiques », 8 volumes :

I. *Premiers écrits. Sur l'éducation et l'instruction publique,* 256 pages, 2011.

II. *Essais philosophiques.*

III. *Éléments d'idéologie,* 1, *Idéologie proprement dite,* 308 pages, 2012.

IV. *Éléments d'idéologie,* 2, *Grammaire,* 248 pages, 2013.

V. *Éléments d'idéologie,* 3, *Logique,* 388 pages, 2014.

VI. *Éléments d'idéologie,* 4-5, *Économie, Morale (Traité de la volonté et de ses effets),* 324 pages, 2015.

VII. *Commentaire sur* L'Esprit des lois *de Montesquieu,* 290 pages, 2016.

VIII. *Correspondance.*

BIBLIOTHÈQUE DES TEXTES PHILOSOPHIQUES

NOUVELLE SÉRIE

Fondateur : Henri GOUHIER — Directeur : Emmanuel CATTIN

DESTUTT DE TRACY

ŒUVRES COMPLÈTES
VII

COMMENTAIRE SUR L'*ESPRIT DES LOIS* DE MONTESQUIEU

suivi de

OBSERVATIONS DE CONDORCET SUR LE VINGT-NEUVIÈME LIVRE DE L'*ESPRIT DES LOIS*

Introduction, édition et notes par

Claude JOLLY

PARIS

LIBRAIRIE PHILOSOPHIQUE J. VRIN

6, Place de la Sorbonne, V^e

2016

Imprimé en France
ISSN 0249-7972
ISBN 978-2-7116-2139-2
www.vrin.fr

INTRODUCTION

M. de Tracy
dans son Commentaire sur l'Esprit des lois,
*qui vaut mieux que l'*Esprit des lois...
J.-B. SAY [1]

À la charnière des XVIIIe et XIXe siècles, la pensée libérale a fait l'objet, on le sait, d'une assez profonde reformulation. Alors que le libéralisme, se référant aux droits naturels de l'homme, s'était initialement construit en quelque sorte par *opposition*, c'est-à-dire *contre* l'État absolutiste et *contre* le complice et rival de celui-ci, le pouvoir religieux, il voit s'ouvrir une nouvelle époque avec la Révolution française : il lui appartient cette fois de penser l'*accomplissement* du programme libéral, fondé sur la sécurité des personnes, la garantie de la propriété et l'exercice des libertés politiques et économiques[2]. Cette reformulation tient à deux facteurs. D'une part, l'expérience révolutionnaire dans toute sa richesse et complexité : elle a non seulement mis concrètement au premier rang la double exigence de liberté et d'égalité tout en renouvelant radicalement la conception de la

1. Jean-Baptiste Say, *Cours complet d'économie politique pratique*, Paris, Rapilly, 1828-1829, sixième partie, chap. VIII.

2. « Le second libéralisme, qui va se déployer dans la première moitié du XIXe siècle, ressemblera fort peu au premier : il en est séparé par Rousseau et la Révolution française. Toute la tâche du second libéralisme sera en quelque sorte "d'absorber le choc" produit par ce complexe d'événements, de sentiments et d'idées que condense l'expression *Rousseau et la Révolution française* » (Pierre Manent, *Histoire intellectuelle du libéralisme*, Paris, Fayard/Pluriel, 2012, p. 173).

représentation politique[1], mais elle a encore démontré qu'on pouvait, avec la Terreur, attenter à la liberté au nom même de la liberté. D'autre part, l'apparition de l'économie politique, elle-même tributaire d'un nouveau rapport à la richesse : d'un siècle à l'autre, celle-ci ne s'investit plus dans des offices qui permettent aux nouvelles fortunes d'intégrer la caste privilégiée mais trouve de plus grands profits dans l'industrie et le commerce.

En rédigeant le *Commentaire sur l'*Esprit des lois *de Montesquieu*, qui a l'ambition « d'établir quelques principes de l'art social »[2], Destutt de Tracy s'inscrit clairement dans ce nouveau contexte. À côté des contributions contemporaines d'autres penseurs que l'on peut ranger peu ou prou dans la classe des Idéologues, comme Sieyès[3], Say[4] ou Daunou[5], à côté des écrits de Mme de Staël[6] et de Benjamin Constant[7], le *Commentaire* est un ouvrage qui compte dans cette vaste entreprise de refondation[8].

1. « On peut regarder la représentation (le gouvernement représentatif) comme une invention nouvelle, qui était encore inconnue du temps de Montesquieu » écrit Destutt de Tracy au livre III du *Commentaire*, p. 73.

2. *Commentaire*, Livre XXVII-XXVIII, p. 251.

3. *Œuvres*, 3 vol., Paris, EDHIS, 1989. *Des manuscrits de Sieyès*, sous la direction de Christine Fauré, 2 vol., Paris, Champion, 1999-2007.

4. *Traité d'économie politique, ou Simple exposition de la manière dont se forment, se distribuent et se consomment les richesses*, Paris, Deterville, an XI-1803 ; réédition coordonnée par André Tiran, Paris, Économica, 2006.

5. *Essai sur les garanties individuelles que réclame l'état actuel de la société*, Paris, Foulon, 1819 ; réédition par Jean-Paul Clément, Paris, Belin, 2000.

6. *Considérations sur les principaux événemens de la Révolution française*, Paris, Delaunay, 1818 ; réédition sous le titre *Considérations sur la Révolution française* par Jacques Godechot, Paris, Taillandier, 1983. *Des circonstances actuelles et autres essais politiques sous la Révolution*, éd. sous la direction de Lucia Omacini, Paris, Champion, 2009.

7. À peu près à la même époque, Benjamin Constant rédige ses *Fragments d'un ouvrage abandonné sur la possibilité d'une Constitution républicaine dans un grand pays* (dont l'édition a été établie par Henri Grange, Paris, Aubier, 1991) et une première version de ses *Principes de politique applicables à tous les gouvernements* (dont l'édition a été établie par Étienne Hofmann, Genève, Droz, 1980).

8. Sur le *Commentaire*, voir notamment : Pierre-Henri Imbert, *Destutt de Tracy, critique de Montesquieu, ou De la liberté en matière politique*, Paris, Nizet, 1974 ; Jean-Paul Frick, « Destutt de Tracy et la démocratie de la raison éclairée », dans *Gli « Idéologues » e la Rivoluzione*, Pisa, Pacini Editore, 1991, p. 151-162 ; Rose Goetz, *Destutt de Tracy, philosophie du langage et science de l'homme*, Genève, Droz, 1993 ; Jean-Paul Frick et Rose Goetz, « Destutt de Tracy et la théorie de la représentation politique », dans *L'invention du peuple*, sous la direction de Rose Goetz et Alain Trognon, Nancy, Presses Universitaires de Nancy, 1993, p. 41-66 ; Bertrand Binoche, « Comment suivre la nature ? Tracy, lecteur de Montesquieu », *Revue Montesquieu*, 5, 2001, p. 59-91 ; Philippe Nemo, « A. Destutt de Tracy critique de Montesquieu : le libéralisme économique des Idéologues », *Romantisme*, 133, 2006/3, p. 25-34.

Marqué par le souci de la précision des termes et de la clarté de l'énoncé, l'ouvrage n'est pas en lui-même d'une lecture difficile. Pour autant, sa bonne compréhension suppose que deux conditions soient réunies :

– Tout d'abord, il importe d'être au clair sur la genèse et la publication de l'ouvrage, en répondant notamment à deux questions : Quels sont les mobiles qui ont conduit Destutt de Tracy à entreprendre ce commentaire ? Comment rendre compte des multiples péripéties qui accompagnent sa publication et qui font de celle-ci une aventure éditoriale peu commune ?

– Par ailleurs, dans la mesure où l'auteur s'est astreint à suivre l'ordre de l'*Esprit des lois* (et où la question de la logique – ou de l'absence de logique – de cet ordre fait depuis toujours l'objet d'un débat entre les spécialistes de Montesquieu), la progression du raisonnement et la cohérence d'ensemble de la pensée politique et sociale de Destutt de Tracy ne se donnent pas à voir aussi aisément qu'à l'accoutumée. Comme l'auteur le dit lui-même, il n'a pas distribué ses idées de manière à

> en former un ouvrage didactique, dans lequel les matières fussent rangées suivant l'ordre naturel de leur mutuelle dépendance [1].

Aussi apparaît-il nécessaire de reconstituer la chaîne de ces idées, ce qui permet en outre de préciser la place dans l'histoire de la pensée politique de cet ouvrage qui est tout à la fois très représentatif de la pensée libérale de son temps et, par d'autres aspects, tout à fait original.

C'est donc à ce double éclairage qu'il convient de procéder.

GENÈSE ET PUBLICATION DU *COMMENTAIRE*

Nous savons qu'à la fin de l'année 1804 Destutt de Tracy achève la rédaction de sa *Logique* et dresse le plan de l'ensemble des *Éléments d'idéologie*. Il pense d'abord qu'il n'aura pas la force d'écrire les trois volumes suivants appelés à former le *Traité de la volonté et de ses effets* (*Économie*, *Morale*, *Législation*) et il laisse la réalisation de ce programme de travail

> à des hommes plus capables de les remplir et qui auront eu le bonheur de n'être pas obligés, comme moi, de consumer tous leurs efforts à débrouiller la première partie dont je me suis occupé [2].

1. *Commentaire*, Réflexions préliminaires, p. 55.
2. *Éléments*, *Logique*, chap. IX, p. 209.

En réalité, le « feu sacré » pour l'Idéologie qu'il évoque dans une lettre à Maine de Biran[1] est le plus fort et le conduit à poursuivre son entreprise en rédigeant en 1805, d'une part le *Supplément à la première section des Éléments d'idéologie* ainsi qu'un petit volume intitulé *Principes logiques* qui ne paraîtra qu'en 1817, d'autre part le chapitre introductif du *Traité de la volonté et de ses effets*. Ce chapitre, dans lequel il déduit de la faculté de vouloir tous les concepts-clés de la seconde section des *Éléments* (personnalité et propriété, besoins et moyens, richesses et dénuement, liberté et contraintes, droits et devoirs) est évidemment déterminant dans la mesure où il assure la liaison entre les deux premières sections et fonde philosophiquement les sciences morales et politiques. Une lettre à Claude Fauriel du 12 décembre 1807 nous permet de conclure que le *Supplément* et le chapitre introductif sont achevés à la fin de l'année 1805 puisque Destutt de Tracy indique qu'il s'agit là d'un « travail fait il y a deux ans »[2].

C'est en 1806 et 1807 qu'il rédige le *Commentaire sur l'*Esprit des lois *de Montesquieu*. Cela est attesté par quatre occurrences dans l'ouvrage lui-même[3] et confirmé par les lettres que l'auteur adresse à Claude Fauriel au cours de cette période[4]. Par ailleurs Cabanis en informe à l'époque Maine de Biran :

> [Tracy] travaille dans ce moment à des remarques sur un de nos plus grands écrivains qu'on regarde avec raison comme un homme de génie, mais qui, dans l'ouvrage jugé son chef-d'œuvre, a peut-être avancé autant d'erreurs dangereuses que de vérités importantes. Ce sera un très bel et bon ouvrage[5].

Enfin, c'est par une nouvelle lettre à Fauriel, datée du 23 octobre 1807, que nous apprenons que le *Commentaire* est achevé :

> Vous avez lu une grande partie de ce certain commentaire. Il est fini. Je voudrais que vous eussiez la complaisance de voir le reste. Je vous enverrais bien ce reste. Mais je ne sais si vous en connaissez déjà 13 livres ou 19; et je ne voudrais pas vous effrayer d'un tas de papier inutile. Ainsi

1. Lettre du 16 thermidor an 12 (3 août 1804), dans *Œuvres* de Maine de Biran, sous la direction de François Azouvi, XIII-2 et XIII-3, *Correspondance philosophique, 1766-1824*, éditée par André Robinet et Nelly Bruyère, Paris, Vrin, 1996, p. 404.

2. Bibliothèque de l'Institut, Fonds Fauriel, Ms 2327, n° 2, pièce 460.

3. Avertissement à l'édition de 1819, p. 53 : « Cet ouvrage existe depuis plus de douze ans » ; Livre VI, p. 96 : « cet ouvrage est écrit en 1806 » ; Livre VII, p. 108 : « actuellement (en 1806) » ; Livre XIII, p. 199 : « ayant écrit ceci il y a treize ans ».

4. Lettres du 19 juin 1806 et du 23 mai 1807, Bibliothèque de l'Institut, Fonds Fauriel, Ms 2327, n° 2, pièces 455 et 457.

5. Lettre du 8 avril 1807, dans *Œuvres* de Maine de Biran, *Correspondance philosophique*, *op. cit.*, p. 477.

dites-moi, je vous prie, où vous en êtes resté; et le surplus vous arrivera par le panier de jeudi, sauf toutefois à en faire tant et si peu d'usage que vous voudrez[1].

Pourquoi le Commentaire ?

Cette chronologie soulève cependant une question: pour quelles raisons Destutt de Tracy, alors qu'il est pleinement engagé dans la rédaction de la deuxième section des *Éléments d'idéologie* (*Traité de la volonté et de ses effets*), éprouve-t-il le besoin de faire un si long « détour » par Montesquieu et de se livrer à un examen critique, chapitre après chapitre, de l'*Esprit des lois*?

À cette question il existe deux réponses qui se complètent et se cumulent, donnant à penser que ce « détour » était pour l'auteur une nécessité absolue.

Amasser des matériaux pour le Traité de la volonté de ses effets

La première explication est la plus simple et la plus évidente : Destutt de Tracy a souvent procédé ainsi. Presque toujours en effet, il s'est « posé en s'opposant ». C'est à la fois en prenant appui sur Condillac et en le rectifiant qu'il a établi les fondements de l'Idéologie (*Idéologie proprement dite*); c'est en prenant appui sur Port-Royal, Dumarsais et Beauzée et en les rectifiant qu'il a élaboré sa science du langage (*Grammaire*); c'est en prenant appui sur Bacon et Hobbes et en les rectifiant qu'il a élaboré sa science du raisonnement (*Logique*). Avec le *Commentaire*, pour pouvoir développer ses idées sur les sciences morales et politiques, il s'engage assez naturellement dans un processus analogue.

À ce stade cependant, cette première question en appelle une seconde : pourquoi avoir précisément choisi le chef-d'œuvre de Montesquieu plutôt qu'un autre ouvrage? La réponse ici ne fait guère de doutes. Nous savons en effet que deux livres de philosophie politique ont sans conteste « surplombé » la Révolution et sont tenus à cette époque pour faire, sinon autorité, du moins référence: *De l'esprit des lois* de Montesquieu et *Du contrat social* de Rousseau. Or le choix de Destutt de Tracy ne peut se porter que sur le premier, pour trois raisons :

– D'abord, parce que Montesquieu affiche sa volonté de ne partir que des *faits*, de ce qui *est* et non de ce qui devrait être, alors qu'à l'inverse Rousseau assume sa détermination à « écarter tous les faits » pour

1. Bibliothèque de l'Institut, fonds Fauriel, Ms 2327, n°2, pièce 458.

privilégier ce qui *doit être*. Or Tracy, qui a établi que la science s'enracine dans la connaissance des *faits*[1], partage sur ce plan l'approche du magistrat de La Brède et peut déclarer

> Je ne veux, à l'exemple de Montesquieu, que dire ce qui est[2].

– Ensuite, parce que la « plasticité » de l'*Esprit des lois* dans lequel on a pu voir, selon les lecteurs et les lectures, un appel nostalgique au retour à la monarchie féodale, la fondation du libéralisme, la défense et illustration de la Constitution anglaise ou encore la glorification de la « vertu » républicaine, permet à Destutt de Tracy de se positionner sur tous les fronts.

– Enfin, parce que Rousseau est à ses yeux, comme à ceux de tous les Idéologues, le philosophe qui, quel que fût par ailleurs son génie, a conféré sa légitimité à la Terreur, en permettant à une minorité de s'auto-proclamer porteuse de l'expression de la volonté générale.

C'est donc *De l'Esprit des lois* qu'il choisit de faire passer au tamis des trois éléments constitutifs de l'*Ère française*[3] : la méthode de l'Idéologie, fondée notamment sur l'analyse et l'élaboration de définitions complètes et précises des idées dont on traite; les progrès accomplis par les sciences morales et politiques dans le demi-siècle qui s'est écoulé depuis la publication de l'*Esprit des lois*; l'expérience irremplaçable de la liberté dans des formes que Montesquieu ne pouvait pas même soupçonner. Comme il le dit lui-même, il s'agit de mettre à profit

> l'énorme avantage que me donne sur [Montesquieu] les lumières acquises pendant les cinquante *prodigieuses* années qui séparent le moment où il a éclairé ses contemporains de celui où je soumets aux miens le résultat de mes études[4].

Ce faisant, il sera en mesure de

> former [son] opinion, de la mettre par écrit, afin d'achever de l'éclaircir et de la fixer[5].

1. « C'est toujours [des faits] que nous devons partir; car ce sont eux seuls qui nous instruisent de ce qui est » (*Éléments*, *Idéologie proprement dite*, Introduction, p. 85).

2. *Commentaire*, Livre II, p. 67.

3. *Éléments*, *II*, *Grammaire*, Introduction, p. 43.

4. *Commentaire*, Réflexions préliminaire, p. 55. C'est Destutt de Tracy qui souligne. Dans le *Traité de la volonté et de ses effets*, (*Éléments*, *IV*), il indique au chapitre XI, p. 191, que si « Montesquieu était un grand homme, [...] la science n'était pas faite de son temps ».

5. *Commentaire*, Réflexions préliminaire, p. 55.

Dans la lettre à Fauriel déjà citée du 23 octobre 1807, il confirme on ne peut plus clairement cette première fonction du *Commentaire :*

> Vous savez que je n'ai fait le commentaire que pour avoir une occasion d'agiter une foule de questions, jeter mes idées dans ces différents cadres, et les y reprendre quelque jour, les mettre dans un ordre didactique, et en composer la quatrième partie de l'ouvrage dont j'ai tracé le plan, et dont j'ai déjà donné trois volumes.

Il s'agit donc de réunir des « matériaux » pour la suite des *Éléments d'idéologie*, ainsi qu'il le confirmera un peu plus tard à Jefferson :

> Mes remarques sur Montesquieu n'avaient pas d'autre objet que d'éclaircir quelques-unes de mes idées et de me fournir des matériaux pour l'exécution de ce projet [le Traité de la volonté et de ses effets] [1].

Aussi, comme cela a été souvent souligné[2], l'ouvrage de Tracy est moins un « commentaire » à proprement parler que le laboratoire de formation des propres idées de l'auteur sur tout ce qui touche à l'économie[3] et à l'organisation sociale et politique.

Faire œuvre politique, « utile tôt ou tard »[4]

La seconde raison est plus directement politique et exprime une forme d'engagement. Il faut en effet garder à l'esprit que Destutt de Tracy, ancien Constituant devenu par la force des choses un opposant silencieux au régime, membre d'un Sénat rapidement réduit à un rôle de figurant, vit le Consulat puis l'Empire comme une longue période de régression et de glaciation : il est alors profondément frustré de politique, à la fois en tant que théoricien et en tant qu'acteur de la vie publique. De ce point de vue,

1. Lettre de Destutt de Tracy à Jefferson en date du 21 octobre 1811. La correspondance croisée entre Destutt de Tracy et Jefferson a été publiée dans Gilbert Chinard, *Jefferson et les Idéologues d'après sa correspondance inédite avec Destutt de Tracy, Cabanis, J.-B. Say et Auguste Comte*, Baltimore/Paris, The Johns Hopkins Press/P.U.F., 1925. Dans la lettre déjà citée du 12 décembre 1807 à Fauriel, Tracy parle du *Commentaire* comme d'un « amas de matériaux ».

2. Sainte-Beuve, dans son « lundi » du 18 octobre 1852 consacré à Montesquieu, écrit que « malgré le titre, c'est une réfutation logique et une rectification, plutôt qu'un *Commentaire* ».

3. Ainsi plusieurs développements du *Commentaire* sur le luxe (Livre VII), l'impôt (Livre XIII), le commerce (Livres XX-XXI), la monnaie (Livre XXII) et la population (Livre XXIII) sont-ils repris dans le premier volume du *Traité de la volonté et de ses effets*, consacré à l'économie.

4. « C'est le sincère désir d'être utile tôt ou tard et non la vaine espérance d'être célèbre qui m'a fait travailler » (Lettre du 21 octobre 1811 à Jefferson citée à la n. 1 *supra*).

le *Commentaire* n'a pas pour seule fonction de l'aider à préparer le quatrième volume des *Éléments d'idéologie*, relatif à l'économie, ainsi que le sixième, relatif à la législation, il lui permet aussi d'entrer de plain-pied dans la chose politique, bien que ce soit de façon souterraine et masquée, puisque la rédaction est entourée du plus grand secret. Seuls sont en effet dans la confidence les amis les plus proches qu'il fréquente à cette époque : de façon certaine Cabanis, Fauriel, Mme de Condorcet (qui lui confie le manuscrit des *Observations* inédites écrit par son mari sur le 29e livre de l'*Esprit des lois*), La Fayette et Maine de Biran ; très probablement aussi Daunou, Jacquemont et Joseph Rey [1] qui font partie du cercle de ses intimes et partagent ses vues politiques. En se lançant dans ce travail, il compense sa marginalisation politique en nouant un fil invisible entre les perspectives ouvertes par la Révolution, auxquelles il continue d'adhérer envers et contre tout, et le régime qui, plus ou moins tôt ou plus ou moins tard, succédera inéluctablement à l'Empire [2].

On voit par là que le *Commentaire* est un objet quelque peu paradoxal : c'est l'œuvre encore « secrète » d'un « philosophe engagé » ! Cet engagement se manifeste de trois façons.

En premier lieu, au travers de Montesquieu, ou plutôt de la façon dont celui-ci est reçu. En effet, à la fin du XVIIIe siècle comme au début du siècle suivant, Montesquieu n'est pas seulement le grand auteur « classique » que chacun se plaît à reconnaitre, il est aussi au cœur de questions qui nourrissent directement les débats et les prises de parti. Ceux-ci se cristallisent notamment autour de la nature de la Constitution avec, de la part des partisans d'un régime « à l'anglaise » (un roi et l'instauration de deux chambres : une chambre aristocratique et héréditaire à côté d'une chambre basse ayant vocation à représenter le peuple), un appel permanent à l'autorité du châtelain de La Brède. Ce débat est récurrent en France, même après que les monarchiens anglophiles ont quitté, dès octobre 1789, le navire de la Révolution. Il n'est pas moins présent outre-Atlantique, entre ceux qui,

1. En envoyant le manuscrit à Joseph Rey, il lui écrit en 1809 : « Je vous confie sous le plus grand secret un manuscrit qu'on m'a confié de même. Il n'est point de moi, je n'en suis que le copiste. [...] Vous n'en parlerez jamais. Vous en sentirez les raisons en le lisant. Je vous en dirai encore d'autres quand nous nous verrons » (Lettre du 23 octobre 1809, dans Destutt de Tracy, *Lettres à Joseph Rey, 1804-1814*, éd. par Claude Jolly, Genève, Droz, 2003, p. 94). La dernière phrase donne à penser que Destutt de Tracy attend une prochaine rencontre avec J. Rey pour le mettre de vive voix dans la confidence.

2. À cet égard, il rappelle (*Commentaire*, Livre VI, p. 96) que le livre a été écrit « sous le gouvernement impérial, dont alors il n'était pas possible de dire précisément quelle serait la fin, encore qu'il fût aisé de prévoir qu'il ne pourrait pas durer longtemps ».

avec Hamilton, auraient voulu « angliciser » la Constitution américaine et ceux qui, autour notamment de Jefferson, se réclament d'une République qui ne saurait envisager de couronner Washington et récusent toute formation d'un corps aristocratique. En décidant de se confronter à l'*Esprit des lois*, il ne fait pas de doute que Destutt de Tracy entend prendre part à ce débat et s'opposer à ceux qui, avec Montesquieu, voudraient voir dans la Constitution anglaise

> la perfection et le dernier terme de la science sociale [1].

En second lieu, cet engagement s'exprime dans le fait que le *Commentaire* permet à son auteur de mettre en regard la théorie politique et les événements et régimes qu'il a eu à vivre ou à connaître. Ainsi la Constitution de 1791 annonçait-elle le « gouvernement représentatif sous un seul chef », avant que la Convention ne se laisse « dominer par des fanatiques et des hypocrites, des scélérats et des fourbes » [2]. Ainsi la Constitution de l'an 3 qui ouvrait la voie au « gouvernement représentatif sous plusieurs chefs » (Directoire) ne pouvait-elle réussir en dépit de ses grandes qualités, puisque les Français « n'en voulaient pas » [3]. Ainsi la Constitution de l'an 8 a-t-elle abdiquée sous le Consulat,

> parce que la liberté est toujours impossible à défendre dans une nation tellement fatiguée de ses efforts et de ses malheurs, qu'elle préfère même l'esclavage à la plus légère agitation qui pourrait résulter de la moindre résistance [4].

Mais surtout, il est difficile de ne pas voir dans le *Commentaire* une charge virulente contre le fait de confier tout le pouvoir exécutif à un seul homme [5] et de ne pas reconnaître l'empereur dans ce portrait :

> C'est un ambitieux plus habile que les autres. Il tient seul dans sa main toute la force réelle : elle sera employée uniquement pour lui. Il est trop au-dessus de ses concitoyens pour n'avoir pas d'autres intérêts que les leurs : il n'en a qu'un, celui de se perpétuer dans son pouvoir. Ils ont besoin de repos et de bonheur. Il a besoin d'affaires, de discordes, de querelles, de guerres, pour

1. *Commentaire*, « Résumé des douze premiers livres », p. 171. Dans sa brochure *M. de Tracy à M. Burke* (1790 et 1794), Destutt de Tracy avait déjà marqué son opposition à la Constitution anglaise, « malgré des choses admirables ». (Voir *Œuvres complètes*, I, p. 57-58).

2. *Commentaire*, Livre XI, p. 144.

3. *Ibid.*, p. 135.

4. *Ibid.*, p. 162.

5. « J'ose affirmer, quoi que l'on en ait dit, qu'il est absolument indispensable que [le pouvoir exécutif] ne soit pas tout entier dans une seule main. » (*Commentaire*, p. 152)

> se rendre nécessaire : il n'en manquera pas. Il procurera peut-être à son pays des succès militaires et des avantages extérieurs, mais jamais au-dedans une félicité tranquille. Il deviendra impossible de le déplacer et de le remplacer. Cet effet est si aisé à produire que jamais homme trop puissant n'a manqué de garder toute sa vie le pouvoir, ou ne l'a perdu que par de grands malheurs publics [1].

Enfin, et c'est le troisième point, la volonté de Destutt de Tracy d'intervenir *in fine* dans le débat politique se marque plus encore par le recours à Jefferson dont le nom apparaît dans les premières lignes de l'Avertissement :

> J'avais écrit [cet ouvrage] pour M. Jefferson, l'homme des deux mondes que je respecte le plus, et s'il le jugeait à propos, pour les États-Unis de l'Amérique du nord.

Cette phrase est cependant plus énigmatique qu'il n'y paraît et appelle des explications. Thomas Jefferson, auteur de la déclaration d'indépendance américaine, président des États-Unis de 1801 à 1809 puis actif retraité à Monticello, fait alors l'objet, sinon d'un culte, du moins d'une grande admiration de la part des élites libérales françaises : n'est-il pas en effet, avec Washington, celui qui a réalisé outre-Atlantique ce que celles-ci n'ont pas réussi à édifier dans leur propre pays. S'il a noué en France de nombreuses relations [2] lorsqu'il était ministre plénipotentiaire des États-Unis à Paris de 1785 à 1789, il ne connaît pas Destutt de Tracy qu'il a peut-être croisé dans le salon de Mme Helvétius. Entre eux, le lien n'est réellement opéré par La Fayette qu'en 1802, quand ce dernier fait hommage à Jefferson, de la part de Cabanis, des *Rapports du physique et du moral de l'homme*, et de la part de Tracy, du *Projet d'éléments d'idéologie* et des *Observations sur le système actuel d'instruction publique* [3]. Les ouvrages de Tracy n'étant pas parvenus jusqu'à leur destinataire, La Fayette annonce un nouvel envoi et ajoute :

> Both [Tracy et Cabanis] are impressed with the same veneration for your person, your principles, and your conduct [4].

1. *Commentaire*, p. 155.

2. La Fayette, qu'il a rencontré pour la première fois en 1781 à la fin de la guerre d'indépendance, les Condorcet, Dupont de Nemours, Cabanis, Constant, Volney, etc.

3. *The Letters of Lafayette and Jefferson*, with an introduction and notes by Gilbert Chinard, Baltimore, The Johns Hopkins Press, Paris, Les Belles Lettres, 1929, p. 216.

4. Lettre de La Fayette à Jefferson en date du 26 février 1804, *ibid.*, p. 227-229. Dans la lettre suivante, datée du 20 avril 1805, La Fayette indique à Jefferson : « You have no greater admirers in the world than my two friends Tracy and Cabanis » (*ibid.*, p. 236).

C'est dans ce contexte que Destutt de Tracy écrit le 1er ventôse an 12 (20 février 1804) la première d'une longue série de lettres à Jefferson, à qui il adresse un nouvel exemplaire du *Projet* en y joignant sa *Grammaire* récemment parue, et dit toute l'admiration qu'il porte à la personne de son correspondant :

> J'attache un grand intérêt à ce que cet écrit ait l'avantage d'être connu de vous. Je n'ose espérer qu'il mérite le suffrage que j'ambitionne le plus dans le monde ; mais j'aime à me flatter que l'homme d'État et le philosophe éclairé qui fait le bonheur d'un grand peuple et contribue puissamment aux progrès de l'humanité tout entière, verra avec indulgence et bienveillance quelques recherches qui ont pour but d'assurer la marche de l'esprit humain, et de donner enfin une base incontestable à toutes ses connaissances.

Faute de sources plus précises, nul ne sait à quel moment exactement Destutt de Tracy, encouragé par La Fayette, en vient à l'idée de faire publier le *Commentaire* aux États-Unis par l'intermédiaire et sous le patronage de Jefferson. Il est probable qu'elle s'impose à lui progressivement pour plusieurs raisons :

– il est conscient du fait que son ouvrage n'a aucune chance de franchir l'obstacle de la censure impériale, mais qu'il peut être favorablement reçu dans le pays le plus éclairé de la planète ;

– non seulement il sait qu'il existe une grande communauté de vues entre ses propres conceptions et celles de Jefferson[1], mais il se convainc que la caution de celui-ci peut conférer à son travail une légitimité et une autorité inespérées ;

– il espère que ce livre, une fois édité avec succès aux États-Unis, pourra être publié ultérieurement sur le vieux continent.

Toutefois ce n'est que le 12 juin 1809, soit vingt mois après l'achèvement du *Commentaire*, que La Fayette et Destutt de Tracy, profitant du retour en Amérique d'un ancien secrétaire de Jefferson, adressent chacun à ce dernier une lettre ainsi que le manuscrit de l'ouvrage. Des deux missives, c'est celle de La Fayette qui est la plus explicite :

1. « Si l'on met à part quelques points de détails, Destutt de Tracy exposait avec la plus grande clarté et démontrait par un rigoureux raisonnement les principes même de la *Jeffersonian democracy*. En bien des endroits, la ressemblance est telle que Jefferson aurait pu écrire des pages entières du *Commentaire*. » (Gilbert Chinard, *Jefferson et les Idéologues*, *op. cit.*, p. 45)

> Among those who have not the advantage of personal intimacy there is none more attached to you than M. de Tracy. He has intrusted me with a secret, and a wish, both of which I have encouraged him to communicate to you. He has made some observations on Montesquieu's *Esprit des lois* – will not be known to be the author of them – and thinks that, if you approve them, which I am sure will be the case, they had better be translated in English, and published from an American press as being the work of a citizen of the U.S. Then copies might be sent to Europe and translated in French, for public use, as coming from the other, and now the only republican shore – the propriety of keeping the secret is obvious – that the translating and publishing the work is left to your judgement [1].

On trouve ici tous les éléments de la stratégie envisagée :

– la nécessité de garder secret sur le nom de l'auteur, qui ne veut pas entrer en conflit avec les autorités de son pays ;

– la publication de l'ouvrage en anglais aux États-Unis, sous la plume fictive d'un auteur américain anonyme ;

– l'envoi d'exemplaires en Europe et la traduction (!) en français.

On ne saurait mieux dire que la finalité ultime de ce long détour (encore un !) est dans le retour de l'ouvrage en langue française et en Europe.

Lorsqu'il reçoit en octobre 1811 un exemplaire de l'ouvrage traduit en anglais et publié trois mois plus tôt à Philadelphie, Destutt de Tracy, manifestement très heureux [2], adresse une longue lettre de remerciements à Jefferson. Celle-ci exprime toutefois un certain infléchissement par rapport à celle de La Fayette dans la mesure où l'envoi d'exemplaires en Europe ainsi que l'édition en français paraissent repoussés à une date indéfinie :

> Vous avez préservé [mes vues] de l'oubli auquel elles semblaient condamnées. Vous les avez publiées et répandues dans un vaste pays qui est l'espérance et l'exemple de l'univers. Je suis plus que content. Le destin des vérités est de faire le tour du monde, une fois qu'elles sont connues ; et je me console très bien que celles-ci ne reviennent en Europe qu'après ma mort, parce qu'elles y troubleraient ma vie. Je vous remercie infiniment d'avoir protégé mon secret [3].

1. *The Letters of Lafayette and Jefferson*, *op. cit.*, p. 287-288.

2. On sait que la perspective d'être publié aux États-Unis a joué un rôle non négligeable dans la fin de la dépression dont souffrait Destutt de Tracy depuis 1807 (Voir *Œuvres complètes*, III, p. 30-33).

3. Lettre de Destutt de Tracy à Jefferson en date du 21 octobre 1811.

Une aventure éditoriale

Ainsi qu'en témoigne l'encadré ci-dessous, le *Commentaire* a connu un réel succès de librairie puisque l'on compte du vivant de l'auteur pas moins de 12 éditions, dont 7 en français et 5 dans une langue étrangère. Cette large diffusion s'est toutefois accompagnée d'un grand nombre de péripéties qui méritent d'être exposées dans la mesure elles nous renseignent sur la destinée et la réception de l'ouvrage.

Éditions du *Commentaire* parues du vivant de l'auteur

1811 : édition originale en langue anglaise (édition anonyme)

A Commentary and Review of Montesquieu's Spirit of Law. *Prepared for the press from the original manuscript, in the hands of the publisher. To which are annexed Observations on the thirty-first* [*sic*] *book by the late M. Condorcet : and two letters of Helvetius on the merits of the same work,* Philadelphia, printed by W. Duane, 1811, VIII-292 p.

1817 : édition de Liège (édition anonyme)

Commentaire sur l'Esprit des lois de Montesquieu, suivi d'Observations inédites de Condorcet sur le vingt-neuvième livre du même ouvrage, Liège, J.F. Desoer, 1817, – XV-476 p. (impr. de J.F. Desoer)

1819 : édition de Paris (édition anonyme)

Commentaire sur l'Esprit des lois de Montesquieu, suivi d'Observations inédites de Condorcet sur le vingt-neuvième livre du même ouvrage; édition entièrement conforme à celle publiée à Liège en 1817, Paris, Delaunay, Mongie aîné, 1819, XVI-475 p. (impr. de Fain).

[Cette édition a fait l'objet d'une reproduction par le Centre de philosophie politique et juridique de l'Université de Caen, 1992 (Bibliothèque de philosophie politique et juridique). Cette reproduction est toutefois amputée des Observations de Condorcet.]

1819 : édition originale en langue française, sous le nom de l'auteur

Commentaire sur l'Esprit des lois de Montesquieu, suivi d'Observations inédites de Condorcet sur le vingt-neuvième livre du même ouvrage et d'un mémoire sur cette question : Quels sont les moyens de fonder la morale d'un peuple ?, écrit et publié par l'auteur du Commentaire de l'Esprit des lois en 1798 (*an 6*), Paris, Théodore Desoer, juillet 1819, XVI-480 p., in – 8° (impr. Didot)

[Cette édition a fait l'objet d'une reproduction par Slatkine Reprints, Genève, 1970 et 2013.]

1820 : traduction en italien

Commentario sopra lo Spirito delle legi di Montesquieu, opera del C. Destutt de Tracy seguita dalle osservazioni di Condorcet, prima versione italiana, – S.l., 1820, IV-25-302 p., in –16.

1820-1821 : traduction en allemand

Charakterzeichnung der Politik aller Staaten der Erde. Kritischer Commentar über Montesquieu's Geist der Gezetze, vom Grafen Destutt de Tracy; nebst zweien Anhangsschriften vom selben Verfasser, und vom Condorcet; übersetz und glossirt vom Professor Dr. C.E. Morstadt, Heidelberg, K. Groos, 1820-1821, 2 vol.

1821 : traduction en espagnol

Comentario sobre el Espiritu de las leyes de Montesquieu, con las observaciones ineditas de Condorcet, traducido del frances al espanol, por el doctor D. Ramon Salas, Burdeos, en la imprenta de Lawalle Joven, 1821, 504 p., in –12.

1822 : traduction en espagnol

Comentario sobre el Espiritu de las leyes, por Destut-Tracy, traducido por D. Ramon Salas, Tolosa, en la imprenta de Bellegarrigue, 1822, 346 p., in –12.

1822 : deuxième édition Th. Desoer

Commentaire sur l'Esprit des lois de Montesquieu, suivi d'Observations inédites de Condorcet sur le vingt-neuvième livre du même ouvrage et d'un mémoire sur cette question : Quels sont les moyens de fonder la morale d'un peuple ?, écrit et publié par l'auteur du Commentaire de l'Esprit des lois en 1798 (*an 6*), Paris, Théodore Desoer, 1822, XVI-437 p., in –18 (impr. de Fain).

1822 : T. 8 des Œuvres de Montesquieu, première édition Dalibon

Commentaire sur l'Esprit des lois de Montesquieu, suivi d'Observations inédites de Condorcet sur le vingt-neuvième livre du même ouvrage et d'un mémoire sur cette question : Quels sont les moyens de fonder la morale d'un peuple ? écrit publié en 1798 (*an 6*), Paris, Dalibon, 1822, 487 p., in –8° (impr. de L.T. Cellot)

1827 : T. 8 des Œuvres de Montesquieu, seconde édition Dalibon

Commentaire sur l'Esprit des lois de Montesquieu, suivi d'Observations inédites de Condorcet sur le vingt-neuvième livre du même ouvrage et d'un mémoire sur cette question : Quels sont les moyens de fonder la morale d'un peuple ? écrit publié en 1798 (*an 6*), Paris, Dalibon, 1827, 464 p., in –8° (impr. de Fain)

1828 : Édition Lévi

Commentaire sur l'Esprit des lois de Montesquieu, suivi d'Observations inédites de Condorcet sur le vingt-neuvième livre du même ouvrage et d'un mémoire sur cette question : Quels sont les moyens de fonder la morale d'un peuple ?, écrit et publié par l'auteur du Commentaire de l'Esprit des lois en 1798 (*an 6*), Paris, Lévi, 1828, XVI-437 p., in-18 (impr. de. Thuau).

L'édition américaine de 1811

Envoyé de France en juin 1809, le manuscrit ne parvient à Jefferson qu'à la fin du mois de septembre. Comme le pressentait La Fayette, Jefferson y trouve exprimées de façon claire et concise nombre des idées qu'il a toujours défendues[1]. Il perçoit rapidement l'intérêt de sa publication dans le débat politique américain et procède à la traduction du livre XI, le plus important de tous. En août 1810, il propose à un de ses anciens partisans, William Duane, directeur du journal l'*Aurora* à Philadelphie, imprimeur et libraire, de faire traduire et d'éditer l'ouvrage, exigeant seulement de pouvoir assurer la révision de la traduction. Bien que surchargé de travail, Duane n'ose pas refuser à l'ancien président. Aussi Jefferson lui adresse-t-il le manuscrit en septembre 1810, en formulant en outre deux demandes :

– il préconise d'ajouter *and Review* au titre qui devient ainsi *A Commentary and Review of Montesquieu's* Spirit of Laws ;

– il souhaite que l'édition inclue les lettres d'Helvétius sur l'ouvrage de Montesquieu, lettres évoquées par Destutt de Tracy dans le livre II[2].

1. Il existe toutefois un point sur lesquels Destutt de Tracy et Jefferson divergent et qui fait l'objet d'un long échange épistolaire entre eux en 1811. Pour des raisons théoriques, mais aussi parce que le despotisme napoléonien qu'il a sous les yeux constitue pour lui un repoussoir absolu, le premier est vigoureusement opposé au fait que le pouvoir exécutif soit concentré dans une seule main. À l'opposé, Jefferson tire de son expérience gouvernementale personnelle ainsi que de l'échec en France du Directoire la conclusion qu'un exécutif efficace doit s'organiser autour d'un chef unique : s'agissant des États-Unis, il voit dans la Constitution d'une « fédération » d'États dotés des plus larges compétences le meilleur des contrepoids pour empêcher que le chef de l'exécutif puisse se transformer en dictateur. Destutt de Tracy lui répond que si un État fédéral est possible outre-Atlantique dans un pays qui n'est pas entouré d'États puissants et hostiles, ce n'est pas le cas de la France qui n'a pu tenir tête aux coalisés que « par l'effet du pouvoir central le plus énergique » (Lettre du 21 octobre 1811, citée dans la note précédente).

2. Comme l'indique Destutt de Tracy dans une note du livre II (p. 67), ces lettres ont été publiées par l'abbé de La Roche en l'an 3, dans les *Œuvres complètes* de Montesquieu. Nous

Malheureusement, il s'avère que la traduction, effectuée par des personnes peu compétentes, est défectueuse et contraint Jefferson à s'impliquer dans sa révision beaucoup plus qu'il ne l'avait envisagé. Même après correction, la traduction lui paraît trop lourde pour qu'il soit possible de rendre crédible la fiction d'un ouvrage écrit directement en anglais par un Américain. Aussi Jefferson écrit-il une préface (Annexe I) tendant à faire croire que l'auteur est un Français qui, ayant cherché « à échapper à la tyrannie du monstre Robespierre », a émigré aux Etats-Unis. Fin janvier 1811, la traduction est achevée et Jefferson peut enfin annoncer à Destutt de Tracy, qui se désespérait d'être sans nouvelles de sa part, la prochaine impression de l'ouvrage. Le volume sort des presses fin juin 1811 et Jefferson, profitant du retour en France de D.-B. Warden qui doit reprendre ses fonctions de consul des États-Unis à Paris, confie à ce dernier un exemplaire à remettre, par l'intermédiaire de La Fayette, à son auteur.

À ses nombreux correspondants, Jefferson ne manque jamais de dire toute l'importance qu'il attache au *Commentaire* : il le qualifie « d'évangile politique pour une nation ouverte à la raison », promis à devenir un « classique » ; ce sera, dit-il, un livre qui « fera époque » [1]. Dans son État, la Virginie, il encourage l'utilisation de l'ouvrage comme manuel au sein du collège *William and Mary* puis, dans les années 1820, au sein de l'université de Virginie à la fondation de laquelle il préside[2]. En 1815, le tirage est épuisé et Jefferson manifeste à plusieurs reprises son souhait de voir le livre réédité en anglais et édité en français.

savons cependant aujourd'hui qu'il s'agit de faux, confectionnés par l'abbé lui-même : voir à ce sujet l'annexe II.

1. « It will spread and become a political gospel for a nation open to reason » (Lettre de Jefferson à Destutt de Tracy en date du 28 novembre 1813, dans Gilbert Chinard, *Jefferson et les Idéologues*, *op. cit.*, p. 118-119) ; « The book will make its way and will become a standard book » (Lettre de Jefferson à W. Duane en date du 4 avril 1813, *ibid.*, p. 111-113) ; « it is a most valuable work, one which I think will form an epoch in the science of government » (Lettre de Jefferson à Thomas Cooper en date du 16 janvier 1814, dans *The Writings of Thomas Jefferson*, ed. by Andrew A. Lipscomb, Washington, The Memorial Association, 1903-1904, vol. XIV, p. 62).

2. « I sent a copy of it to the late President of William and Mary College of this State, who adopted it at once as the elementary book of that institution » (Lettre de Jefferson à Destutt de Tracy en date du 28 novembre 1813, citée à la note précédente); « Another edition will be called, [...] especially on the opening of our University in which it will be the text-book of the lecturers of that class » (Lettre de Jefferson à Destutt de Tracy en date du 5 novembre 1823, dans Gilbert Chinard, *Jefferson et les Idéologues*, *op. cit.*, p. 215-216).

On ne peut pas cependant évoquer l'édition américaine du *Commentaire* sans rappeler l'anecdote rapportée par Mignet dans sa communication sur Destutt de Tracy, lue devant l'Académie des sciences morales et politiques le 28 mai 1842 :

> En 1814, le vieux et aimable Dupont de Nemours, ayant connu par hasard la traduction anglaise du *Commentaire de l'Esprit des lois*, la lut avec enthousiasme, comme une production originale. Il alla voir M. de Tracy, lui annonça sa découverte et lui recommanda la lecture de l'ouvrage qui l'avait émerveillé. M. de Tracy ne répondit pas à ce vif enthousiasme par sa curiosité et il se contenta de dire à Dupont de Nemours que sa vue affaiblie ne lui laissait pas la possibilité de le lire lui-même et que la difficulté de la prononciation anglaise ne lui permettait pas de se le faire lire par d'autres. Il croyait en être quitte; mais peu de temps après, Dupont de Nemours, dont l'admiration ne se calmait point, lui confia que ce livre lui paraissait si beau et lui semblait devoir être si utile, qu'il en avait commencé la traduction. M. de Tracy ne crut pas devoir garder plus longtemps son secret, et souffrir qu'avec beaucoup de peine et d'inévitables infidélités, on rétablît dans leur langue originale des idées que neuf années auparavant il y avait mises lui-même. Il se leva, ouvrit un tiroir, y prit le manuscrit du *Commentaire*, le présenta à Dupont de Nemours, qui fut d'abord un peu surpris, rit ensuite beaucoup, et renonça, comme de raison, à sa traduction [1].

En réalité, les choses ne se sont pas exactement passées ainsi. À la fin de 1811 ou au début de 1812, Warden prête à Dupont de Nemours son propre exemplaire du *Commentary* (il n'en existe alors que deux à Paris : celui envoyé à Destutt de Tracy et celui du convoyeur, D.-B. Warden). Dupont de Nemours est subjugué par sa lecture et, dès le 25 janvier 1812, il écrit à Jefferson en qui il est persuadé de reconnaître l'auteur :

> C'est l'ouvrage d'un grand homme d'État, et c'est vous qui l'avez fait. [...] Il n'y a pas en Amérique un Français et il n'y en a pas même en France un seul qui eût pu suivre tant de discussions du premier ordre avec une si sévère logique et une si étonnante profondeur.

Le 14 avril suivant, désireux de rendre son exemplaire à Warden, il prie Jefferson de lui en adresser un, en vue de traduire l'ouvrage :

> Si je pouvais l'avoir assez longtemps entre les mains, je le traduirais avec tout le soin possible, sans aucun espoir de le faire imprimer en français, à moins que ce ne fût pour votre Louisiane ou notre Canada : mais afin que ma langue ne soit pas privée d'un tel ouvrage, ou plutôt qu'il ne soit pas

1. François-Auguste Mignet, « Notice sur la vie et les travaux de M. le comte Destutt de Tracy », dans *Notices et mémoires historiques*, Paris, Paulin, 1843, t. I, p. 278-279.

> traduit tout de travers, par quelqu'un qui n'entendrait point ce dont il s'agit, ou par un de ces pauvres écrivains qui travaillent pour les libraires.

Dupont de Nemours réitère sa demande le 17 mai. Jefferson lui répond par une lettre du 29 novembre 1813 dans laquelle il dément être l'auteur :

> In answering the several very kind letters I have received from you, I owe to yourself and to the most able and estimable author of the *Commentaries on Montesquieu* to begin by assuring you that I am not the author of that work, and of my consciousness that it is far beyond my qualifications. In truth I consider it as the most profound and logical work which has been presented to the present generation on the subject of government. Particularly there is a purity and soundness of principle which renders it precious to our country particularly, where I trust it will become the elementary work for the youth of our academies and colleges. The paradoxes of Montesquieu have been too long uncorrected. I will not fail to send you a copy of the work if possible to get it through the perils of the sea[1].

Si on ne sait pas précisément à quel moment Dupont de Nemours a parlé du *Commentaire* à Destutt de Tracy, on sait en revanche que ce dernier, veillant scrupuleusement sous l'Empire à ne partager son secret qu'avec ses amis les plus proches, ne s'est pas dévoilé, ainsi qu'il écrit à Jefferson :

> Je n'ai pas eu le courage de le détromper et je crains bien que ce soit autant par vanité que par discrétion, tant je suis glorieux qu'on ait pu me prendre pour vous[2].

Ce n'est qu'une fois arrivé aux États-Unis que Dupont de Nemours apprend la véritable identité de l'auteur[3].

Les éditions anonymes de Liège (1817) et de Paris (1819)

La Restauration, du moins en son début, se traduit par un moindre contrôle sur la presse et l'édition. C'est dans ce nouveau contexte que Destutt de Tracy, qui n'a rien publié depuis 1805, laisse imprimer en

1. Ces échanges entre Dupont de Nemours et Jefferson sont publiés dans Gilbert Chinard, *The Correspondence of Jefferson and Dupont de Nemours*, New York, Burt Franklin, 1971, p. 206-209. La lettre du 29 novembre 1813 n'est toutefois jamais parvenue à son destinataire. En effet, le porteur du courrier, G. Ticknor, n'est arrivé en France qu'après que Dupont de Nemours a embarqué pour son dernier voyage aux États-Unis, où il meurt en 1817.

2. Lettre de Destutt de Tracy à Jefferson en date du 14 juillet 1814.

3. Lettre de Destutt de Tracy à Dupont de Nemours en date du 10 janvier 1816; lettre de Jefferson à Dupont de Nemours en date du 3 août 1816, dans Gilbert Chinard, *The Correspondence of Jefferson and Dupont de Nemours*, *op. cit.*, p. 268-271.

décembre 1815 son *Traité de la volonté et de ses effets*, en 1817 ses *Principes logiques* ainsi que de nouvelles éditions de l'*Idéologie proprement dite* et de la *Grammaire*, puis en 1818 de la *Logique*. Son audace ne va pas toutefois jusqu'à publier deux textes susceptibles de choquer tant le pouvoir que l'opinion par leur libéralisme : le chapitre *De l'amour* (très largement amputé dans le deuxième volume du *Traité de la volonté et de ses effets*) et le *Commentaire*, qui, chacun dans son domaine, développent des thèses propres à susciter des polémiques. S'agissant du *Commentaire*, dans lequel on peut lire des phrases telles que

> Espérer liberté et monarchie, c'est espérer deux choses dont l'une exclut l'autre [1],

ou

> Les prêtres sont toujours dangereux pour l'autorité civile ; [...] tant qu'ils sont en grand crédit, ni liberté, ni même oppression paisible n'est possible [2],

ou encore

> Cette fameuse noblesse que [Montesquieu] représente toujours comme incessamment couverte de poussière, de sang et de sueur, et qui finalement ne l'a été que de ridicules [3],

Destutt de Tracy a recours à un stratagème relativement courant à cette époque. Son éditeur, la veuve Courcier, étant alors en relation d'affaires avec un confrère belge, Jean-François Desoer, il est décidé de publier l'ouvrage à Liège sans le nom de l'auteur, qui souhaite toujours rester anonyme, tout au moins en Europe [4]. Une copie manuscrite du texte en français est envoyée en Belgique par l'intermédiaire de Théodore Desoer [5], le fils de l'éditeur belge, et le livre paraît en 1817, précédé d'un avertissement (Annexe III) destiné à brouiller les pistes : à l'en croire, l'œuvre serait traduite de l'anglais et l'auteur résiderait en Amérique. L'avertissement

1. *Commentaire*, Livre XI, p. 157.

2. *Ibid.*, Livre XXIV-XXV, p. 249.

3. *Ibid.*, Livre XXX-XXXI, p. 254-255.

4. Alors que Jefferson écrit à John Adams le 14 octobre 1816 : « [Destutt de Tracy] has since permitted his name to be mentioned » (lettre publiée par Gilbert Chinard, *Jefferson et les Idéologues*, *op. cit.*, p. 240-242), la règle du secret a encore cours en Europe comme La Fayette l'indique à Jefferson dans une lettre du 10 décembre 1817 : « The *Commentary on Montesquieu* has been printed in Belgium [...]. [Destutt de Tracy] persisting, against my opinion, to keep his incognito», dans Gilbert Chinard, *The Letters of Lafayette and Jefferson*, *op. cit.*, p. 391-395.

5. Voir l'annexe IV.

indique également que ce dernier n'a pas été en mesure de surveiller l'édition, ce dont effectivement Destutt de Tracy se plaint dans une lettre à Jefferson du 11 avril 1818 :

> La liberté de la presse étant trop opprimée en France, le l'ai laissé imprimer à Liège, mais comme je n'ai voulu ni l'avouer ni m'en mêler on y a fait sans mon aveu des changements et quelques légers retranchements qui ne me plaisent pas.

Un an plus tard, dans un nouveau courrier à Jefferson du 10 mars 1819, il réitère son propos :

> Cette édition s'est [...] faite avec ma permission tacite, mais non pas sous ma surveillance, en sorte que les éditeurs ont pris assez de libertés avec le texte, en ont changé le style dans beaucoup d'endroits et y ont même fait un petit retranchement.

De fait, même si le sens général de l'ouvrage n'est pas à proprement parler dénaturé, l'édition de Liège comporte, par rapport à l'original, nombre de modifications plus ou moins mineures dont on ne perçoit d'ailleurs ni la justification ni l'intérêt[1]. Quoi qu'il en soit, des exemplaires franchissent la frontière et sont vendus sans difficultés à Paris[2]. *Le Censeur européen*, la revue libérale des « deux Charles » (Comte et Dunoyer), publie en 1818 un article de 70 pages dans lequel Augustin Thierry souligne toute l'importance qu'il convient d'attacher au livre[3]. C'est, dit-il en substance, l'ouvrage du nouveau siècle :

> Ces cinquante années que l'auteur du *Commentaire* oppose à la science de tous les siècles précédents, entassée dans le livre de Montesquieu, sont vraiment prodigieuses : elles renferment la découverte de la vraie méthode d'observation, la découverte de la science de l'économie politique, la révolution qui a changé en États libres les colonies anglaises, et enfin dix révolutions diverses dans la seule révolution française. Une pareille succession de faits et de connaissances nouvelles est au-dessus de tout le

1. En dépit de ces modifications, il ne fait aucun doute que l'ouvrage a été composé à partir de la copie du manuscrit de Destutt de Tracy. L'article, par ailleurs excellent, de B. Binoche, « Comment suivre la nature? Tracy, lecteur de Montesquieu », cité *supra*, comporte sur ce point une erreur en indiquant, p. 66-67, qu'il s'agit d'une « traduction de traduction ».

2. « Le livre est entré en France sans aucune opposition de la part de l'autorité et s'y est vendu librement et publiquement », écrit Destutt de Tracy à Jefferson le 10 mars 1819.

3. *Le Censeur européen*, t. 7, 1818, p. 191-260.

patrimoine des âges antérieurs; un homme qui en a rempli sa pensée ne doit pas craindre d'entrer en lutte [1].

Et il conclut :

> Le *Commentaire sur l'Esprit des lois* est un des livres dont nous recommandons le plus la lecture. On peut le mettre au nombre des ouvrages élémentaires de cette doctrine saine et substantielle dont la pratique doit nous amener la liberté sans violence, comme les doctrines spécieuses du dernier siècle nous ont amené des violences sans liberté. À Dieu ne plaise que nous proférions un blasphème contre les âmes nobles et les génies philosophiques qui ont ouvert pour nous la carrière de la science sociale; et s'ils ont erré, ce fut la faute du temps, et non leur faute. De même, si nous découvrons leurs méprises, si nous conseillons mieux qu'ils n'ont fait, la gloire en est au siècle présent, et nullement à notre sagesse.
>
> L'auteur du *Commentaire*, en donnant son ouvrage au public, a voulu se dérober à la reconnaissance; il a caché son nom. L'ouvrage, imprimé d'abord en Amérique, a été attribué à M. Jefferson, ancien président des États-Unis; nous croyons qu'il est d'un Français, et nous aimerions à ne pas nous tromper en le croyant [2]. L'auteur connaît trop la France, et il la rappelle trop souvent pour que son intérêt pour notre pays ne soit pas suspect de patriotisme. L'analyse exacte, la déduction grave et simple, les aperçus moraux qui font le caractère de son style, décèlent un esprit habitué aux recherches philosophiques, et de l'école qui n'admet pour principes que les faits certains ou leurs conséquences les plus directes [3]. Quel que soit l'auteur, nous nous plaisons à lui rendre ce témoignage, que son travail ne sera point sans fruits pour ses concitoyens et pour l'humanité [4].

L'ouvrage connaît un réel succès : le tirage est épuisé en un an et deux libraires parisiens, Delaunay et Mongie, prennent l'initiative de préparer une nouvelle édition, en tous points conforme à celle de Liège, qui sortira des presses dans les premiers mois de 1819 [5]. Si l'on en croit le mémoire figurant à l'annexe IV, ce projet d'édition pirate suscite l'indignation de

1. *Le Censeur européen*, t. 7, 1818, p. 197-198.

2. Il va de soi qu'A. Thierry connaissait l'identité de l'auteur, tout comme ce dernier était au courant de la prochaine publication de l'article, dont il s'inquiète en août 1818 dans une lettre à Daunou : « J'attends toujours avec impatience le 9° volume [9° pour 7°] du *Censeur*. J'espère y voir la première partie de certain morceau fort précieux ». Le morceau en question n'est autre que l'article d'A. Thierry.

3. L'école philosophique en question est bien entendu celle des Idéologues.

4. *Le Censeur européen*, t. 7, 1818, p. 258-260.

5. « J'ai été prévenu par un de nos libraires qui sans me consulter vient de réimprimer purement et simplement l'édition de Liège qui était déjà épuisée. » (Lettre de Destutt de Tracy à Jefferson en date du 10 mars 1819)

Destutt de Tracy, mais il est vraisemblable qu'un accord est ensuite conclu entre l'auteur et les deux libraires.

Le succès de l'ouvrage emporte une autre conséquence : l'anonymat de l'auteur est vite devenu un secret de polichinelle ainsi que Destutt de Tracy l'écrit à Jefferson en 1818 :

> Quoique j'évite d'avouer le *Commentaire sur Montesquieu*, mon secret est tellement éventé que personne n'ignore que j'en suis l'auteur et qu'en conséquence les uns m'en veulent un peu de bien et les autres beaucoup de mal. Au reste je m'en mets peu en peine et en attendant il se vend beaucoup ici parce qu'on a honte de poursuivre un livre qui passe pour étranger [1].

L'édition originale en langue française publiée à Paris par Théodore Desoer en 1819 et la réédition de 1822

Succès de librairie, levée de l'anonymat, absence de poursuites : tout invite désormais Destutt de Tracy à publier l'ouvrage en France, au grand jour et sous son propre nom. Il en confie l'édition à Théodore Desoer, le fils de l'éditeur de l'édition de Liège, qui procède à un tirage de 1.500 exemplaires. Le livre, auquel est ajouté un texte de 1798 sur un sujet voisin (*Mémoire sur cette question : quels sont les moyens de fonder la morale d'un peuple ?*) [2], paraît à Paris en juillet 1819. Première version véritablement contrôlée par son auteur, elle constitue l'édition de référence. Celle-ci se distingue des précédentes à deux titres : d'un côté, elle est expurgée des petites libertés que les précédents éditeurs avaient cru pouvoir prendre avec le texte original en changeant des termes ici ou là et en procédant à quelques retranchements [3] ; de l'autre, elle comporte quelques adjonctions de la main de Destutt de Tracy, notamment l'important complément à la note figurant à la fin du Livre XI. Comme l'écrit l'auteur dans l'Avertissement, l'ouvrage paraît enfin « tel que je l'ai composé ».

Comme c'était prévisible, l'ouvrage est attaqué par la droite ultra qui accepte mal qu'un pair de France puisse vanter les mérites de ce qu'il appelle le gouvernement représentatif pur. Toujours dans le *Censeur européen*, devenu quotidien, Augustin Thierry prend à nouveau fait et cause pour l'auteur :

1. Lettre de Destutt de Tracy à Jefferson en date du 11 avril 1818.
2. Ce mémoire est publié dans le volume I des *Œuvres complètes*, p. 123-148.
3. Les éditeurs des deux éditions anonymes avaient supprimé neuf passages d'importance variable. Ceux-ci sont signalés en notes au fur et à mesure du texte.

> En couvrant ainsi de l'autorité de sa position sociale les idées et les sentiments de la liberté, en offrant son exemple comme une sorte de sauvegarde aux jeunes patriotes qui n'ont pour tout crédit que l'isolement de leur indépendance, M. de Tracy a fait une action qui ne sera pas sans utilité dans ce temps de poursuites et de condamnations. Aussi, à la première apparition de son nom et de son titre de pair, en tête d'un livre connu depuis plus de deux ans, les amis des proscriptions littéraires viennent-ils de prendre subitement l'alarme, et de déchaîner leurs journaux contre ce livre, qu'ils avaient pris le parti de laisser réussir en paix [1].

Le succès de l'ouvrage ne se dément pas et Th. Desoer procède en 1822 à une nouvelle édition, cette fois dans un petit format (in-18).

Les traductions en Europe

La renommée de l'ouvrage se répand rapidement en Europe. Dès 1820, l'Italie, qui bénéficie déjà d'une édition des *Elementi d'idéologia* en 10 volumes publiés [2] à Milan entre 1817 et 1819, fait paraître une traduction italienne. Celle-ci est bientôt suivie d'une traduction allemande et d'une traduction espagnole. Une édition est prévue à Londres, mais le projet ne se concrétise pas, ce dont se console le philosophe dans sa lettre à Jefferson du 8 janvier 1824, où il dresse le bilan de la diffusion du *Commentaire :*

> Quant à l'Angleterre malgré qu'on m'en ait dit, je suis très persuadé qu'il n'y sera jamais publié. Ce n'est pas que ce petit ouvrage contienne rien contre la religion et les lois, mais il y a trop de choses contre les prêtres et les rois pour qu'il plaise dans ce pays soi-disant philosophe et libre. Cependant il est traduit en allemand, en italien, en espagnol et se vend publiquement à Paris, ce qui à mon sens montre l'esprit de ces nations si ce n'est celui de leur gouvernement.

Toutes ses traductions ont un impact incontestable sur les mouvements révolutionnaires des années 1820 en Italie et en Espagne, et même en Amérique latine [3]. L'influence de l'ouvrage s'étend jusqu'en Russie, où le décembriste Pavel Ivanovitch Pestel, pendu en 1826, tient le *Commentaire* pour sa Bible [4].

1. *Le Censeur européen*, 7 septembre 1819.

2. Édition plus complète que l'édition française puisqu'elle comprend le chapitre *De l'amour* en son entier que Tracy n'avait pas osé publier en France.

3. « Tracy [...] became highly popular in Brazil as well as Argentina, and in Bolivia his "Ideology" became the official doctrine of the state school in the 1820s and 1830s » (Murray N. Rothbard, *An Austrian Perspective on the History of Economic Thought*, II, Auburn (Alabama), Ludwig von Mises Institute, 2006, p. 10).

4. *Ibid.*, p. 11.

Les éditions associées aux Œuvres complètes *de Montesquieu (1822 et 1827)*

Le mémoire de Théodore Desoer contre Destutt de Tracy et le libraire Dalibon figurant en annexe IV témoigne du contentieux qui a opposé l'auteur et l'éditeur de ce que nous avons identifié comme l'édition de référence. Comme on ne connaît cependant ni la version des faits selon Destutt de Tracy ni les suites de la procédure, il est difficile de se forger une opinion définitive sur ce conflit. Ce qui est certain en revanche, c'est que Th. Desoer a bénéficié de l'exclusivité de la publication pendant trois ans jusqu'au 1er juin 1822 avant que l'auteur ne recouvre ses droits à compter de cette date.

On sait que la période de la Restauration est une période faste pour l'édition qui se caractérise notamment par la publication à grande échelle des œuvres complètes des grands auteurs des XVIIe et XVIIIe siècles, quelquefois accompagnées des textes critiques faisant autorité. Le *Commentaire* présentant une relecture de l'*Esprit des lois* à la lumière des mutations opérées par la grande Révolution et s'étant imposé comme une référence dans le paysage intellectuel, il est assez naturel qu'un libraire veuille l'inclure dans son édition des *Œuvres de Montesquieu*, dont il constitue en l'espèce le tome 8.

Par ailleurs, si le prospectus de l'édition mentionne que

> son estimable auteur a bien voulu le revoir [le texte du *Commentaire*]; lui seul pouvait croire qu'il était susceptible de quelques améliorations,

on peut observer que celles-ci (qui sont signalées en notes dans la présente édition) sont à la fois très peu nombreuses et peu importantes.

L'édition Lévi de 1828

À l'exception de la page de titre, cette édition est en tout point identique à celle réalisée par Th. Desoer en 1822 : même format; même typographie; mêmes éléments de décor; même pagination. On doit en conclure qu'il s'agit non d'une nouvelle édition au sens propre du terme mais plutôt d'une nouvelle émission, au sens que la bibliographie matérielle donne à cette notion[1], et que Mme Lévi, libraire à Paris (à qui Destutt de Tracy vient par

1. « La nouvelle émission est le cas d'émission le plus fréquent. Lorsque des exemplaires d'une édition sont restés invendus, un libraire peut tenter une nouvelle fois de leur trouver des acheteurs en leur redonnant une fraicheur factice : il fait composer une nouvelle page de titre,

ailleurs de confier le soin de publier une nouvelle édition complète en cinq volumes des *Éléments d'idéologie*, parue de 1824 à 1826), a acheté le stock d'invendus de son confrère et l'a remis sur le marché après avoir fait recomposer la page de titre. Avec cette édition des *Éléments*, enrichie des *Principes logiques* et des textes sur l'instruction publique, puis cette nouvelle livraison du *Commentaire*, le public a désormais accès à toutes les œuvres majeures de l'auteur.

LE *COMMENTAIRE* COMME PRÉFIGURATION D'UN TRAITÉ DES LOIS

En suivant l'ordre adopté par Montesquieu dans l'*Esprit des lois*, Destutt de Tracy reconnaît qu'il s'est condamné à distribuer ses idées de façon non méthodique et sans progression logique. Aussi invite-t-il son lecteur à reconstituer la cohérence de son propos

> pour se composer un système de principes suivi et complet [1].

Si l'on veut effectuer ce travail de recomposition, il faut d'abord se souvenir, comme toujours avec Tracy, que l'on doit *commencer par le commencement*. Cela signifie que la science sociale, la dernière des sciences dans l'ordre généalogique,

> parce qu'elle est le résultat et le produit de toutes les autres [2],

vient à la suite des sciences qui ont fait l'objet de la première section des *Éléments d'idéologie* et prend appui sur l'introduction, déjà rédigée comme nous l'avons rappelé, de la seconde section. À ce titre, l'on s'interdirait de comprendre le *Commentaire* si l'on ne l'inscrivait pas dans le prolongement direct de ce que nous enseignent :

– la physiologie ;

– l'analyse de la faculté de juger et les sciences qui en sont directement issues, à savoir la grammaire et la logique ;

– l'analyse de la faculté de vouloir, jointe à la faculté de se mouvoir.

voire tout le premier cahier, qu'il substitue aux originaux » (*Dictionnaire encyclopédique du livre*, Paris, Éditions du Cercle de la librairie, 2005).

1. *Commentaire*, livre XII, p. 166.

2. *Ibid.*, Réflexions préliminaires, p. 56.

C'est d'abord la physiologie qui nous a appris que notre existence associe une vie organique ou intérieure et une vie animale ou extérieure. La première, dont le siège se situe principalement dans le nerf grand sympathique, assure la fonction de conservation, porte le sentiment de personnalité et se trouve à la racine de nos passions haineuses. La seconde, localisée dans le cerveau, porte le sentiment de sympathie et est à la racine de nos passions bienveillantes. Ce substrat physiologique fonde à la fois l'individualité – qui conduit chacun à avoir le souci de ses propres intérêts – et l'ouverture aux autres. La conjugaison du besoin de reproduction, d'une part, de la bienveillance que nous éprouvons à l'égard de nos semblables, d'autre part, fait que la vie sociale et l'échange sont inscrits au plus profond de la nature de l'homme.

De l'analyse de la faculté de juger, il ressort ensuite que nos

> idées ne nous apparaissent jamais que revêtues de signes[1]

et que le langage assure une double fonction : d'un côté, il constitue le soutien indispensable à toute activité intellectuelle, de l'autre, il répond à un besoin naturel de communication avec nos semblables :

> On a le plus grand besoin et, par conséquent, le plus grand désir de faire connaître ses pensées [...]. De là vient l'institution du langage dès l'origine du genre humain[2].

Notre capacité langagière se trouve ainsi « à l'origine de toutes nos relations sociales »[3] et c'est pourquoi

> on ne connaît aucune société d'homme, quelque peu avancée qu'elle soit en civilisation, qui n'ait un langage [...] plus ou moins grossier[4].

Ce point est évidemment crucial, car il est à la racine des conventions que les hommes passent entre eux de façon tacite ou explicite et donc de ces conventions d'un type particulier que sont les lois. C'est à ce titre que Destutt de Tracy a pu parler de *grammaire législatrice* ou de *langage législateur*[5].

1. *Éléments, II, Grammaire*, Avertissement, p. 34.
2. *Ibid.*, chap. V, p. 159.
3. *Éléments, I, Idéologie proprement dite*, chap. XVII, p. 258.
4. *Ibid.*, chap. XVI, p. 227.
5. « Les Grecs, qui avaient appelé Cérès *législatrice*, s'étaient mépris ; c'est à la grammaire, au langage, qu'ils auraient dû donner ce titre » (*Éléments, IV-V, Traité de la volonté et de ses effets*, Introduction, § VI, p. 78). Dans son ouvrage, *Destutt de Tracy, philosophie du langage et science de l'homme*, *op. cit.*, Rose Goetz a tout spécialement

Enfin, l'introduction au *Traité de la volonté et ses effets*, nous l'avons dit, déduit de la faculté de vouloir (jointe à celle se mouvoir) l'ensemble des concepts-clés des sciences morales et politiques et montre l'étroite solidarité qui unit chacun d'entre eux. Sans reprendre ici la démonstration de Destutt de Tracy, il est important de souligner que c'est à la volonté, faculté consistant à préférer une chose (agréable) à une autre (qui ne l'est pas ou qui l'est moins), que l'homme doit la conscience de sa *personnalité* ou de son *individualité* et que cette conscience manifeste la *propriété* naturelle qu'il exerce sur son *moi* et sur toutes ses activités[1]. C'est également la volonté qui est à la racine de tous nos *besoins* (vouloir, c'est toujours chercher à combler un manque et à mettre fin à une souffrance) et fonde le fait que chaque individu a, de par sa nature, le *droit* et même le *devoir* de satisfaire tous ses besoins. Ce faisant, chacun ne cherche qu'à exercer sa *liberté* qui n'est, Tracy mettant une fois de plus ses pas dans ceux de Locke, que « la puissance d'exécuter sa volonté »[2]. Ainsi entendue, la liberté est le premier de tous les *biens* et un autre nom du *bonheur*. C'est sur ces bases que chaque individu a le souci, d'un côté, d'assurer sa propre conservation et d'exercer tous ses droits, ce qui peut le conduire à entrer en conflit avec ses semblables, de l'autre, d'entretenir avec ces derniers des relations fondées sur la sympathie, ce sentiment naturel

> qui nous fait une peine de la vue de leur souffrance et qui nous unit plus ou moins avec eux[3].

C'est sur ces bases encore que la société n'a d'autres buts que la liberté et le bonheur de ses membres.

montré en quoi la linguistique idéologique est au fondement des sciences morales et politiques.

1. Le « moi est propriétaire exclusif du corps qu'il anime, des organes qu'il meut, de toutes leurs facultés, de toutes leurs forces, de tous les effets qu'ils produisent, de toutes leurs passions et leurs actions » (*Éléments*, *IV-V*, *Traité de la volonté et ses effets*, introduction, § II, p. 55). Pour Destutt de Tracy, comme pour Locke, la propriété est ainsi antérieure aux lois civiles. À l'inverse, Hobbes, Bossuet, Rousseau ou encore Constant ne tiennent pas la propriété pour un droit naturel mais y voient une institution sociale.

2. *Éléments*, *IV-V*, *Traité de la volonté et ses effets*, Introduction, § V, p. 69.

3. *Éléments*, *Traité de la volonté et ses effets*, Introduction, § VI, p. 77.

Une double rupture

Ces prémisses étant posées, Destutt de Tracy peut opérer une double rupture :

– d'une part, avec les théoriciens du contrat social qui – Vico et Montesquieu mis à part – dominent la pensée politique des XVIIe et XVIIIe siècles ;

– d'autre part, avec ce qui constitue la pierre angulaire de l'ouvrage de Montesquieu, à savoir la définition de la loi comme rapport.

Contre la fiction contractualiste

Au-delà de tout ce qui les différencie ou même les oppose, les jurisconsultes (Grotius, Pufendorf, Barbeyrac, Burlamaqui) mais aussi Hobbes, Locke et Rousseau partagent une conception selon laquelle la société trouve son origine dans un contrat. Cette conception est fondée sur un schéma en deux temps : l'état de nature auquel succède le contrat social (ce dernier étant éventuellement scindé en deux : le pacte d'association, puis le pacte de gouvernement).

L'état de nature, c'est le temps de l'enfance de l'humanité : relevant de la seule loi naturelle (dont le premier commandement consiste à ordonner à tout homme de veiller à sa propre conservation), chacun jouit d'un droit égal sur toute chose et n'est soumis à aucune autre autorité que la sienne. Qu'il soit le temps de la guerre de chacun contre tous (Hobbes), celui de la paix et de l'assistance mutuelle (Locke) ou celui de la solitude (Rousseau), l'état de nature finit inéluctablement dans les conflits dès lors qu'aucune autorité n'est là pour empêcher que la liberté des uns n'empiète sur celle des autres et ne leur nuise.

Directement commandé par l'état de nature, *le contrat* a pour objet de mettre fin aux conflits, chacun acceptant de renoncer à son indépendance naturelle et de transférer tout ou partie de ses pouvoirs à un monarque (Hobbes) ou à la communauté constituée en corps politique (Locke, Rousseau). Ce faisant, l'homme y perd, selon la formule de Rousseau, « sa liberté naturelle et un droit illimité à tout ce qui le tente » [1] mais y gagne la liberté civile et la protection de sa vie et de ses biens. Cette liberté et cette protection sont garanties par la loi qui ne fait pas que dire le droit mais se dote aussi des moyens de justice et de répression propres à la faire respecter.

1. Jean-Jacques Rousseau, *Du contrat social*, Livre I, chap. VIII.

Si certaines formulations raccourcies pourraient laisser penser que Destutt de Tracy s'inscrit lui aussi dans la lignée de la tradition contractualiste [1], celui-ci y voit au contraire, comme Benjamin Constant ou comme Daunou, une construction abstraite et fictive qui ne prend pas appui sur des *faits*, seul point de départ méthodologiquement recevable pour un Idéologue. Or, les faits et l'analyse de ces faits nous enseignent que l'homme au sortir des mains de la nature se définit par trois traits principaux :

– « il a toujours autant de droits que de besoins, et le devoir général de satisfaire ces besoins » [2];

– s'il dispose de sa faculté de penser et de connaître (sentir, se souvenir, juger, vouloir), celle-ci est encore « dans un engourdissement total » [3]; c'est le temps « de la stupidité et de l'incapacité absolue » [4];

– sa nature physiologique le conduit à la fois à défendre ses intérêts en entrant en conflit avec ses semblables et à faire preuve à leur égard de sympathie et de bienveillance. Le besoin de reproduction tout comme les soins nécessaires aux enfants font se rejoindre l'intérêt individuel, l'intérêt de l'espèce et celui de la collectivité.

Cela signifie qu'il n'a existé ni homme isolé (Rousseau), ni état de guerre généralisée (Hobbes), ce qui se serait d'ailleurs traduit pour Tracy par l'extinction de l'espèce, ni discontinuité radicale entre un état de nature pré-social et un état de société inauguré par un contrat. Au contraire,

> l'état de société ne commence pas [...] à un jour fixe et de dessein prémédité; il s'établit insensiblement et par degrés [5].

C'est au fur et à mesure du développement de nos facultés, de nos connaissances et du langage (le perfectionnement des trois s'effectuant de façon solidaire et parallèle) que les sociétés humaines se sont progressivement complexifiées, non pas sur la base d'*un contrat* mais au travers

1. « Tout homme, avant d'entrer dans l'état de société a [...] tous les droits et nul devoir; pas même celui de ne pas nuire aux autres, et les autres sont de même à son égard. Il est évident qu'ils ne pourraient pas vivre ensemble, si, par une convention formelle ou tacite, ils ne se promettaient pas réciproquement sûreté » (*Éléments, IV-V, Traité de la volonté et de ses effets, Économie*, chap. premier, p. 85).

2. *Éléments, IV-V, Traité de la volonté et de ses effets*, Introduction, § VI, p. 77. Sur ce point, Destutt de Tracy ne se différencie pas des théoriciens de l'École du droit naturel.

3. *Eléments, I, Idéologie proprement dite*, chap. XV, p. 221.

4. *Ibid.*, p. 220.

5. *Éléments, IV-V, Traité de la volonté et de ses effets*, Introduction, § V, p. 71.

d'une multitude de conventions. Les sociétés se sont ainsi construites graduellement et ne sont en fin de compte rien d'autre qu'un système d'*échanges* dans lesquels chacun trouve ou croit trouver, au moment où il effectue la transaction, un bénéfice. Par la même se trouve invalidée la thèse classique de la doctrine contractualiste selon laquelle, en entrant en société, les hommes ont consenti à un *sacrifice* pour obtenir en échange des garanties. Bien au contraire :

> L'homme, en s'associant toujours plus à ses semblables, et en se liant chaque jour davantage avec eux par des conventions ou tacites, ou expresses, ne compte jamais diminuer sa liberté antérieure, affaiblir la puissance totale d'exécuter sa volonté qu'il avait auparavant. Il a toujours pour but de l'accroître ; s'il renonce à quelque manière de l'employer, c'est afin d'être secouru, ou du moins de n'être pas contrarié dans d'autres usages qu'il veut en faire, et qu'il juge plus importants pour lui. Il consent que sa volonté soit un peu gênée, dans certains cas, par celles de ses semblables ; mais c'est afin qu'elle soit beaucoup plus puissante sur tous les autres êtres, et même sur eux dans d'autres occasions ; en sorte que la masse totale de *puissance* ou de *liberté* qu'il possède en soit augmentée [1].

Contre la loi définie comme rapport

En définissant les lois non plus comme des commandements de Dieu ou de la nature mais comme des « rapports nécessaires qui dérivent de la nature des choses » [2], Montesquieu a ouvert une nouvelle époque de la science politique : il a importé dans ce nouveau champ la notion de loi telle qu'elle s'était constituée dans les sciences physiques (relation constante entre des variables), dans le but de mettre en évidence les liens qui unissent les lois d'un pays à la nature et au principe de son gouvernement (au sens que Montesquieu donne à ces termes), à ses mœurs et à son histoire ainsi qu'à de multiples éléments éminemment divers d'un pays à l'autre (climat, nature du terrain, commerce, monnaie, population, religion). On pourrait commencer par s'étonner que Destutt de Tracy qui a précisément pour ambition d'introduire dans les sciences morales et politiques une sûreté analogue à celle à laquelle sont parvenues les sciences de la nature, commence par contredire Montesquieu sur ce point et en revienne à une définition inspirée de la loi-commandement :

1. *Éléments IV-V, Traité de la volonté et de ses effets*, Introduction, § V, p. 71-72.
2. *De l'Esprit des lois*, Livre premier, chap. premier.

> Nous entendons par une *loi*, une règle prescrite à nos actions par une autorité que nous regardons comme ayant le droit de faire cette loi. [...] Cette idée de la loi renferme celle d'une peine attachée à son infraction, d'un tribunal qui applique cette peine, d'une force physique qui la fait subir [1].

Contre Montesquieu, il soutient qu'il est paradoxal de vouloir faire dériver le sens propre ou premier du mot *loi* (la loi-commandement) de son sens métaphorique ou second (la loi-rapport), car quand nous constatons des relations constantes entre des variables, nous ne faisons que juger que

> les choses se passent comme si une autorité invincible eût ordonné qu'elles fussent comme cela [2].

Mais si toute loi relève d'une autorité, la question devient celle d'identifier quelle est *l'autorité* légitime pour faire les lois.

L'autorité législatrice

À cette question essentielle, la réponse est double ou plutôt à deux niveaux.

Fondamentalement, c'est dans la *nature*, ou, si l'on préfère, dans les *lois naturelles* que se trouve la source authentique de toute loi. Pour Destutt de Tracy, ce point ne souffre pas discussion :

> Là, l'autorité est suprême, le tribunal infaillible, la force insurmontable, la punition certaine [3].

En ce sens, comme l'écrit à juste titre B. Binoche, on peut voir dans la philosophie politique tracéenne une forme de retour au jusnaturalisme, mais à « un jusnaturalisme inédit » [4]. Celui-ci nous enseigne que l'homme a vocation à satisfaire ses besoins et à exécuter sa volonté en conséquence, ou encore que la liberté consiste précisément dans l'exécution de cette volonté afin d'atteindre au bonheur, notre but ultime. Voilà bien « l'ordre éternel des choses » [5] et nous n'avons d'autre choix que de nous y conformer : y déroger, c'est l'assurance du malheur.

Toutefois, et cet élément est capital, il ne faut jamais oublier que la nature de l'homme comporte une caractéristique particulière que Destutt de Tracy qualifie « d'admirable » : en effet, en mettant en œuvre l'ensemble

1. *Commentaire*, Livre premier, p. 62. C'est Destutt de Tracy qui souligne.
2. *Ibid.*, p. 62-63.
3. *Ibid.*, p. 63.
4. B. Binoche, « Comment suivre la nature ? Tracy, lecteur de Montesquieu », art. cit., p. 69.
5. *Commentaire*, Résumé des douze premiers livres, p. 173.

de ses facultés, l'homme développe ses connaissances et son langage, multiplie les échanges, passe des conventions avec ses semblables et produit des choses utiles qui augmentent sa puissance. Ainsi, il se perfectionne au fil du temps et l'on doit considérer que

> nous sommes entièrement les ouvrages de l'art, c'est-à-dire de notre propre travail[1].

C'est dans cette configuration qui voit se déployer les sociétés et leur histoire que

> les hommes ont besoin de lois pour régler leur conduite les uns envers les autres[2].

Avec ce type particulier de conventions que sont les lois positives, nous n'avons plus affaire cette fois à des lois naturelles mais à des lois artificielles, qui ont néanmoins besoin

> d'être conformes aux lois immuables de la nature humaine, et de n'en être que des conséquences; sans quoi elles sont impuissantes, passagères et n'engendre que des désordres[3].

C'est dans cette conformité des lois positives aux lois naturelles (ces dernières leur étant à la fois *antérieures* et *supérieures*)[4] que réside ou plutôt doit résider le *véritable esprit des lois*.

On le voit : qu'il s'agisse des lois naturelles ou des lois positives, la nature est toujours, *in fine*, la seule authentique autorité législatrice. Pour autant, dès lors que l'état de société appelle la confection de lois artificielles, la question initiale doit être redoublée et soulevée à un second niveau : quelle est l'autorité « artificielle » légitime pour faire la loi ?

On ne s'étonnera pas de ce que pour l'auteur, ancien Constituant, cette autorité réside dans le « corps entier de la nation »[5]. Et non pas dans une fraction, de quelque nature qu'elle puisse être (naissance, richesse, honneurs)[6], de celui-ci. Là se trouvent en effet le principe de la souveraineté, le fondement de l'intérêt général et la source de la volonté générale. Ainsi,

1. *Éléments, I, Idéologie proprement dite*, chap. XV, p. 221.
2. *Commentaire*, Résumé des douze premiers livres, p. 172.
3. *Ibid.*
4. *Ibid.*, Livre premier, p. 64.
5. *Ibid.*, Livre II, p. 67.
6. « On affaiblit et on égare la *raison*, en voulant lui donner pour appui des fractions de la société » (*ibid.*, Livre XI, p. 148). C'est Destutt de Tracy qui souligne.

> il n'y a en *droit* qu'une puissance, la volonté nationale [1],

et de ce principe de souveraineté, Destutt de Tracy tire deux conclusions.

La première, c'est qu'il n'existe au fond, par-delà les multiples formes que peut prendre l'organisation politique d'un pays, que deux types de gouvernements :

– les gouvernements *nationaux*, pour lesquels « tous les droits et tous les pouvoirs appartiennent au corps entier de la nation, résident en lui, sont émanés de lui, et n'existent que par lui et pour lui » [2];

– et les gouvernements *spéciaux*, « où l'on reconnaît d'autres sources légitimes de droits et de pouvoirs que la volonté générale, comme l'autorité divine, la conquête, la naissance dans tel lieu ou dans telle caste [...], etc. » [3].

La seconde, c'est qu'il est assez vain de vouloir placer l'organisation sociale sous les auspices d'une *déclaration des droits de l'homme*. En effet, l'homme les a tous par principe et le risque que l'on prend en cherchant à les énumérer, c'est d'en oublier ou d'en privilégier certains au détriment des autres. Cela ne signifie pas que la Déclaration des droits de 1789 fût inutile, mais il faut être conscient de ce que son intérêt tenait alors non pas à des considérations théoriques mais dans le fait qu'elle constituait une arme politique dans une situation déterminée :

> À cette époque, c'était une déclaration de guerre aux oppresseurs [4].

Au lieu de se livrer à cet exercice, la raison commande plutôt de placer en préambule de toute convention organisant la société, c'est-à-dire de toute Constitution, le rappel de trois principes que Tracy range – point remarquable et déterminant – dans les lois naturelles et non dans les lois positives :

1) Les gouvernements sont faits pour les gouvernés, ce qui implique qu'ils sont soumis à la volonté de la majorité et qu'aucune classe d'hommes ne peut être favorisée aux dépens d'une autre.

1. *Ibid.*, p. 138. C'est Destutt de Tracy qui souligne.
2. *Ibid.*, Livre II, p. 67.
3. *Commentaire*, p. 68.
4. *Ibid.*, Résumé des douze premiers livres, p. 175.

2) « Il ne doit jamais y avoir dans la société une puissance telle qu'on ne puisse pas la changer sans violence, ni telle que, lorsqu'elle change, toute la marche de la société change avec elle ».

3) Un gouvernement raisonnable a pour but « la conservation de l'indépendance de la nation et de la liberté de ses membres, et celle de la paix intérieure et extérieure »[1].

Les lumières déterminent le degré de civilisation et la forme de gouvernement

Bien que ces principes soient inscrits dans la nature et soient par ce fait même des *énoncés de vérités éternelles*[2], ils ont mis très longtemps à émerger et sont d'ailleurs loin d'être unanimement partagés. Rien de plus normal : comme l'a montré la *Logique*, non seulement notre intelligence n'est pas à l'abri de l'erreur mais encore notre esprit

> commence presque toujours par les opinions les plus erronées; et ce n'est que par des réformes successives qu'il se rapproche petit à petit de la vérité[3].

Aussi Destutt de Tracy en vient-il à distinguer non pas comme Condorcet dans son *Esquisse d'un tableau historique des progrès de l'esprit humain* dix grandes époques, non pas comme plus tard Auguste Comte trois états, mais trois degrés de civilisation auxquels il rapporte les principales formes de gouvernement. Les uns et les autres sont directement corrélés au niveau des lumières dans la société, ainsi que le tableau ci-dessous le met en évidence.

1. *Commentaire*, Résumé des douze premiers livres, p. 173-174.
2. *Ibid.*, p. 174.
3. *Éléments, III, Logique*, chap. premier, p. 101.

Degrés de civilisation		Formes de gouvernement	Rapport au savoir	Fondement des punitions	Passion	Situation des femmes
1er degré	Sauvages	Démocratie pure ou anarchie	Temps de l'ignorance	Vengeance humaine	Règne de la force	Bêtes de somme
	Barbares	Monarchie pure ou despotisme				Animaux de ménagerie
2e degré		Aristocratie sous un seul chef (monarchie limitée) ou sous plusieurs chefs (république)	Temps du demi-savoir, de l'opinion et de la religion	Vengeance divine	Règne de l'inégalité Passions factices : vanité, luxe, égoïsme, etc.	Alternativement despotes et victimes
3e degré		Gouvernement représentatif pur ou démocratie de la raison éclairée	Temps de la raison et de la philosophie	Empêcher le mal à venir	Amour de l'égalité, de la liberté, de la paix et de la justice Habitude du travail Simplicité	Heureuses compagnes d'un ami de leur choix et mères respectées

Si ce schéma figure une reconstitution largement abstraite, il ne s'enracine pas moins dans l'histoire. Démocratie pure (anarchie) et monarchie pure (despotisme) constituent les régimes de l'enfance de la société. Ils sont par définition impraticables dans la durée et par conséquent instables, susceptibles de basculer soudainement de l'un dans l'autre. S'ils sont trop éloignés de nous pour que nous en ayons une représentation précise, les sociétés sauvages nous en donnent une image approximative. Les régimes aristocratiques sous un ou plusieurs chefs sont en revanche omniprésents :

> Cette période dure longtemps. Elle existe encore pour presque toute la terre[1].

Les régimes relevant du troisième degré de civilisation sont pour l'essentiel à venir : seul celui des États-Unis d'Amérique paraît alors se rapprocher du gouvernement représentatif pur. En France, la Révolution française nous l'a certes fait entrevoir mais le cheminement chaotique des événements n'a pas encore permis, en ce début du XIXe siècle, de l'installer. À ce titre, l'*Ère française*[2] célébrée au début de la *Grammaire* ne s'est pas encore véritablement incarnée sur le plan de l'organisation sociale. La liberté, reconnaît-il, nous a « toujours échappé au moment de l'atteindre »[3].

Le gouvernement représentatif pur

Ainsi le gouvernement représentatif pur, seul système capable de

> procurer à la fois la liberté, la tranquillité et la puissance[4],

constitue-t-il la forme la plus évoluée de l'organisation politique. On peut même dire qu'il est le gouvernement national par excellence, car s'il est exact que certains gouvernements aristocratiques, dès lors qu'ils mettent au premier rang l'intérêt de l'ensemble du corps social, peuvent être rangés dans la catégorie des gouvernements nationaux, ils souffrent néanmoins d'un handicap que l'on peut qualifier de structurel : en effet, devant par nature ménager les intérêts de certains groupes sociaux, ils doivent imaginer un système de « balance » entre des pouvoirs opposés et sont dans l'incapacité, à la différence du gouvernement représentatif pur, de

> les arranger comme des parties d'un même tout, concourant au même but[5].

Un gouvernement fondé sur la nature, la raison et la liberté

Le gouvernement représentatif pur est par principe fondé sur ce que Destutt de Tracy a défini comme étant l'autorité suprême, la nature :

> Il est conforme à la nature : il n'a qu'à la laisser agir[6].

1. *Commentaire*, Résumé des douze premiers livres, p. 173.
2. *Éléments, II, Grammaire*, Introduction, p. 43.
3. *Commentaire*, Livre XI, p. 163.
4. *Ibid.*, Livre IX, p. 123.
5. *Ibid.*, Livre XI, p. 158.
6. *Ibid.*, Livre V, p. 91.

À ce titre, il a deux caractéristiques principales. En premier lieu, c'est lui qui accomplit le mieux la fonction dévolue à notre faculté de jugement : il est le gouvernement de la vérité et de la raison.

> Il doit toujours travailler à la propagation des saines et solides connaissances en tous genres. Il ne peut subsister si elles ne prévalent : tout ce qui est bien et vrai est en sa faveur; tout ce qui est mal et faux est contre lui [1].

La raison est son « principe moteur et conservateur » [2]. Il favorise en conséquence la diffusion la plus large des lumières, d'une part, en développant l'éducation à destination de toutes les classes de la société (même si celle dont doit bénéficier la classe populaire n'est pas, du moins dans un premier temps, de même nature que celle qui doit être donnée à la classe supérieure) [3], d'autre part, en garantissant la circulation des idées et en bannissant toute censure. On sait à cet égard que la défense de la liberté de la presse sera le principal combat de Destutt de Tracy sous la Restauration.

En second lieu, le gouvernement représentatif pur accomplit aussi le mieux la fonction dévolue à notre faculté de vouloir : il est le gouvernement de la liberté qui consiste, rappelons-le, dans notre pouvoir d'exécuter notre volonté. Il permet à chacun d'accroître sa puissance avec le concours de celle de ses semblables :

> Il doit laisser libre cours à toutes les inclinations qui ne sont pas dépravées et à toutes les industries qui ne sont pas contraire au bon ordre [4].

Il est par là même le gouvernement qui garantit la propriété, favorise le travail productif et l'augmentation de bien-être qui en résulte. Corrélativement, il veille à limiter le rôle de l'État et le volume de l'impôt à ce qui est strictement nécessaire pour assurer les charges de l'administration, de la justice, de la police et de la défense du pays. Sur ce point, on peut noter une grande proximité de vues entre Tracy et Constant : si l'un comme l'autre ne sont pas partisans d'un gouvernement faible, ils sont en revanche très attachés à ce que celui-ci n'outrepasse pas les limites de ses compétences ni n'entrave la liberté de penser et d'agir des individus. Enfin, alors même que les progrès de la civilisation et le développement des richesses favorisent inéluctablement le développement des inégalités, le gouvernement

1. *Commentaire*, Livre IV, p. 84.

2. *Ibid.*, Résumé des douze premiers livres, p. 173.

3. Destutt de Tracy s'explique sur ce point dans son ouvrage *Observations sur le système actuel d'instruction publique*, publié en l'an 9 (1801). Voir notamment *Œuvres complètes*, I, p. 207-209.

4. *Commentaire*, Livre V, p. 91.

représentatif pur doit s'attacher à contrarier ce mouvement et tendre à l'égalité, dans la mesure où une trop grande inégalité met en danger la liberté elle-même. En effet,

> l'inégalité [...] est l'écueil de la liberté et la source de tous les maux et de tous les vices[1].

Sa mise en place et l'organisation des pouvoirs

Pour tous les pays qui parviennent au troisième degré de civilisation, la question se pose du passage au gouvernement représentatif pur. Le moyen qui, pour Destutt de Tracy, présente le plus d'avantages consiste à réunir une *convention* qui doit avoir pour seul objet d'élaborer la nouvelle Constitution, sans s'attacher à légiférer sur quelque autre sujet. Conformément au principe de souveraineté qu'il a posé au départ, c'est toute la nation qui doit être convoquée à cette fin. Ne pouvant se réunir en un seul lieu, elle participera à des assemblées partielles, éventuellement organisées à deux degrés[2], sur différents points du territoire. Mais l'important réside dans ce que tous les citoyens y sont appelés dans des conditions de stricte égalité :

> Tous les citoyens doivent être également appelés, et voter de la même manière dans les assemblées où l'on délibère sur les moyens à prendre pour donner une nouvelle organisation à la société; car ils y sont tous également intéressés, puisqu'ils y sont également pour tout ce qu'ils possèdent, pour tous leurs intérêts, pour toute leur existence. Peu importe que l'existence des uns soit plus considérable, ou plus précieuse, ou plus agréable que celle des autres[3].

1. *Commentaire*, Livre XVIII, p. 209.

2. Lorsqu'une proportion importante de la population possède un trop faible niveau d'instruction, ce qui est alors le cas de la France, l'ensemble des citoyens réunis dans des assemblées dites primaires désigne ceux d'entre eux qui participent directement dans un second temps à l'élection des représentants.

3. *Commentaire*, Livre XI, p. 148. Sont exclus de la qualité de citoyen, outre les enfants, les incapables majeurs, les condamnés pour fautes graves et tous ceux qui « paraissent avoir soumis leur volonté à la volonté d'un autre » (*ibid.*, p. 149), ainsi que les femmes. Pour ce qui concerne ces dernières, Destutt de Tracy soutient la thèse qu'elles sont non pas inférieures mais différentes : « Les femmes sont certainement destinées aux fonctions domestiques, comme les hommes aux fonctions publiques » (*ibid.*). On voit qu'il a sur ce point une position très en retrait par rapport à celle de Condorcet.

Reste ensuite à agencer les pièces de la machine politique de façon qu'elle fonctionne harmonieusement. Pour ce faire, Destutt de Tracy distingue trois corps :

– l'un pour *vouloir*, c'est le corps législatif;

– un autre pour *agir*, c'est le corps exécutif;

– un troisième pour *conserver*, c'est le corps conservateur.

Il ne fait pas de doute que le corps législatif est *premier* par rapport au corps exécutif, car il faut « vouloir avant d'agir » [1]. Toutefois, si le corps exécutif dépend du législatif, il faut veiller à ne pas les faire entrer en rivalité ou en opposition : il est clair que Destutt de Tracy a ici en mémoire l'expérience du Directoire qui ne pouvait se conclure que par un coup d'État dans la mesure où ces deux pouvoirs n'étaient pas surplombés par un arbitre capable de trancher leurs différends. D'où la nécessité du troisième corps destiné à

> faciliter et régler l'action des deux autres [2].

Le *corps législatif* recueille de façon « scrupuleuse » [3] l'expression de la volonté générale. Pour Destutt de Tracy, comme avant lui pour Condorcet, ce corps est essentiellement *un*, car la volonté est une par définition : cela interdit tout dispositif bicaméral, en particulier « à l'anglaise » avec une des deux chambres ayant pour fonction de défendre les intérêts d'une caste. Ce corps unique est composé de représentants élus pour une durée limitée et issus de toutes les parties du territoire. Ses membres jouissent tous des mêmes droits et, pour empêcher que ne se reproduise l'expérience funeste de la Convention, ils ne sont pas attaquables dans leurs fonctions. Ils exercent celles-ci librement, ce qui exclut tout système de mandat impératif.

Le *corps exécutif*, qui est par nature d'une puissance redoutable puisqu'il dispose de l'argent, de la police et de l'armée, ne doit surtout pas être concentré dans les mains d'un seul homme. En effet :

> C'est dans la volonté que l'unité est nécessaire, et non pas dans l'exécution. La preuve en est que nous n'avons qu'une tête et plusieurs membres qui lui obéissent [4].

1. *Commentaire*, Livre XI, p. 158.
2. *Ibid.*, p. 160.
3. *Ibid.*, Livre VI, p. 97.
4. *Ibid.*, Livre XI, p. 152.

Confier le pouvoir exécutif à un seul homme, c'est se condamner à vivre sous l'oppression. Même si son titulaire n'est au départ désigné que pour une durée limitée, celui-ci n'aura bientôt d'autre ambition que de transformer son pouvoir en pouvoir viager, puis de viager en héréditaire. Il est difficile de de ne pas voir ici une dénonciation transparente de la prise de pouvoir progressive par Napoléon Ier, qui de premier consul nommé pour dix ans est devenu consul à vie puis empereur. Or il existe une antinomie radicale entre le principe héréditaire et celui de la souveraineté nationale :

> Nul pouvoir héréditaire ne peut être assuré, si l'on reconnaît la suprématie de la volonté générale; car il est de l'essence de l'hérédité d'être perpétuelle, et de celle de la volonté d'être temporaire et révocable [1].

Aussi le pouvoir exécutif doit-il être confié à

> un conseil composé d'un petit nombre de personnes élues pour un temps, et se renouvelant successivement [2].

Le *corps conservateur*, composé d'hommes ayant antérieurement rempli de hautes fonctions mais n'étant désormais éligibles à aucune, n'ayant d'autre intérêt que celui du maintien de la concorde sociale, s'attache à régler de façon paisible les différends qui pourraient surgir entre le législatif et l'exécutif. À cette fin, il est seul compétent, dans les formes définies par la Constitution, pour valider les élections, procéder en cas de manquements à la destitution de membres du corps exécutif et à leur mise en accusation, prononcer l'inconstitutionnalité des lois comme des actes du gouvernement, ou déclarer l'ouverture du processus de révision de la Constitution.

La conception d'un troisième organe doté d'une fonction régulatrice n'est pas à cette époque une originalité. Au cours des débats préparatoires à la Constitution de l'an 3, Sieyès avait déjà préconisé la création d'un « jury constitutionnaire » chargé notamment de se prononcer sur les violations ou atteintes à la Constitution et d'assurer, en ayant l'initiative exclusive d'une éventuelle révision de la Constitution, la stabilité institutionnelle [3]. Cette proposition, qui avait alors été rejetée par la commission des Onze, se trouve en partie reprise dans la Constitution de l'an 8 au travers du Sénat conservateur; toutefois ce dernier, domestiqué par le chef de l'État et

1. *Commentaire*, p. 157.

2. *Ibid.*, p. 158.

3. *Opinion de Sieyès sur les attributions et l'organisation du jury constitutionnaire proposé le 2 thermidor, prononcée à la Convention nationale le 18 thermidor an 3.*

animé surtout, selon le mot de Destutt de Tracy, par le souci de se conserver lui-même, n'a jamais joué le rôle qui aurait dû être le sien, sauf en avril 1814 lorsqu'il prononça la déchéance de l'empereur. Mais c'est surtout le « pouvoir préservateur », tel qu'il a été conçu à peu près au même moment par B. Constant[1], qui s'approche le plus du corps conservateur défini par Tracy. Destiné à prévenir les abus dont se rendraient coupables le pouvoir législatif comme le pouvoir exécutif, composé de magistrats élus à vie, âgés, expérimentés et fortunés, ce pouvoir préservateur a la capacité de dissoudre la représentation nationale, de destituer le pouvoir exécutif, d'user du droit de grâce, d'appeler l'attention de l'exécutif sur les réclamations des citoyens et de sanctionner les modifications à la Constitution.

La note ajoutée par l'auteur en 1819

Nous avons vu que dans la première édition qu'il publie sous son nom chez Théodore Desoer en 1819, Destutt de Tracy ajoute à la fin du livre XI une note au texte qu'il avait rédigé en 1806-1807. Il indique en particulier que

> la monarchie constitutionnelle, ou le gouvernement représentatif avec un seul chef héréditaire, est et sera encore extrêmement longtemps, malgré ses imperfections, le meilleur de tous les gouvernements possibles pour tous les peuples de l'Europe, et surtout pour la France[2].

Il précise même que la Charte octroyée par Louis XVIII dispense les Français de s'engager dans l'élaboration d'une nouvelle Constitution.

Le régime issu de la Restauration pouvant difficilement être assimilé au gouvernement représentatif pur, cette note a donné lieu de la part des commentateurs à bien des interrogations : s'agit-il d'un reniement de la part d'un homme que l'on range par ailleurs, avec La Fayette et quelques autres, dans le camp de l'opposition libérale, à la gauche des « doctrinaires »[3] ? Si oui, ce reniement est-il sincère ou est-il guidé par la qualité de pair de France de l'auteur et par le souci de conserver les avantages qui y sont attachés ? S'agit-il au contraire d'une simple habileté tactique, permettant de diffuser une doctrine contestataire au prix d'une concession d'apparence ?

1. Voir par exemple ses *Fragments d'un ouvrage abandonné sur la possibilité d'une Constitution républicaine dans un grand pays*, *op. cit.*

2. *Commentaire*, Livre XI, p. 164.

3. Barante, Broglie, Guizot, Jordan, Royer-Collard.

En fait, ni l'un ni l'autre. D'ailleurs, dans deux lettres à Jefferson, Destutt de Tracy revendique clairement la paternité de cette note qui est, dit-il, « l'expression triste mais bien sincère »[1] de son opinion et à laquelle il « attache beaucoup d'importance »[2]. La réponse à ces questions est en effet d'autant plus simple à trouver qu'elle figure dans le texte même du *Commentaire*. Destutt de Tracy ne dit-il pas en effet que

> les institutions ne peuvent s'améliorer que proportionnellement à l'accroissement des lumières dans la masse du peuple, et que les meilleures *absolument* ne sont pas toujours les meilleures *relativement*; [...] et si elles choquent un plus grand nombre, elles ne peuvent se maintenir que par un emploi exagéré de la force[3].

Il rappelle à cet égard l'exemple des institutions du Directoire qui, bien qu'elles fussent sans doute les plus libres qui aient jamais existé en France, étaient trop en avance par rapport aux lumières du temps pour être véritablement et durablement acceptées par la nation. Inversement, il tient le régime de la Charte, en dépit de toutes ses insuffisances au regard de la liberté, pour celui qui correspond le mieux à l'état présent des esprits. Destutt de Tracy est donc justifié à affirmer qu'il n'y a nulle contradiction dans ses propos qui ne font qu'exprimer la différence qui existe entre les exigences abstraites des principes et les réalités concrètes d'un pays et d'une époque. Il avait d'ailleurs été lui-même confronté à cette nécessaire conciliation des « principes » et des « circonstances » (pour reprendre le vocabulaire de B. Constant) lorsqu'à la suite de la déchéance de Napoléon il avait été conduit à élaborer avec Barbé-Marbois, Emmery, Lambrechts et Lebrun le projet de Constitution adopté le 6 avril 1814 par le Sénat (mais qui sera rejeté quelques semaines plus tard par Louis XVIII). Enfin, et ce point est important, il faut garder à l'esprit que cette note a été rédigée au premier semestre de 1819, c'est-à-dire sous le ministère Dessolle-Decazes, autrement dit au cours de la période la plus libérale de la Restauration, celle-là même qui, au travers des lois de Serre, assure à la presse un régime de liberté. Il est alors permis d'espérer en une libéralisation progressive du régime. On sait que cette promesse ne sera pas tenue.

1. Lettre en date du 22 février 1821.
2. Lettre en date du 8 janvier 1824.
3. *Commentaire*, Livre XI, p. 135. C'est Destutt de Tracy qui souligne.

Sans doute le *Commentaire sur l'*Esprit des lois *de Montesquieu* est-il un ouvrage doublement paradoxal : longtemps entouré du plus grand secret, il se révèle en fin de compte le livre le plus diffusé de son auteur; conçu au départ comme un brouillon ou un travail préparatoire, il est bientôt tenu par Jefferson et quelques autres comme un classique de la pensée libérale, ce qu'il est assurément.

En toute hypothèse, il constitue une pièce tout à fait essentielle du *corpus* tracéen, dans la mesure où il comble pour une large part l'absence du sixième volume des *Éléments d'idéologie* (troisième volume du *Traité de la volonté et de ses effets*), qui aurait dû porter sur la *législation*, celle-ci comportant

> la science du gouvernement et celle de l'éducation. Car le gouvernement n'est que l'éducation des hommes faits, et l'éducation est le gouvernement des enfants [1].

Or, ainsi que Destutt de Tracy l'écrit à Jefferson [2], ses textes sur l'instruction publique, d'une part, le *Commentaire*, d'autre part, renferment « le germe » de toutes ses idées sur ces sujets et « tiennent lieu » du volume manquant.

NOTE SUR LA PRÉSENTE ÉDITION

Le texte de la présente édition reprend principalement celui de l'édition publiée à Paris en 1819 chez Théodore Desoer, celle-ci constituant l'édition de référence, contrôlée par Destutt de Tracy lui-même. Les quelques modifications, retranchements ou adjonctions figurant dans les éditions antérieures ou postérieures sont toutefois signalés.

L'orthographe a été modernisée : *quarré* est écrit *carré*, *rescripts* est écrit *rescrits*, etc.

Le lecteur trouvera en bas de page les notes de Destutt de Tracy, appelées alphabétiquement, les notes de variantes, appelées par un astérisque, les notes de l'éditeur, appelées numériquement.

1. *Éléments*, *III*, Logique, chap. IX, p. 196.
2. Lettre à Jefferson du 4 février 1816.

COMMENTAIRE
SUR L'*ESPRIT DES LOIS*
DE MONTESQUIEU

AVERTISSEMENT
À L'ÉDITION DE 1819 (TH. DESOER)
ET AUX SUIVANTES PUBLIÉES
SOUS LE NOM DE DESTUTT DE TRACY

Cet ouvrage existe depuis plus de douze ans. Je l'avais écrit pour M. Jefferson, l'homme des deux mondes que je respecte le plus, et, s'il le jugeait à propos, pour les États-Unis de l'Amérique du nord, où en effet il a été imprimé en 1811. Je ne comptais pas le publier en Europe. Mais puisqu'une copie inexacte en a couru, puisqu'elle a été imprimée à Liège et réimprimée à Paris, puisque, enfin, tout le monde imprime mon ouvrage sans mon aveu, j'aime mieux qu'il paraisse tel que je l'ai composé.

RÉFLEXIONS PRÉLIMINAIRES

Mon objet, en commençant cet ouvrage, était de réfléchir sur chacun des grands sujets qu'a traités Montesquieu, de former mon opinion, de la mettre par écrit, afin d'achever de l'éclaircir et de la fixer. Je n'ai pas été longtemps sans m'apercevoir que la collection de ces opinions formerait un traité complet de politique, ou *science sociale*, qui serait bon, si chacune d'elles était juste, et si toutes étaient bien enchaînées. J'ai donc été tenté, après les avoir épurées, autant que j'en étais capable, de les reprendre toutes, de les refondre, de les distribuer d'une autre manière, et d'en former un ouvrage didactique, dans lequel les matières fussent rangées suivant l'ordre naturel de leur mutuelle dépendance, sans aucun égard pour celui que Montesquieu avait établi entre elles, et qui, suivant moi, est loin d'être toujours le meilleur. Mais j'ai senti bientôt que, s'il s'était trompé dans le choix de cet ordre, je pourrais bien, à plus forte raison, m'y tromper aussi, malgré l'énorme avantage que me donnent sur lui les lumières acquises pendant les cinquante *prodigieuses* années qui séparent le moment où il a éclairé ses contemporains de celui où je soumets aux miens le résultat de mes études. D'ailleurs, plus cet ordre que j'aurais préféré aurait été différent de celui qu'a suivi Montesquieu, plus il m'aurait rendu difficile de discuter ses opinions en établissant les miennes. Nos deux marches se croisant sans cesse, je n'aurais pu, sans une foule de redites insupportables, lui rendre cet hommage, que je regarde comme un devoir. Je me serais donc vu réduit à présenter mes idées, avec la défaveur d'être souvent contraires aux siennes, sans qu'on en vît suffisamment le motif. Dans cet état, il est douteux qu'on les eût jamais adoptées : on ne leur aurait peut-être pas seulement fait l'honneur de les examiner. Voilà ce qui m'a déterminé à ne donner aujourd'hui qu'un *Commentaire* sur Montesquieu. Un autre plus heureux, profitant de la discussion, si elle s'établit, pourra dans la suite donner un vrai *Traité des lois*. C'est ainsi, je pense, que doivent marcher toutes les sciences ; chaque ouvrage partant toujours des opinions les plus saines actuellement reçues, pour y ajouter quelque nouveau degré de justesse. C'est là vraiment suivre le sage précepte de Condillac, *d'aller rigoureusement du connu à l'inconnu*. Puissé-je, en n'ayant pas plus d'ambition que ne me le permettait ma position, avoir contribué efficacement aux progrès de la science sociale, la plus importante de toutes au bonheur des hommes, et celle que nécessairement ils perfectionnent la dernière, parce qu'elle est le résultat et le produit de toutes les autres !

TABLE DES TRENTE ET UN LIVRES DE L'*ESPRIT DES LOIS* DE MONTESQUIEU, AVEC LE PRÉCIS DES VÉRITÉS QUI RÉSULTENT DE LEUR EXAMEN

LIVRE PREMIER. Des lois en général

Les lois positives doivent être conséquentes aux lois de notre nature. Voilà l'esprit des lois.

LIVRE II. Des lois qui dérivent directement de la nature du gouvernement.

Il n'y a que deux espèces de gouvernement : ceux qui sont fondés sur les droits généraux des hommes, et ceux qui se prétendent fondés sur des droits particuliers.

LIVRE III. Des principes des trois gouvernements.

Le principe des gouvernements fondés sur les droits des hommes est la raison.

LIVRE IV. Que les lois de l'éducation doivent être relatives au principe du gouvernement.

Les gouvernements fondés sur la raison peuvent seuls désirer que l'instruction soit saine, forte et généralement répandue.

LIVRE V. Que les lois que le législateur donne, doivent être relatives au principe du gouvernement.

Les gouvernements fondés sur la raison n'ont qu'à laisser agir la nature.

LIVRE VI. Conséquences des principes des divers gouvernements par rapport à la simplicité des lois civiles et criminelles, la forme des jugements, et l'établissement des peines.

Démocratie ou despotisme, premier degré de civilisation.
Aristocratie sous un ou plusieurs chefs, deuxième degré.
Représentation avec un ou plusieurs chefs, troisième degré.

Ignorance.................................Force.
Opinions...................................Religion.
Raison......................................Philosophie.

Motifs des punitions dans ces trois périodes; vengeance humaine, vengeance divine, empêcher le mal à venir.

LIVRE VII. Conséquences des différents principes des trois gouvernements par rapport aux lois somptuaires, au luxe et à la condition des femmes.

L'effet du luxe est d'employer le travail d'une manière inutile et nuisible.

LIVRE VIII. De la corruption des principes des trois gouvernements.

L'étendue convenable à un État est d'avoir une force suffisante avec les meilleures limites possibles.
La mer est la meilleure de toutes.

LIVRE IX. Des lois dans le rapport qu'elles ont avec la force défensive.

La fédération produit toujours moins de force que l'union intime, et vaut mieux que la séparation absolue.

LIVRE X. Des lois dans le rapport qu'elles ont avec la force offensive.

La perfection du droit des gens serait la fédération des nations.
Jusque-là le droit de guerre dérive du droit de défense naturelle; et celui de conquête de celui de guerre.

LIVRE XI. Des lois qui forment la liberté politique dans son rapport avec la Constitution.

Chapitre premier. – Le problème qui consiste à distribuer les pouvoirs de la société de la manière la plus favorable à la liberté est-il résolu ?

Réponse. – Il ne saurait être résolu tant qu'on donne trop de pouvoir à un seul homme.

Chapitre deuxième. – Comment pourrait-on parvenir à résoudre le problème proposé ?

Réponse. – Le problème proposé ne peut être résolu qu'en ne donnant jamais à un seul homme assez de pouvoir pour qu'on ne puisse pas le lui ôter sans violence, et pour que, quand il change, tout change nécessairement avec lui.

LIVRE XII. Des lois qui forment la liberté politique dans son rapport avec le citoyen.

La liberté politique ne saurait subsister sans la liberté individuelle et la liberté de la presse, et celles-ci sans la procédure par jurés.

LIVRE XIII. Des rapports que la levée des tributs et la grandeur des revenus publics ont avec la liberté.

L'impôt est toujours un mal.

Il nuit de plusieurs manières différentes à la liberté et à la richesse.

Suivant sa nature et les circonstances, il affecte diversement différentes classes de citoyens.

Pour bien juger de ses effets, il faut savoir que le travail est la seule source de toutes nos richesses, que la propriété territoriale n'est en rien différente de toute autre propriété, et qu'un champ n'est qu'un outil comme un autre.

LIVRE XIV. Des lois dans le rapport qu'elles ont avec la nature du climat.

LIVRE XV. Comment les lois de l'esclavage civil ont du rapport avec la nature du climat.

LIVRE XVI. Comment les lois de l'esclavage domestique ont du rapport avec la nature du climat.

LIVRE XVII. Comment les lois de la servitude politique ont du rapport avec la nature du climat.

Certains climats ont différents inconvénients pour l'homme. Les institutions et les habitudes peuvent y remédier jusqu'à un certain point. Les bonnes lois sont celles qui atteignent ce but.

LIVRE XVIII. Des lois dans le rapport qu'elles ont avec la nature du terrain.

Les progrès de la richesse et de la civilisation multiplient les chances d'inégalité parmi les hommes : et l'inégalité est la cause de la servitude, et la source de tous les maux et de tous les vices.

LIVRE XIX. Des lois dans le rapport qu'elles ont avec les principes qui forment l'esprit général, les mœurs, et les manières d'une nation.

Pour les meilleures lois, il est nécessaire que les esprits y soient préparés. C'est pour cela qu'il faut que le pouvoir législatif soit exercé par des députés, librement élus pour un temps limité, sur toutes les parties du territoire.

LIVRE XX. Des lois dans le rapport qu'elles ont avec le commerce considéré dans sa nature et ses distinctions.

LIVRE XXI. Des lois dans le rapport qu'elles ont avec le commerce considéré dans les révolutions qu'il a eues dans le monde.

Les négociants sont les agents du commerce. L'argent en est l'instrument. Mais ce n'est pas là le commerce. Le commerce consiste dans l'échange. Il est la société tout entière. Il est l'attribut de l'homme. Il est la source de tout bien. Sa principale utilité est de développer l'industrie. C'est lui qui a civilisé le monde, c'est lui qui a affaibli l'esprit de dévastation. Les prétendues balances de commerce sont des illusions ou des minuties.

LIVRE XXII. Des lois dans le rapport qu'elles ont avec l'usage de la monnaie.

L'argent a une valeur naturelle; c'est pour cela qu'il peut être la mesure de toutes les autres valeurs, ce que ne peut pas être le papier qui n'est que signe. Quand l'argent est frappé d'une empreinte qui en atteste la quantité et la qualité, il est monnaie. Deux métaux ne peuvent pas être tous deux monnaie fondamentale.

Le possesseur de l'argent peut le consommer ou le garder, le donner ou le prêter, le louer ou le vendre comme toute autre richesse.

Le service des changeurs et banquiers consiste à convertir une monnaie dans une autre, à la transporter d'une ville dans une autre, à escompter les lettres non encore échues. Les grandes compagnies qu'ils forment à cet effet sont toujours dangereuses; leurs succès sont peu importants.

Les dettes publiques font hausser l'intérêt de l'argent.

LIVRE XXIII. Des lois dans le rapport qu'elles ont avec le nombre des habitants.

La population est arrêtée chez les sauvages par le défaut de moyens, et chez les peuples civilisés par la mauvaise répartition des moyens. Partout où il y a aisance, liberté, égalité, lumières, elle augmente rapidement. Au reste, ce n'est pas la multiplication des hommes qui est désirable, c'est leur bonheur.

LIVRE XXIV. Des lois dans le rapport qu'elles ont avec la religion établie dans chaque pays, considérée dans ses pratiques et en elle-même.

LIVRE XXV. Des lois dans le rapport qu'elles ont avec l'établissement de la religion de chaque pays, et sa police extérieure.

Moins les idées religieuses ont de force dans un pays, plus on y est vertueux, heureux, libre et paisible.

LIVRE XXVI. Des lois dans le rapport qu'elles doivent avoir avec l'ordre des choses sur lesquelles elles statuent.

Il n'y a rien à tirer de ce livre.

LIVRE XXVII. De l'origine et des révolutions des lois des Romains sur les successions.

LIVRE XXVIII. De l'origine et des révolutions des lois civiles chez les Français.

Ces deux-ci sont purement historiques. Je ne m'y arrêterai pas.

LIVRE XXIX. De la manière de composer les lois.

Rien d'instructif encore ici, que la manière dont Condorcet a critiqué ce livre, ou plutôt l'a refait.

LIVRE XXX. Théorie des lois féodales chez les Francs, dans le rapport qu'elles ont avec l'établissement de la monarchie.

LIVRE XXXI. Théorie des lois féodales chez les Francs, dans le rapport qu'elles ont avec les révolutions de la monarchie.

Ces deux livres sont encore purement historiques.

*Malgré tous ses défauts, l'*Esprit des lois*, quand il a paru, a mérité d'être attaqué par tous les ennemis des lumières et de l'humanité, et d'être défendu par leurs amis.*

LIVRE PREMIER

DES LOIS EN GÉNÉRAL

Les lois positives doivent être conséquentes aux lois de notre nature. Voilà l'esprit des lois.

Les lois ne sont pas, comme le dit Montesquieu, *les rapports nécessaires qui dérivent de la nature des choses*. Une loi n'est pas un rapport, et un rapport n'est pas une loi. Cette explication ne présente pas un sens clair. Prenons le mot *loi* dans son sens spécifique et particulier : cette acception des mots est toujours la première qu'ils aient eue; et il faut toujours y remonter pour les bien entendre. Dans ce sens nous entendons par une *loi*, une règle prescrite à nos actions par une autorité que nous regardons comme ayant le droit de faire cette loi. Cette dernière condition est nécessaire; car lorsqu'elle manque, la règle prescrite n'est plus qu'un ordre arbitraire, un acte de violence et d'oppression.

Cette idée de la loi renferme celle d'une peine attachée à son infraction, d'un tribunal qui applique cette peine, d'une force physique qui la fait subir. Sans tout cela, la loi est incomplète ou illusoire.

Tel est le sens primitif du mot *loi*. Il n'a été et n'a pu être créé que dans l'état de société commencée. Ensuite, quand nous remarquons l'action réciproque de tous les êtres les uns sur les autres, quand nous observons les phénomènes de la nature et ceux de notre intelligence, quand nous découvrons qu'ils s'opèrent tous d'une manière constante dans les mêmes circonstances, nous disons qu'ils suivent certaines *lois*. Nous appelons par extension *lois de la nature*, l'expression de la manière dont ces phénomènes s'opèrent constamment. Ainsi nous voyons la chute des graves. Nous disons que c'est une loi de la nature qu'*un corps grave, abandonné à lui-même, tombe par un mouvement croissant comme la série des nombres impairs, en sorte que les espaces parcourus sont comme les carrés des temps employés;* c'est-à-dire que les choses se passent comme si une autorité invincible eût ordonné qu'elles fussent comme cela, sous peine de l'anéantissement inévitable des êtres agissants. De même, nous disons que c'est une loi de la nature qu'*un être animé soit jouissant ou souffrant, c'est-à-dire qu'il s'opère en lui, à l'occasion de ses perceptions, une sorte de jugement qui n'est que la conscience qu'elles le font jouir ou pâtir; qu'en conséquence de ce jugement, il naisse en lui une volonté, un désir de se procurer ces perceptions ou de les éviter, et qu'il soit heureux ou malheureux suivant que ce désir est accompli ou non*. Cela veut dire qu'un être animé est tel par l'ordre éternel des choses, et que s'il n'était pas tel, il ne serait pas ce que nous appelons un être animé.

Voilà ce que c'est que les *lois naturelles*. Il y a donc des lois naturelles que nous ne pouvons pas changer et auxquelles nous ne pouvons pas désobéir impunément. Car nous ne nous sommes pas faits nous-mêmes, et nous n'avons rien fait de ce qui nous entoure. Ainsi, tant que nous laisserons un corps grave sans appui, nous serons écrasés par sa chute. Tant que nous ne nous arrangerons pas pour que nos désirs soient accomplis, ou ce qui revient au même, tant que nous fomenterons en nous-mêmes des volontés inexécutables, nous serons malheureux. Cela est hors de doute. Là, l'autorité est suprême, le tribunal infaillible, la force insurmontable, la punition certaine; ou du moins tout se passe comme si tout cela était ainsi.

Or, dans nos sociétés, nous faisons ce que nous appelons des lois positives, c'est-à-dire des lois artificielles et conventionnelles, au moyen de nos autorités, de nos tribunaux, de nos forces factices. Il faut donc que ces lois soient conformes aux lois de notre nature, qu'elles en dérivent, en soient des conséquences, et ne leur soient pas contraires; sans quoi il est certain que celles-ci les surmonteront, que notre objet ne sera pas rempli, que nous serons malheureux. C'est là ce qui fait que nos lois positives sont bonnes ou mauvaises, justes ou injustes. Le *juste* est ce qui produit le *bien*, l'*injuste* ce qui produit le *mal*.

Le *juste et* l'*injuste* existent donc avant les lois positives, quoiqu'il n'y ait que celles-ci que nous puissions appeler *justes* ou *injustes;* les autres, les lois de la nature, sont simplement *nécessaires :* notre rôle n'est pas plus de les juger que de les contredire. Sans doute, il y a *juste* et *injuste* avant aucune de nos lois. Si cela n'était pas, il n'y en aurait jamais; car nous ne créons rien. Ce n'est pas à nous qu'il appartient de faire qu'une chose soit conforme ou contraire à notre nature. Nous ne faisons que voir et déclarer ce qui est, à tort ou avec raison, suivant que nous nous trompons ou non. Quand nous proclamons *juste* une chose qui ne l'est pas, c'est-à-dire quand nous l'ordonnons, nous ne la rendons pas telle pour cela, ce qui serait hors de notre pouvoir : seulement nous proclamons une erreur; et nous faisons une certaine quantité de mal, en donnant pour appui à cette erreur la quantité de force dont nous disposons; mais la loi, la vérité éternelle qui y est contraire, reste la même.

Ceci ne veut pas dire, prenons-y bien garde, qu'il soit toujours juste de résister à une loi injuste, toujours raisonnable de s'opposer actuellement et violemment à ce qui est déraisonnable. Il faut savoir avant tout si la résistance ne fait pas encore plus de mal que l'obéissance. Mais c'est là une question très secondaire dont la solution dépend des circonstances, et dont les éléments seront discutés par la suite. Nous sommes loin d'y être encore.

Reste donc que les lois de la nature existent antérieurement et supérieurement aux nôtres; que le juste fondamental est ce qui leur est conforme, et que l'injuste radical est ce qui leur résiste; et que, par conséquent, nos lois postérieures doivent, pour être réellement bonnes, êtres conséquentes à ces lois plus anciennes et plus puissantes. C'est là l'*esprit* (ou le vrai sens) dans lequel doivent être faites les lois positives; mais cet esprit n'est pas aisé à saisir et à démêler. Il y a loin des premiers principes aux derniers résultats. C'est cette série de conséquences qu'un *Traité de l'esprit des lois* doit indiquer. Ses maximes doivent beaucoup se modifier suivant les circonstances et l'organisation particulière de nos sociétés. Examinons donc leurs différences principales.

LIVRE II

DES LOIS QUI DÉRIVENT DIRECTEMENT DE LA NATURE DU GOUVERNEMENT

Il n'y a que deux espèces de gouvernement : ceux qui sont fondés sur les droits généraux des hommes, et ceux qui se prétendent fondés sur des droits particuliers.

La division ordinaire des gouvernements en républicains, monarchiques et despotiques, me paraît essentiellement mauvaise.

Le mot *républicain* est un terme très vague sous lequel on comprend une multitude de gouvernements prodigieusement différents les uns des autres, depuis la démocratie paisible de Schwitz et la démocratie turbulente d'Athènes jusqu'à l'aristocratie concentrée de Berne et la sombre oligarchie de Venise. De plus, cette qualification de républicain n'est pas propre à figurer en opposition avec celle de monarchique; car les Provinces-Unies de la Hollande, les États-Unis de l'Amérique, ont un chef unique, et sont regardés comme des républiques; et l'on a toujours été incertain si l'on devait dire le royaume ou la république de Pologne.

Le mot *monarchique* désigne proprement un gouvernement dans lequel le pouvoir exécutif réside dans les mains d'un seul; mais ce n'est là qu'une circonstance qui peut se trouver réunie avec beaucoup d'autres très diverses, et qui ne caractérise pas l'essence de l'organisation sociale. Ce que nous venons de dire de la Pologne, de la Hollande et des États-Unis en est la preuve; on peut en dire autant de la Suède et de la Grande-Bretagne qui, à plusieurs égards, sont des aristocraties royales. On pourrait citer aussi le corps germanique qui, avec beaucoup de raison, a souvent été appelé une république de princes souverains, et même l'ancien gouvernement de France; car ceux qui le connaissent à fond savent bien que c'était proprement une aristocratie religieuse et féodale, tant de robe que d'épée.

Quant au mot *despotique*, il désigne un abus, un vice, qui se trouve plus ou moins dans tous les gouvernements, parce que toutes les institutions humaines sont imparfaites comme leurs auteurs; mais ce n'est point là le nom d'une forme particulière de société, d'une espèce particulière de gouvernement. Il y a despotisme, oppression, abus d'autorité, partout où la loi établie est sans force et cède à la volonté d'un homme ou de plusieurs. Cela se voit partout de temps en temps. Dans beaucoup de pays, les hommes imprudents ou ignorants n'ont pris aucune précaution pour empêcher ce malheur. Dans d'autres, ils n'en ont pris que d'insuffisantes. Mais il n'a été établi nulle part en principe (pas même dans l'Orient), que cela doive être ainsi. Il n'y a donc point de gouvernement qui, par sa nature, puisse avec raison être appelé *despotique*.

S'il y avait un tel gouvernement dans le monde, ce serait celui du Danemark, où la nation, après avoir secoué le joug des prêtres et des nobles, et craignant leur influence dans ses assemblées, si elle se réunissait de nouveau, a prié le roi de gouverner seul par lui-même, s'en rapportant à lui du soin de faire les lois qu'il jugerait nécessaires au bien de l'État; et depuis, elle ne lui a jamais demandé compte de ce pouvoir discrétionnaire. Cependant ce gouvernement, si illimité par la loi, a toujours été si modéré (et c'est pour cela qu'on ne s'est jamais occupé de restreindre son autorité) que personne n'oserait dire que le Danemark est un État despotique.

On pourrait en dire autant de l'ancien gouvernement de France, si l'on y regarde comme généralement avouées, dans le sens que beaucoup de publicistes leur ont donné, les fameuses maximes : *Le roi ne tient à nully fors de Dieu et de ly*, et *si veut le roi si veut la loi*. Ce sont ces maximes qui ont souvent fait dire à plusieurs rois de ce pays, *Dieu et mon épée*, sans réclamer d'autres droits. Je sais qu'elles n'ont jamais été admises universellement sans restriction. Mais quand on les aurait supposées reconnues en théorie, on n'aurait jamais dit de la France, malgré les énormes abus qui y existaient, qu'elle fût un État despotique. On l'a même toujours citée comme une monarchie tempérée. Ce n'est donc pas là ce qu'on entend par un gouvernement despotique; et cette dénomination est mauvaise comme nom de classe, car le plus ordinairement elle signifie une monarchie où les mœurs sont brutales.

Je conclus que la division des gouvernements en républicains, monarchiques et despotiques, est vicieuse de tous points, et que chacune de ces classes renfermant des genres très divers et même très opposés, on ne saurait dire sur chacune d'elles que des choses très vagues, ou qui ne peuvent convenir à tous les États qui y sont compris.

Je n'adopterai pas cependant la décision tranchante d'Helvétius qui, dans sa lettre à Montesquieu[a], dit nettement : *Je ne connais que deux espèces de gouvernements, les bons et les mauvais : les bons sont encore à faire, les mauvais dont tout l'art, etc., etc.*

Premièrement, si on n'a égard qu'à la pratique, dans ce genre comme dans tous les autres, il y a du bien et du mal partout, et il n'y a point de gouvernement que l'on ne puisse classer alternativement parmi les bons et parmi les mauvais.

Secondement, si au contraire on ne songe qu'à la théorie, et si l'on ne considère dans les gouvernements que les principes sur lesquels ils sont fondés, sans s'embarrasser s'ils y conforment ou non leur conduite, il faudrait pour ranger un gouvernement dans la classe des bons ou des mauvais, prononcer sur le mérite et la justesse des principes, et décider quels sont ceux qui sont vrais ou faux. Or, c'est ce que je ne me charge point de faire. Je ne veux, à l'exemple de Montesquieu, que dire ce qui est, montrer les diverses conséquences qu'entraînent les différentes organisations sociales, et laisser au lecteur le soin d'en tirer les conclusions qu'il voudra en faveur des unes ou des autres.

M'attachant donc uniquement au principe fondamental de la société politique, oubliant ses formes diverses, et n'en blâmant aucune, je partagerai tous les gouvernements en deux classes. J'appellerai les uns *nationaux* ou de droit commun, et les autres *spéciaux* ou de droit particulier et d'exceptions[b].

De quelque manière qu'ils soient organisés, je rangerai dans la première classe tous ceux où l'on tient pour principe que tous les droits et tous les pouvoirs appartiennent au corps entier de la nation, résident en lui, sont émanés de lui, et n'existent que par lui et pour lui ; ceux enfin qui professent hautement et sans restriction la maxime avancée dans

a. Cette lettre, au reste, me paraît pleine de choses excellentes, ainsi que celle à Saurin, et que les notes du même auteur sur l'*Esprit des lois* ; et l'on doit savoir gré à l'abbé de La Roche de nous avoir conservé les idées d'un homme aussi recommandable sur des objets si importants, et de les avoir publiées dans l'édition qu'il a donnée des *Œuvres de Montesquieu*, chez Pierre Didot, en l'an 3. Elles rendent, suivant moi, cette édition très précieuse. [*Sur ces lettres, dont nous savons maintenant qu'il s'agit de faux confectionnés par l'abbé de La Roche, se reporter à l'annexe II*].

b. On pourrait dire aussi *publics* ou *privés*, non seulement parce que les uns sont fondés sur l'intérêt *général*, et les autres sur quelque intérêt *privé*, mais encore parce que, dans toutes leurs délibérations, les uns affectent la *publicité*, et les autres le *mystère*.

l'assemblée des chambres du Parlement de Paris, au mois d'octobre 1788, par un de ses membres, savoir : *Les magistrats, comme magistrats, n'ont que des devoirs : les citoyens seuls ont des droits*. Et entendez par magistrats, tous ceux qui sont chargés d'une fonction publique quelconque.

On voit que ces gouvernements que j'appelle nationaux, peuvent prendre toutes sortes de formes ; car la nation peut à toute rigueur exercer elle-même tous les pouvoirs : alors le gouvernement est une démocratie absolue. Elle peut, au contraire, les déléguer tous à des fonctionnaires élus par elle pour un temps, et renouvelés sans cesse : alors c'est le gouvernement représentatif pur. Elle peut aussi les abandonner en totalité ou en partie à des collections d'hommes ou à des corps, soit à vie, soit avec succession héréditaire, soit avec la faculté de nommer leurs collègues en cas de vacances : de là résultent différentes aristocraties. Elle peut de même confier tous ses pouvoirs, ou le pouvoir exécutif seulement, à un seul homme, soit à vie, soit héréditairement ; et cela produit une monarchie plus ou moins limitée, ou même tout à fait illimitée.

Mais tant que le principe fondamental demeure intact et n'est point révoqué en doute, toutes ses formes si diverses ont cela de commun qu'elles peuvent toujours être modifiées ou même cesser tout à fait dès que la nation le veut, et que nul n'a aucun droit à opposer à la volonté générale manifestée suivant les formes convenues. Or, cette circonstance essentielle suffit, suivant moi, pour que toutes ces organisations différentes soient regardées comme une seule espèce de gouvernement.

J'appelle, au contraire, gouvernements *spéciaux* ou d'exceptions, tous ceux, quels qu'ils soient, où l'on reconnaît d'autres sources légitimes de droits ou de pouvoirs que la volonté générale, comme l'autorité divine, la conquête, la naissance dans tel lieu ou dans telle caste, des capitulations respectives, un pacte social exprès ou tacite, où les parties stipulent, comme puissances étrangères l'une à l'autre, etc., etc.

Il est manifeste que ces diverses sources de droits particuliers peuvent, comme la volonté générale, produire toutes sortes de démocraties, d'aristocraties, ou de monarchies ; mais elles sont bien différentes de celles qui portent les mêmes noms dans les gouvernements que j'appelle *nationaux*. Il y a ici différents droits reconnus et avoués. Il y a, pour ainsi dire, différentes puissances dans la même société ; son organisation ne peut être regardée que comme un résultat de conventions et de transactions formelles ou tacites, et elle ne doit pouvoir être changée que du libre consentement de toutes les parties contractantes ; cela me suffit pour appeler tous ces gouvernements *spéciaux* ou d'exceptions.

Je ne prétends pas, je le répète, décider ni même discuter actuellement si tous ces droits particuliers sont également respectables, s'ils peuvent prescrire à perpétuité contre le droit commun, si l'on peut légitimement les opposer à la volonté générale bien prononcée. Ces questions sont toujours résolues par la force, et d'ailleurs elles ne font rien à l'objet que je me propose. Tous ces gouvernements sont existants ou peuvent l'être; or tout corps existant a droit à sa conservation. Voilà le point d'où je pars avec Montesquieu, et je veux examiner avec lui quelles sont les lois qui tendent à la conservation de chacun d'eux. J'espère que l'on s'apercevra, dans le cours de cette recherche, que la division que j'ai adoptée me donne bien plus de facilité pour pénétrer dans le fond du sujet, que celle qu'il a employée.

LIVRE III

DES PRINCIPES DES TROIS GOUVERNEMENTS

Le principe des gouvernements fondés sur les droits des hommes est la raison.

Je pense, comme Helvétius, que Montesquieu aurait mieux fait d'intituler ce livre : *Conséquence de la nature des gouvernements.* Car que se propose-t-il ici ? Il cherche quels sont les sentiments dont il faut que les membres de la société soient animés, pour que le gouvernement établi subsiste. Or, c'est là le principe conservateur, si l'on veut; mais ce n'est pas le principe moteur. Celui-ci réside toujours dans quelque magistrature qui provoque l'action de la puissance. La cause de la conservation d'une société commerciale est l'intérêt et le zèle de ses membres; mais son principe d'action, c'est l'agent ou les agents qu'elle a chargés de suivre ses affaires et de lui en rendre compte, et qui provoquent ses déterminations. Il en est de même de toute société, à moins que l'on ne veuille dire que le principe général de toute action est l'intérêt et le besoin. C'est une vérité, mais elle est si générale qu'elle ne signifie plus rien pour chaque cas en particulier.

Quoi qu'il en soit, il est certain que les divers sentiments que Montesquieu appelle *le principe qui fait agir chaque gouvernement*, doivent être analogues à la nature du gouvernement établi; car autrement ils le renverseraient. Mais est-il bien vrai, comme il le dit, que la *vertu* soit le principe du gouvernement républicain, l'*honneur* celui du monarchique, et la *crainte* celui du *despotisme* ? Cela présente-t-il un sens bien net et bien précis ?

Pour la *crainte*, il n'est pas douteux qu'elle ne soit la cause du despotisme; car le moyen le plus sûr pour être opprimé est certainement de trembler devant l'oppresseur. Mais nous avons déjà remarqué que le despotisme est un abus qui se trouve dans tous les gouvernements, et non pas dans un gouvernement particulier. Or, si un homme raisonnable conseille souvent et très souvent de souffrir des abus, de peur de pis, il veut que ce soit par raison, et non par crainte, que l'on s'y détermine; et d'ailleurs il ne se charge jamais de chercher les moyens de les perpétuer et de les accroître. De plus, Montesquieu dit lui-même en propres termes: *Quoique la manière d'obéir soit différente dans ces deux gouvernements* (monarchique et despotique), *le pouvoir est pourtant le même. De quelque côté que le monarque se tourne, il emporte et précipite la balance, et est obéi. Toute la différence est que, dans la monarchie, le prince a des lumières, et que les ministres y sont infiniment plus habiles et plus rompus aux affaires que dans l'État despotique.* Ce ne sont donc pas là deux gouvernements différents. L'un n'est que l'abus de l'autre; et, comme nous l'avons déjà dit, le despotisme dans ce sens n'est que la monarchie avec des mœurs brutales. Nous ne parlerons donc ni du despotisme, ni de la crainte.

À l'égard de l'*honneur* accompagné de l'*ambition*, qu'on regarde comme le principe de la monarchie; à l'égard de la *vertu* qu'on suppose être le principe de la république, et que l'on change en *modération* quand cette république est aristocratique, qu'est-ce que tout cela aux yeux d'une saine critique? N'y a-t-il pas un véritable honneur, qui ne s'applaudit que de ce qui est bien, et qui doit être exempt de reproches; et un faux honneur qui cherche tout ce qui brille et se targue de vices et même de ridicules quand ils sont à la mode? N'y a-t-il pas aussi une ambition généreuse, qui ne veut que servir ses semblables et conquérir leur reconnaissance, et une autre ambition qui, dévorée de la soif du pouvoir et de l'éclat, y court par tous les moyens? Ne sait-on pas aussi que la modération, suivant les occasions et les motifs, est sagesse ou faiblesse, magnanimité ou dissimulation? Et quant à la vertu, qu'est-ce donc que cette vertu uniquement propre aux républiques? Serait-il vrai que la vraie vertu soit déplacée quelque part? Est-ce sérieusement que Montesquieu a osé avancer que de véritables vices, ou, si l'on veut, des vertus fausses, sont aussi utiles dans la monarchie que des qualités réellement louables? Et parce qu'il fait un portrait abominable des cours, chapitre V, est-il bien sûr qu'il soit désirable ou inévitable qu'elles soient ainsi ? Je ne puis le penser[a].

Je crois que ce qu'il y a d'exact dans tout ce que Montesquieu a dit sur ce sujet, se réduit à ces deux points-ci. Premièrement, dans les gouvernements où il existe, et où il doit exister des classes distinctes et rivales, des intérêts particuliers, bien qu'assez impurs et très séparés de l'intérêt général, peuvent, en quelque façon, servir à atteindre le but de l'association. Secondement, en supposant dans ce que Montesquieu appelle *monarchie*, l'autorité plus ferme et plus forte que dans ce qu'il nomme *république*, elle peut sans autant de danger employer des gens vicieux, et mettre à profit leurs talents, sans s'embarrasser de leurs motifs : à quoi on peut ajouter avec lui, que par là il doit y avoir plus de vices dans la masse de la nation que dans un autre ordre des choses. Voilà, ce me semble, tout ce que l'on peut trouver de plausible dans ces opinions : aller plus loin, c'est évidemment errer.

Au reste, comme par les raisons que nous avons exposées, nous n'avons pu adopter la division des gouvernements établie par Montesquieu, nous ne le suivrons pas dans les détails qui s'y rapportent; mais nous allons nous servir de la classification que nous avons préférée, pour tâcher d'éclaircir davantage ses idées. Commençons par les gouvernements que nous avons appelés *nationaux*, c'est-à-dire qui sont fondés sur la maxime que *tous les droits et tous les pouvoirs appartiennent toujours au corps entier de la nation*.

Entre les diverses formes que ces gouvernements peuvent revêtir, la démocratie pure est à peu près impossible. Elle ne peut exister un peu de temps de suite que dans des hordes de sauvages, ou parmi les nations un peu

a. Voici les propres expressions de cet homme, que l'on cite souvent comme le grand partisan de la monarchie : « L'ambition dans l'oisiveté, la bassesse dans l'orgueil, le désir de s'enrichir sans travail, l'aversion pour la vérité, la flatterie, la trahison, la perfidie, l'abandon de tous ses engagements, le mépris des devoirs du citoyen, la crainte de la vertu du prince, l'espérance de ses faiblesses, et plus que tout cela, le ridicule perpétuel jeté sur la vertu, forment, je crois, le caractère du plus grand nombre des courtisans, marqué dans tous les lieux et dans tous les temps. Or, il est très malaisé que la plupart des principaux d'un État soient malhonnêtes gens, et que les inférieurs soient gens de bien; que ceux-là soient trompeurs, et que ceux-ci consentent à n'être que dupes.

Que si, dans le peuple, il se trouve quelque malheureux honnête homme, le cardinal de Richelieu, dans son testament politique, insinue qu'un monarque doit se garder de s'en servir; tant il est vrai que la vertu n'est pas le ressort de ce gouvernement. »

J'ajouterai que, d'après cela, il est même assez malaisé de concevoir quelle est l'espèce d'honneur qui peut en être le ressort.

plus civilisées, que dans quelque coin de terre isolé, et où les liens de l'association ne sont guère plus resserrés que chez les sauvages. Partout ailleurs où les relations sociales sont plus étroites et plus multipliées, elle ne peut avoir qu'une durée très courte, et elle finit promptement par l'anarchie qui, par le besoin du repos, la ramène à l'aristocratie ou à la tyrannie. L'histoire de tous les temps fait foi de cette vérité[a]. D'ailleurs la démocratie absolue ne peut avoir lieu que sur une très petite étendue de territoire. Nous ne nous en occuperons pas.

Après cette forme de société, qui est l'enfance de l'art, vient le gouvernement représentatif pur, celui dans lequel, suivant des formes exprimées dans un acte consenti librement et appelé *Constitution*, tous les associés, nommés *citoyens*, concourent également à choisir leurs différents délégués, et à les contenir dans les limites de leurs missions respectives. C'est la démocratie rendue possible pour un long temps et un grand espace. La démocratie est l'état de la nature brute. La représentation est celui de la nature perfectionnée, qui n'est ni déviée ni sophistiquée, et qui ne procède ni par système ni par expédients. On peut regarder la représentation (le gouvernement représentatif) comme une invention nouvelle, qui était encore inconnue du temps de Montesquieu. Elle n'était guère possible à réaliser avant l'invention de l'imprimerie, qui rend plus complètes et plus faciles les communications entre les associés, et la reddition des comptes des délégués, et qui surtout préserve les États des orages subits, excités par l'éloquence verbale. Il n'est pas étonnant qu'elle n'ait été imaginée qu'environ trois siècles après la découverte de cet art qui a changé la face de l'univers. Il fallait qu'il eût déjà opéré de bien grands effets, avant qu'il pût faire naître une pareille idée[1].

a. Et surtout l'histoire de la Grèce. Les démocraties grecques, que l'on vante tant, n'ont jamais existé par elles-mêmes; mais seulement par la protection du lien fédératif qui les unissait. Encore n'ont-elles duré que des moments, et n'étaient-elles que des aristocraties très resserrées, eu égard au nombre total des habitants, puisqu'il y avait une foule prodigieuse d'esclaves, qui n'avaient aucune part au gouvernement.

1. À cette époque, le terme « démocratie » n'est pas doté de la connotation positive qu'il a connue ensuite. Pour Destutt de Tracy et la plupart de ses contemporains, la démocratie pure ou directe est un mode de gouvernement relevant de l'enfance de l'humanité : il ne peut convenir qu'à une communauté peu nombreuse et occupant un petit territoire ; toujours sur le point de basculer dans l'anarchie ou la tyrannie, il ne peut s'installer dans la durée. Entreprendre de l'introduire dans les temps modernes revient à abandonner le pouvoir à la « populace » et aux passions qui l'animent, comme au moment de la Convention jacobine et de la Terreur.

Il est manifeste que le principe conservateur de ce gouvernement est l'amour des individus pour la liberté et l'égalité, ou si l'on veut, pour la paix et la justice. Il faut qu'ils soient plus occupés de conserver et d'employer à leur gré ce qu'ils ont que d'acquérir ce qu'ils n'ont pas; ou que du moins ils ne connaissent d'autre moyen d'acquérir que le développement de leurs facultés individuelles, et qu'ils ne cherchent pas à obtenir de l'autorité la possession des droits de quelques autres individus ou une portion de la fortune publique; qu'en conséquence de leur extrême attachement à tout ce qui leur appartient légitimement, ils soient affectés de l'injustice qui serait faite à leur voisin par la force publique, comme d'un danger qui les menace directement, et qu'ils ne puissent en être consolés par aucune faveur qui leur soit personnelle; car s'ils venaient une fois à préférer de tels avantages à la sûreté de ceux qu'ils possèdent, ils seraient bientôt portés à mettre les gouvernants en état de disposer de tout à leur gré, afin d'en être favorisés.

La simplicité, l'habitude du travail, le mépris de la vanité, l'amour de l'indépendance, si inhérent à tout être doué de volonté, disposent très naturellement à de tels sentiments. Si c'était là ce que Montesquieu entend par *vertu républicaine*, je la croirais très aisée à obtenir. Mais nous verrons, dans le livre suivant, qu'il fait consister cette vertu dans le renoncement à soi-même. Or, nul être animé n'est par sa nature porté à cela. Il ne peut renoncer à lui-même, ou seulement croire y renoncer, que momentanément et par fanatisme. Ainsi c'est demander une vertu fausse et passagère. Pour celle que je viens de décrire, elle est si bien dans notre nature, qu'un peu d'habitude de bon sens, quelques lois sages, et l'expérience que la violence et l'intrigue sont rarement suivies de succès, la feraient naître infailliblement et nécessairement. Continuons l'examen des différentes formes des gouvernements que nous avons nommés *nationaux* ou de droit commun, par opposition à ceux que nous avons appelés *spéciaux* ou de droit particulier et d'exceptions.

Lorsque la démocratie originelle, faute d'avoir imaginé un système représentatif bien organisé, ou d'avoir su le maintenir, se résout en aristocratie, et que par là se trouvent créées des classes élevées et des classes infé-

À la démocratie, Destutt de Tracy oppose pour son temps le système de la *représentation* qui est, dit-il, la « démocratie de la raison éclairée » (Livre V, p. 91). Aussi longtemps que le savoir et la raison seront l'apanage d'une minorité aussi éloignée de l'ignorance et des excès des classes inférieures que des faux savoirs et de la vanité des castes aristocratiques, les représentants seront issus de la classe « mitoyenne » (Livre IV, p. 85) : parce qu'elle conjugue le goût de la connaissance, une honnête aisance et la modération, celle-ci est à la fois la plus raisonnable et la plus capable de délibérer avec le souci d'exprimer l'intérêt général.

rieures, il n'est pas douteux que la fierté des uns, l'humilité des autres, l'ignorance de ceux-ci, l'habileté de ceux-là, ne doivent être mises au rang des principes conservateurs du gouvernement, puisque ce sont autant de dispositions des esprits propres à maintenir l'ordre établi.

De même, lorsque cette démocratie se transforme en monarchie, en se donnant un chef unique, soit à vie, soit héréditaire, il est vrai de dire que, d'une part, la fierté du monarque, la haute idée qu'il a de sa dignité, la préférence qu'il marque à ceux qui l'entourent, l'importance qu'il attache à l'honneur de l'approcher; de l'autre part, l'orgueil des courtisans, leur dévouement, leur ambition, leur mépris même pour les classes inférieures, et enfin le respect superstitieux de ces dernières classes pour toutes ces grandeurs, et leur désir de plaire à ceux qui en sont revêtus; toutes ces dispositions, dis-je, contribuent à la stabilité du gouvernement et, par conséquent, sont, sous ce rapport, utiles, quelque jugement que l'on en porte d'ailleurs, et quels que soient les autres effets qu'elles produisent sur le corps social.

Il faut pourtant observer que nous ne parlons ici que des diverses formes des gouvernements que nous avons appelés *nationaux*, c'est-à-dire dans lesquels nous avons supposé que l'on fait profession de penser que *tous les droits et tous les pouvoirs appartiennent au corps entier de la nation*. Or, dans ceux-là, il ne faut pas que les différents sentiments particuliers, favorables aux formes aristocratiques et monarchiques, s'exaltent jusqu'à un certain degré. Il faut que le respect général pour les droits des hommes prédomine toujours, sans quoi le principe fondamental serait bientôt oublié ou méconnu, comme il l'est en effet presque toujours dans la pratique.

Maintenant si nous passons à l'examen des gouvernements que nous avons appelés *spéciaux*, c'est-à-dire où l'on reconnaît comme légitimes différentes sources de droits particuliers, prescrivant contre le droit général et national, il est évident que les différentes formes qu'ils peuvent revêtir admettent les mêmes opinions et les mêmes sentiments que nous avons reconnus favorables aux formes analogues des gouvernements nationaux : et même dans ceux-ci, ces opinions et ces sentiments, au lieu d'être subordonnés au respect général pour les droits des hommes, peuvent et doivent n'être arrêtés que par le respect dû aux différents droits particuliers reconnus légitimes. Les droits généraux des hommes n'y sont rien.

Voilà, je pense, tout ce qu'il y a à dire sur ce que Montesquieu appelle le principe des différents gouvernements. Au reste, il me paraît beaucoup plus important de rechercher quelles sont les opinions et les sentiments que chaque gouvernement fait naître par sa nature et propage inévitablement, que de s'occuper de ceux dont il a besoin pour se soutenir. Je ne me suis arrêté à ceux-ci que pour me conformer à l'ordre que Montesquieu a jugé à propos de suivre dans son immortel ouvrage. L'autre question est bien plus importante au bonheur des hommes. Elle trouvera peut-être sa place dans la suite de cet écrit.

LIVRE IV

QUE LES LOIS DE L'ÉDUCATION DOIVENT ÊTRE RELATIVES AU PRINCIPE DU GOUVERNEMENT

Les gouvernements fondés sur la raison peuvent seuls désirer que l'instruction soit saine, forte, et généralement répandue.

Le titre de ce livre est l'énoncé d'une grande vérité, laquelle est fondée sur une autre aussi incontestable, que l'auteur exprime en ces termes: *Le gouvernement est comme toutes les choses de ce monde: pour le conserver il faut l'aimer*. Il faut donc que notre éducation nous dispose à avoir des sentiments et des opinions qui ne soient pas en opposition avec les institutions établies; sans quoi nous aurons le désir de les renverser. Or, nous recevons tous trois sortes d'éducation: celle des parents, celle des maîtres, celle du monde. Toutes trois, pour bien faire, doivent concourir au même but. Tout cela est très vrai, mais c'est presque tout ce que nous pouvons recueillir d'utile dans ce livre. Montesquieu ensuite se borne à peu près à dire que dans les États despotiques on habitue les enfants à la servilité; et que dans les monarchies il se forme, au moins parmi les courtisans, un raffinement de politesse, une délicatesse de goût et une finesse de tact, dont la vanité est la principale cause. Mais il ne nous apprend pas comment l'éducation dispose à ces qualités, ni quelle est celle qui convient au reste de la nation.

À l'égard de ce qu'il appelle le gouvernement républicain, il lui donne expressément pour base *le renoncement à soi-même, qui est toujours*, dit-il, *une chose très pénible*. En conséquence, il manifeste pour beaucoup d'institutions des anciens, envisagées sous le rapport de l'éducation, une admiration que je ne puis partager, et que je suis bien surpris de voir dans un homme qui a autant réfléchi. Il faut que la force des premières impressions reçues soit bien puissante ; et cela fait voir l'importance de la première éducation. Pour moi, qui néanmoins ne saurais m'en tenir aveuglement à ce qu'on m'a dit autrefois en m'expliquant Cornelius Nepos ou Plutarque, ou même Aristote, j'avoue naïvement que je n'estime pas plus Sparte que la Trappe, ni les lois de Crète, si toutefois nous les connaissons bien, plus que la règle de saint Benoît. Je ne saurais penser que l'homme, pour vivre en société, doive être violenté et dénaturé ; et, pour parler le langage mystique, je regarde comme de fausses vertus et des péchés splendides tous les effets de ce sombre enthousiasme, qui fait des hommes dévoués et courageux, si l'on veut ; mais haineux, farouches, sanguinaires et surtout malheureux. À mon avis, le but de la société n'est point tel, et ne le sera jamais. L'homme a besoin de vêtements et non pas de cilices. Il faut que ses habillements le garantissent et l'embellissent, mais sans le froisser, et même sans le gêner, si cela n'est pas indispensable, pour qu'ils remplissent leur destination. Il doit en être de même de l'éducation et du gouvernement.

D'ailleurs, quand tout cela ne serait pas vrai, ou quand il faudrait n'y avoir aucun égard, quand on devrait compter pour rien le bonheur et le bon sens (choses inséparables) et n'envisager absolument ces institutions, comme nous l'avons annoncé d'après Montesquieu, que sous le seul rapport de la durée du gouvernement établi, je blâmerais également toutes ces passions factices et ces règlements anti-naturels. Le fanatisme est un état violent. Avec de l'habileté et des circonstances favorables, on peut le faire durer plus ou moins longtemps : mais enfin il est essentiellement passager ; et tout gouvernement que l'on fait reposer sur une telle base ne saurait être véritablement solide[a].

Montesquieu nous annonce qu'en se réservant le droit de juger les diverses formes des sociétés politiques, il ne considère cependant dans les lois que la propriété d'être favorables ou nuisibles à telles ou telles de ces formes. Ensuite il les réduit toutes à trois ; despotique, monarchique et républicaine, laquelle il subdivise en démocratique et aristocratique ; et c'est la démocratique qu'il appelle essentiellement républicaine. Puis il nous peint le gouvernement despotique comme abominable et absurde, et excluant presque toute loi, et le gouvernement républicain (entendez démocratique) comme insupportable et presque aussi absurde, tout en lui prodiguant son admiration. Il suit de là qu'il n'y a de tolérables que

a. C'est ici le cas de se rappeler ce que nous avons dit (Livre Ier) des lois de la nature et des lois positives. Ces dernières ne doivent jamais être contraires aux premières. Si Montesquieu avait commencé, comme nous, par faire l'analyse du mot *loi*, au lieu d'en donner une définition obscure, il se serait, je crois, épargné bien de la peine, et qui plus est bien des erreurs.

l'aristocratie sous plusieurs chefs, à laquelle il donne cependant beaucoup de vices sous le nom de *modération*, et l'aristocratie sous un seul chef qu'il appelle monarchie, à laquelle il donne encore plus de vices sous le nom d'*honneur*. Effectivement ce sont les deux seules espèces de société, parmi celles qu'il admet, qui ne soient pas absolument contre nature; et c'est déjà beaucoup. Mais il faut convenir que rien ne prouve mieux qu'il a adopté une bien mauvaise classification des gouvernements. Suivons donc la nôtre, et donnons, relativement à l'éducation, quelques explications dont Montesquieu a cru pouvoir se dispenser.

J'établirai pour premier principe que, dans aucun cas, le gouvernement ne peut ni ne doit enlever d'autorité les enfants à leurs parents, pour les élever et en disposer sans leur participation. C'est un attentat contre les sentiments naturels, et la société doit suivre la nature et non l'étouffer. D'ailleurs, *chassez le naturel, il revient au galop*. On ne peut jamais lutter longtemps contre lui avec avantage, ni dans l'ordre physique, ni dans l'ordre moral. C'est donc un législateur bien téméraire que celui qui ose se mettre en opposition avec l'instinct paternel, et même avec l'instinct maternel bien plus fort encore. Nul exemple ne peut excuser son imprudence, surtout dans nos temps modernes.

Cela posé, le seul conseil que l'on puisse donner à un gouvernement relativement à l'éducation, c'est de faire en sorte, par des moyens doux, que les trois espèces d'éducation que les hommes reçoivent successivement, celle des parents, celle des maîtres, et celle du monde, ne se contredisent pas entre elles, et que toutes trois soient dirigées dans le sens du gouvernement.

Pour la seconde, celle des maîtres, il peut y influer très puissamment et très directement par les différents établissements publics d'enseignement qu'il crée ou qu'il favorise, et par les livres élémentaires qu'il y admet ou qu'il en rejette. Car quels que soient ces établissements, il arrive toujours, par la force de la nécessité, que la très majeure partie des citoyens est élevée et formée dans les maisons d'instruction publique; et à l'égard du petit nombre qui reçoit une éducation entièrement particulière et privée, ces éducations-là même sont encore fortement influencées par l'esprit qui règne dans les établissements publics [1].

1. L'importance que Destutt de Tracy reconnaît aux enjeux de l'instruction publique et aux manuels d'enseignement justifie son investissement dans le Conseil d'instruction publique du Directoire et est à l'origine des nombreux écrits qu'il y a consacrés : voir à cet égard le Ier volume des *Œuvres complètes*.

Quant à l'éducation des parents et à celle du monde, elles sont absolument sous l'empire de l'opinion publique. Le gouvernement ne saurait en disposer despotiquement, parce qu'on ne commande point aux volontés; mais il a pour les attirer à lui les mêmes moyens dont il se sert pour influencer l'opinion; et l'on sait combien ces moyens sont puissants, surtout avec un peu d'adresse et de temps, puisque les deux grands mobiles de l'homme, la crainte et l'espérance, sont toujours plus ou moins au pouvoir des gouvernants, dans tous les sens et sous tous les rapports.

Sans donc avoir recours à ces actes arbitraires et violents que l'on a trop admirés dans certaines institutions anciennes, et qui ne peuvent avoir qu'un succès plus ou moins passager, comme tout ce qui est fondé sur le fanatisme et l'enthousiasme, les gouvernements ont une infinité de moyens pour diriger, suivant leurs vues, tous les différents genres d'éducation. Il ne s'agit que de voir dans quel esprit chacun doit chercher à y influer. Commençons par ceux que nous avons nommés gouvernements de droit privé ou d'exceptions, et dans cette classe, par celui que l'on appelle gouvernement monarchique.

Dans une monarchie héréditaire, où l'on reconnaît au prince et à sa famille des droits (et par conséquent des intérêts) qui sont propres à lui seul et distincts de ceux de la nation, on les fonde, ou sur l'effet de la conquête, ou sur le respect dû à une antique possession, ou sur l'existence d'un pacte tacite ou exprès, dans lequel le prince et sa famille sont considérés comme une partie contractante, ou sur un caractère surnaturel et une mission divine, ou sur tout cela ensemble. Dans tous ces cas également, il n'est pas douteux que le souverain ne doive chercher à inculquer et à répandre les maximes de l'obéissance passive, un profond respect pour les formes établies, une haute idée de la perpétuité de ces arrangements politiques, beaucoup d'éloignement pour l'esprit d'innovation et de recherche, une grande aversion pour la discussion des principes.

Dans cette vue, il doit d'abord appeler à son secours les idées religieuses qui saisissent les esprits dès le berceau, et font naître des habitudes profondes et des opinions invétérées, longtemps avant l'âge de la réflexion. Toutefois il doit commencer par s'assurer de la dépendance des prêtres qui les enseignent, sans quoi il aurait travaillé pour eux et non pas pour lui, et porté dans l'État un élément de trouble, au lieu d'une cause de stabilité. Cette précaution prise, parmi les religions entre lesquelles il peut choisir, il doit donner la préférence à celle qui exige le plus la soumission des esprits, qui proscrit le plus tout examen, qui accorde le plus d'autorité à l'exemple, à la coutume, à la tradition, aux décisions des supérieurs, qui recommande le plus la foi et la crédulité, et enseigne un plus grand nombre de dogmes et de mystères. Il doit par tous moyens rendre cette religion exclusive et dominante, autant qu'il le peut, sans révolter les préventions trop généralement répandues; et s'il ne le peut pas, il faut que parmi les autres religions, il donne, comme en Angleterre, la préférence absolue à celle qui ressemble le plus à celle-là.

Ce premier objet rempli et ce premier fonds d'idées jeté dans les têtes, le second soin du souverain doit être de rendre les esprits doux et gais, légers et superficiels. Les belles-lettres et les beaux-arts, ceux d'imagination et ceux de pur agrément, le goût de la société et le haut prix attaché à l'avantage d'y réussir par ses grâces, sont autant de moyens qui contribueront puissamment à produire cet effet. L'érudition même et les sciences exactes n'y nuiront pas; au contraire. On ne saurait trop encourager et mettre en honneur ces talents aimables et ces utiles connaissances. Les brillants succès que les Français ont obtenus dans tous ces genres, au moment du réveil de leur imagination, l'éclat qui en a rejailli sur eux, et la vanité qu'ils en ont conçue, sont certainement les principales causes qui les ont éloignés si longtemps du goût des affaires, et de celui des recherches philosophiques. Or, ce sont ces deux dernières inclinations que le prince doit surtout tâcher d'étouffer et de contrarier. S'il y réussit, il n'a plus rien à faire, pour assurer la plénitude de sa puissance et la stabilité de son existence, qu'à fomenter dans toutes les classes de la société le penchant à la vanité individuelle et le désir de briller. Pour cela, il lui suffit de multiplier les rangs, les titres, les préférences, les distinctions, en faisant en sorte que les honneurs qui rapprochent le plus de sa personne soient du plus haut prix aux yeux de celui qui les obtient.

Sans entrer dans plus de détails, voilà, je pense, dans quel esprit doit être dirigée l'éducation dans une monarchie héréditaire, en y ajoutant cependant la précaution de ne répandre que très sobrement l'instruction dans les dernières classes du peuple, et de la borner à peu près à l'enseignement religieux. Car cette espèce d'hommes a besoin d'être tenue dans l'avilissement de l'ignorance et des passions brutales, pour ne pas passer de l'admiration pour tout ce qui est au-dessus d'elle, au désir de sortir de sa misérable condition, et pour ne pas concevoir même la possibilité d'un changement. Car cela la rendrait l'instrument aveugle et dangereux de tous les réformateurs fanatiques et hypocrites, ou même éclairés et bienveillants.

On peut dire à peu près les mêmes choses de la monarchie élective, avec cette différence cependant qu'elle se rapproche beaucoup plus de l'aristocratie héréditaire dont nous allons parler. Car la monarchie élective, qui est toujours un gouvernement très peu stable, ne saurait avoir aucune solidité sans être soutenue par une aristocratie très forte; autrement elle deviendrait tout de suite une tyrannie populaire très turbulente et très passagère.

Les gouvernements dans lesquels le corps des nobles est reconnu avoir les droits de la souveraineté, et où le reste de la nation est regardé légalement comme leur étant soumis, ont, à beaucoup d'égards, relativement à l'éducation, les mêmes intérêts que les monarchies héréditaires. Cependant ils en diffèrent d'une manière remarquable. L'existence des nobles n'étant jamais aussi imposante que celle d'un monarque, ni fondée sur un respect aussi approchant de la superstition, et leur pouvoir n'étant pas aussi concentré et aussi ferme, ils ne peuvent pas se servir avec la même assurance des idées religieuses: car s'ils leur donnaient trop de force et trop d'influence, les prêtres deviendraient bientôt très redoutables pour eux. Leur crédit sur le peuple balancerait avec avantage l'autorité du gouvernement; ou se faisant un parti dans le corps de la noblesse, ils la diviseraient et élèveraient facilement leur pouvoir sur les ruines du sien. De pareils gouvernements doivent donc manier cette arme dangereuse avec beaucoup de prudence et de discrétion.

Si, comme à Berne, ils ont affaire à un clergé peu riche, peu puissant, peu ambitieux, peu enthousiaste, professant une religion simple qui agite peu les imaginations, ils peuvent sans péril s'en servir pour diriger paisiblement le peuple, et pour l'entretenir dans l'espèce d'ignorance, mêlée d'innocence et de raison, qui convient à leurs intérêts. Une position méditerranée donnant peu de relations avec les nations étrangères, favorise encore ce système de modération et de demi-confiance.

Mais si, comme à Venise, les nobles ont affaire à un clergé riche, ambitieux, remuant, dangereux par ses dogmes et par sa dépendance d'un souverain étranger, il faut avant tout qu'ils se garantissent de ses entreprises. Ils ne doivent donc pas laisser trop prévaloir l'esprit religieux dans la nation, parce qu'il tournerait bientôt contre eux. Ils n'osent pas le combattre en propageant la raison et les lumières, parce qu'elles détruiraient bientôt l'esprit de dépendance et de servilité. Ils ne peuvent donc l'affaiblir qu'en précipitant le peuple dans le désordre, la crapule et le vice. N'osant en faire un troupeau stupide dans les mains de ses pasteurs, il faut qu'ils en fassent une canaille dépravée et misérable, incessamment sous le joug de la police, et à laquelle cependant il restera toujours un grand fonds de superstition et de religion. C'est là leur seule ressource pour dominer. Le voisinage de la mer et de nombreuses relations commerciales et industrielles sont utiles dans cette vue.

Au reste, à ces nuances près, on voit que l'aristocratie doit, relativement à l'éducation du peuple, se conduire à peu près comme le gouvernement monarchique. Mais il n'en est pas du tout de même à l'égard de la classe supérieure de la société. Dans l'aristocratie, le corps des gouvernants a besoin que ses membres aient une instruction solide et profonde, s'il se peut, le goût de l'application, de l'aptitude aux affaires, un caractère réfléchi, du penchant à la circonspection et à la prudence jusque dans les plaisirs, des mœurs graves et simples même, au moins en apparence, et autant que l'exige l'esprit national. Il faut que ces nobles connaissent l'homme et les hommes, les intérêts des différents états, même ceux de l'humanité en général, ne fût-ce que pour les combattre quand ils sont opposés à ceux de leur corps. Ce sont eux qui gouvernent. La science politique dans toute son étendue doit être leur principale étude et leur continuelle occupation. Il faut bien se garder de leur inspirer cet esprit de vanité, de légèreté, d'irréflexion que l'on cherche à répandre parmi les nobles des états monarchiques. C'est comme si le monarque voulait se rendre lui-même aussi frivole et inconséquent qu'il désire que ses sujets le soient. Il ne tarderait certainement pas à s'en mal trouver; et de plus, il ne faut pas oublier que l'autorité de l'aristocratie est toujours plus aisée à ébranler que la sienne, et résisterait bien moins à une pareille épreuve. Cette dernière considération fait aussi que le corps des nobles aristocrates a le plus grand intérêt à tâcher de concentrer dans son sein toutes les lumières de la société, et qu'il doit encore bien plus redouter un tiers-état éclairé que ne doit le craindre l'autorité monarchique, quoique en définitif ce soit aussi toujours de ce côté que viennent les seules atteintes réellement dangereuses pour elle, quand une fois elle a surmonté l'anarchie féodale.

Voilà, je pense, à peu près tout ce que nous avions à dire du gouvernement aristocratique sous le rapport de l'éducation. Maintenant pour suivre exactement toutes les parties de la division que j'ai adoptée, et pour achever ce qui concerne les gouvernements que j'ai appelés *spéciaux* ou d'exceptions, je devrais parler de la démocratie pure, fondée sur des conventions expresses ou reconnaissances de droits particuliers. Mais je n'en dirai rien; non plus que de la démocratie pure, fondée sur le droit national ou commun. Ma raison est non seulement que ces deux états de la société ne sont guère que des êtres de raison et à peu près imaginaires, mais encore que ne pouvant exister que chez des peuples presque bruts, il ne peut guère être question là de diriger une éducation quelconque. On devrait plutôt dire que, pour qu'ils se perpétuent, il faut en écarter toujours toute éducation proprement dite. Il en est presque de même par d'autres motifs, de ce que les publicistes ont coutume d'appeler le gouvernement despotique, et qui n'est autre chose que la monarchie dans l'état de stupidité : c'est pourquoi je ne m'y suis pas arrêté non plus. Je n'ai donc plus qu'à examiner que les gouvernements *nationaux* sous forme monarchique, aristocratique et représentative.

Quant aux deux premiers, en tant qu'ils sont monarchiques et aristocratiques, ils ont les mêmes intérêts, et doivent avoir la même conduite que ceux dont nous venons de parler; mais en tant qu'ils sont nationaux, ils doivent avoir plus de respect pour les gouvernés, puisqu'ils avouent ne tenir leurs droits que de la volonté générale, et ils peuvent aussi prendre plus de confiance en eux, puisqu'ils font profession de n'exister que pour le plus grand bien de tous. Il ne doit donc pas être question pour eux d'abrutir ou de dépraver totalement le peuple, et d'énerver ou d'égarer entièrement les esprits de la classe supérieure; car s'ils y réussissaient, les droits des hommes seraient bientôt négligés ou mal compris dans la nation : ils perdraient par là le caractère de gouvernement national et patriotique qui fait leur principale force; et par suite, ils seraient obligés de se créer, pour se soutenir, quelques droits particuliers plus ou moins contestables, qui les réduiraient à la condition des gouvernements que nous avons nommés spéciaux, et qui même ne seraient jamais bien solidement avoués et respectés dans des pays où on aurait connu auparavant les véritables droits nationaux et généraux. Concluons que pour leur intérêt, ces gouvernements ne doivent jamais chercher à faire oublier absolument la raison et la vérité. Ils peuvent seulement à certains égards, et jusqu'à un certain point, obscurcir l'une et voiler l'autre, pour qu'on ne tire pas incessamment de certains principes des conséquences trop rigoureuses. Du reste, il n'y a pas d'autres conseils particuliers à leur donner relativement à l'éducation.

Reste maintenant le gouvernement représentatif pur. Celui-là ne peut, dans aucun cas, craindre la vérité; son intérêt constant est de la protéger. Uniquement fondé sur la nature et la raison, ses seuls ennemis sont les erreurs et les préjugés. Il doit toujours travailler à la propagation des saines et solides connaissances en tous genres. Il ne peut subsister si elles ne prévalent : tout ce qui est bien et vrai est en sa faveur; tout ce qui est mal ou faux est contre lui. Il doit donc, par tous les moyens, favoriser le progrès des lumières, et surtout leur diffusion : car il a encore plus besoin de les répandre que de les accroître. Étant essentiellement lié à l'égalité, à la justice, à la saine morale, il doit sans cesse combattre la plus funeste des inégalités, celle qui entraîne toutes les autres, l'inégalité des talents et des lumières dans les différentes classes de la société. Il doit tendre continuellement à préserver la classe inférieure des vices de l'ignorance et de la misère, et la classe opulente de ceux de l'insolence et du faux savoir : il doit tendre à les rapprocher toutes deux de la classe mitoyenne[1], où règne naturellement l'esprit d'ordre, de travail, de justice et de raison, puisque, par sa position et son intérêt direct, elle est également éloignée de tous les excès. D'après ces données, il n'est pas difficile de voir ce que ce gouvernement doit faire relativement à l'éducation : il est inutile d'entrer dans les détails[2]. Ainsi nous terminerons là ce livre, et nous allons suivre Montesquieu dans l'examen des lois convenables à chaque espèce de gouvernement.

1. La notion de classe mitoyenne est empruntée à Jean-Baptiste Say qui dans son *Traité d'économie politique*, dont la première édition est publiée en 1803, la définit (p. XVIII du Discours préliminaire) comme « loin des soucis et des plaisirs de la grandeur, loin des angoisses de la misère; [celle] où se rencontrent les fortunes honnêtes, les loisirs mêlés à l'habitude du travail, les libres communications de l'amitié, le goût de la lecture et des voyages; [celle où] naissent les lumières; et c'est de là qu'elles se répandent chez les grands et chez le peuple; car les grands et le peuple n'ont pas le temps de méditer ».

2. Si, au regard des caractéristiques de la période historique qui est la sienne, Destutt de Tracy juge que priorité doit être donnée à l'éducation et à l'instruction des enfants de la « classe savante », condition préalable à la diffusion des connaissances dans l'ensemble du corps social (voir ses *Observations sur le système actuel d'instruction publique*, publiées au printemps de l'an 9 (1801), *Œuvres complètes*, *I*, p. 203-246), s'il considère par ailleurs que la représentation politique doit être principalement exercée au sein de la « classe mitoyenne », au motif qu'elle est cultivée, industrieuse et raisonnable, il est essentiel d'observer qu'il dénonce l'inégalité des lumières comme la plus funeste de toutes et souligne la vocation du gouvernement représentatif pur à répandre les connaissances dans toutes les couches de la société. Cette vocation est cohérente avec le fait de placer la souveraineté dans le « corps entier de la nation ».

LIVRE V

QUE LES LOIS QUE LE LÉGISLATEUR DONNE, DOIVENT ÊTRE RELATIVES AU PRINCIPE DU GOUVERNEMENT

Les gouvernements fondés sur la raison n'ont qu'à laisser agir la nature.

Nous avons dit, au commencement du livre IV, que les lois de l'éducation doivent être relatives au principe du gouvernement, c'est à dire que l'éducation doit être dirigée dans l'esprit le plus convenable au maintien du gouvernement établi, si l'on veut prévenir sa chute et empêcher sa ruine; et certainement personne ne sera tenté de dire le contraire. Or, cette vérité si certaine et si généralement avouée renferme implicitement celle dont il s'agit actuellement; car l'éducation dure toute la vie, et les lois sont l'éducation des hommes faits. Il n'y en a pas une, de quelque espèce qu'elle soit, qui n'inspire quelques sentiments et n'éloigne de quelques autres, qui ne porte à certaines actions, et ne détourne de celles qui leur sont opposées. Par là, les lois, à la longue, forment les mœurs, c'est-à-dire les habitudes[1]. Il ne s'agit donc ici que de voir quelles sont celles qui sont favorables ou contraires à telle ou telle espèce de gouvernement, toujours sans préjuger leurs autres effets sur le bonheur de la société et, par conséquent, sans prétendre déterminer le degré de mérite des différents gouvernements qui les rendent nécessaires : c'est là l'objet d'une discussion ultérieure dont nous ne nous occupons pas actuellement.

1. Destutt de Tracy en donne de nombreux exemples dans sa brochure de l'an 6 (1798), *Quels sont les moyens de fonder la morale d'un peuple?* (*Œuvres complètes*, *I*, p. 123-148, voir en particulier les p. 140-141).

Montesquieu, dans tout ce livre, raisonne très conséquemment au système qu'il s'est fait sur la nature des différents gouvernements, et sur ce qu'il appelle les principes propres à chacun d'eux. Il fait si bien consister la vertu politique des démocraties dans le renoncement à soi-même et dans l'abnégation de tous les sentiments naturels, qu'il leur donne pour modèle les règles des ordres monastiques ; et, parmi ces règles, il choisit les plus austères et les plus propres à déraciner dans les individus tout sentiment humain. Pour atteindre à ce but, il approuve sans restriction que l'on prenne les mesures les plus violentes, comme celles de partager toutes les terres également, de ne jamais permettre qu'un seul homme réunisse deux portions, d'obliger un père à laisser sa portion à un de ses fils, et à faire adopter les autres par des citoyens sans enfants, de ne donner qu'une très faible dot aux filles, et quand elles sont héritières, de les forcer à épouser leur plus proche parent, ou même d'exiger que les riches prennent, sans dot, en mariage la fille d'un citoyen pauvre et donnent une riche dot à la leur, pour épouser un citoyen pauvre, etc., etc. Il ajoute à tout cela le plus profond respect pour tout ce qui est ancien, pour la censure la plus rigide et la plus despotique, pour l'autorité paternelle la plus illimitée, jusques et compris le droit de vie et de mort sur ses enfants ; et même jusqu'au point que tout père ait le droit de corriger les enfants des autres, sans expliquer à la vérité par quel moyen.

De même, il recommande tellement la modération à l'aristocratie qu'il veut que les nobles évitent de choquer et d'humilier le peuple, qu'ils ne s'attribuent aucuns privilèges individuels, ni honorifiques, ni pécuniaires, qu'ils ne reçoivent que peu ou point d'appointements pour les fonctions publiques, qu'ils s'interdisent tous les moyens d'accroître leur fortune, toutes les occupations lucratives, telles que le commerce, la levée des impôts, etc., etc., et qu'entre eux, pour éviter l'inégalité, la jalousie et les haines, il n'y ait ni droits de primogéniture, ni majorats, ni substitutions, ni adoptions, mais partages égaux, conduite réglée, grande exactitude à payer leurs dettes, et prompte terminaison des procès. Cependant il permet et recommande à ces gouvernements si modérés l'inquisition d'État la plus tyrannique, et l'usage le plus illimité de la délation. Il assure que ces moyens violents leur sont nécessaires. Il faut l'en croire.

En vertu de cette même fidélité à ses principes, il recommande dans les monarchies tout ce qui tend à perpétuer le lustre des familles, l'inégalité des partages, les substitutions, la liberté de tester, les retraits lignagers, les privilèges personnels, et même ceux des terres nobles. Il y approuve les lenteurs des formes, la puissance des corps à qui le dépôt des lois est confié, la vénalité des charges, et généralement tout ce qui tend à relever l'existence des individus des classes privilégiées.

À l'égard de ce qu'il appelle le gouvernement despotique, il peint tous les maux qui s'ensuivent, plutôt qu'il ne dit comment il devrait être. Effectivement, cela lui était impossible. Après avoir commencé par dire : *Quand les sauvages de la Louisiane veulent avoir du fruit, ils coupent l'arbre au pied et cueillent le fruit. Voilà le gouvernement despotique;* tout ce qu'on ajouterait serait bien superflu [a].

Telles sont les vues que Montesquieu nous donne ici sur les lois en général, en attendant que dans les livres suivants il entre davantage dans les détails des diverses espèces de lois et de leurs différents effets. On ne peut nier que beaucoup de ces idées ne soient dignes de la grande sagacité de notre illustre auteur; mais il faut convenir aussi qu'il y en a qui sont bien contestables. D'ailleurs elles me paraissent toutes assez mal motivées par l'application exclusive des mots *vertu*, *modération*, *honneur* et *crainte*, à autant d'espèces différentes de gouvernements. Il serait long et pénible de les discuter en partant de cette base, qui n'offre rien d'assez solide ni d'assez précis. Nous parviendrons plus aisément à en apprécier la valeur en revenant à notre division des gouvernements en *nationaux* et *spéciaux*, et en les examinant sous leurs différentes formes.

La monarchie ou le pouvoir d'un seul, considérée dans son berceau au milieu de l'ignorance et de la barbarie (c'est là ce que Montesquieu appelle le gouvernement despotique) ne donne lieu sans doute à aucun système de législation. Il est à peu près réduit, pour toute source de revenu, aux pillages, aux présents et aux confiscations, et, pour tout moyen d'administration, au sabre et au cordeau. Il faut que celui qui est revêtu du pouvoir puisse choisir lui-même son successeur au moins dans sa famille, et que ce successeur arrivé au trône, fasse étrangler ceux qui auraient pu le lui disputer. Il faut enfin que, sans hésiter, il soit le chef ou l'esclave des prêtres en crédit dans le pays; et, pour qu'il puisse perpétuer cette existence périlleuse, nous n'avons, comme Montesquieu, aucun autre conseil à lui donner que d'employer ces tristes ressources avec adresse, avec audace, et s'il se peut avec bonheur.

Mais si le monarque, comme Pierre le Grand, veut sortir d'un état aussi abominable et aussi précaire, ou s'il se trouve placé au milieu d'une nation déjà un peu civilisée, et par conséquent tendant puissamment à l'être toujours davantage, alors il faut qu'il se fasse un système raisonné et

a. Dans ce peu de mots consiste tout le chapitre XIII de ce livre, suivi cependant d'assez grands détails sur le même sujet, dans les quatre chapitres suivants.

complet. Il faut d'abord qu'il assure un ordre de succession dans sa famille. Or, de tous les modes d'hérédité, la succession linéale-agnatique, ou de mâle en mâle par ordre de primogéniture, est celui qui est le plus favorable à la perpétuité de la race, et qui préserve le mieux des déchirements intérieurs et du danger d'une domination étrangère. Par des circonstances à lui particulières, Pierre le Grand n'avait pas pu l'établir en Russie; mais quatre-vingts ans après, Paul Ier y est parvenu, aidé de conjonctures plus heureuses, et soutenu par les habitudes générales de toute l'Europe.

Une fois l'hérédité établie dans la maison souveraine, il faut bien donner la même stabilité à l'existence d'un grand nombre de familles, sans quoi celle de la famille régnante ne serait jamais assurée. Une hérédité politique ne saurait subsister longtemps seule dans un État. Si tout est incessamment mobile autour d'elle, si des intérêts permanents et perpétués dans d'autres races ne se rattachent pas à son existence pour la soutenir, elle sera bientôt renversée. De là les fréquentes révolutions des empires de l'Asie, de là la nécessité d'une noblesse dans les monarchies. Cette raison est plus réelle que toutes celles que l'on peut tirer du mot *honneur*, bien ou mal entendu, bien ou mal défini. L'honneur n'est là qu'un masque: c'est l'*intérêt* d'un grand nombre dont il s'agit de se servir pour s'assurer de tout le peuple.

Dans le gouvernement spécial sous forme monarchique, le prince a donc besoin d'appuyer son droit privé de beaucoup d'autres droits privés qui y soient subordonnés, mais qui y soient liés. Il a besoin de s'entourer de nobles puissants, mais soumis, hautains et souples, qu'il tienne en sujétion et qui y tiennent la nation. Il a besoin de se servir de corps imposants mais dépendants, d'employer des formes respectées, mais qui cèdent à sa volonté, d'imprimer un grand respect pour les usages établis, quoiqu'ils lui soient subordonnés, en un mot de donner à tout un caractère de dépendance et de perpétuité raisonnées, que l'on puisse défendre par des motifs plausibles, sans être obligé de recourir incessamment à la discussion du droit primitif et originaire.

Tout cela rentre parfaitement dans tout ce que nous avons dit de ce gouvernement dans les livres III et IV, et justifie pleinement, ce me semble, tous les conseils que Montesquieu donne dans ce livre-ci. La vénalité des charges même, qui est sans doute le point le plus contestable, me paraît suffisamment motivée par ces considérations. Car d'abord le choix direct du prince, influencé par ses courtisans, ne fournirait pas en général de meilleurs sujets, que l'agrément qu'il se réserve toujours de donner ou de refuser à celui qui se présente pour acheter. On peut même dire ensuite que la condition d'une finance à produire opère naturellement parmi les candidats une première épuration qui est utile, et qui ne serait pas aisément remplacée dans tout autre mode de nomination. En effet, il est essentiel à ce gouvernement que le public attache beaucoup d'importance à l'éclat extérieur. Il faut que les places tiennent beaucoup plus de considération, de la figure que font ceux qui les remplissent, que de leurs fonctions. Or, la vénalité en écarte sûrement, non seulement ceux qui n'ont pas de quoi les payer, mais même ceux qui ne seraient pas en état d'y briller par leur dépense, et qui seraient tentés d'introduire la mode de mépriser le faste et de se faire valoir par d'autres avantages moins frivoles. De plus, cette même vénalité tend énergiquement à appauvrir le tiers-état au profit du trésor par les finances qu'on y verse, et au profit de la classe privilégiée en y faisant entrer les fortunes de ceux qui s'y trouvent introduits par ces charges; et c'est encore là un avantage important dans ce système. Car il n'y a que la classe inférieure, dans un tel ordre des choses, qui s'enrichisse continuellement par l'économie, par le commerce, par tous les arts utiles; et si on ne la soutirait pas sans cesse par tous les moyens, elle deviendrait rapidement la plus riche et la plus puissante, et même la seule puissante, étant déjà nécessairement, par la nature de ses occupations, la plus éclairée et la plus sage. Or, c'est ce qu'il faut surtout éviter. Le mot de Colbert à Louis XIV : *Sire, quand V.M. crée une charge, la Providence crée tout de suite un sot pour l'acheter*, est plein d'esprit et de profondeur sous ce rapport. Effectivement, si la Providence ne fascinait pas à chaque instant les yeux des hommes de la classe moyenne, ils réuniraient bientôt tous les avantages de la société. Les mariages des filles riches des plébéiens avec les membres pauvres du corps de la noblesse sont encore un excellent moyen de prévenir cet inconvénient. On ne saurait trop les encourager. C'est une des choses en quoi la folle vanité est le plus utile.

Les avis que Montesquieu donne aux gouvernements aristocratiques dans ce même livre me paraissent également sages. J'y ajouterais seulement que, si les nobles aristocrates doivent s'interdire tous les moyens d'augmenter leur fortune, ils doivent en même temps veiller, avec un soin jaloux, à ce que les membres de la bourgeoisie n'accroissent pas leurs richesses. Ils doivent contrarier sans relâche le développement de leur industrie; et, s'ils ne peuvent réussir à l'étouffer, il faut qu'ils fassent entrer successivement dans leur corps tous ceux qui ont obtenu un grand succès. C'est le seul moyen qui leur reste pour n'avoir pas tout à en craindre. Encore ce moyen ne serait-il pas sans danger, si l'on était obligé d'y avoir recours trop souvent.

Il est presque superflu d'observer ici, comme nous l'avons fait à propos de l'éducation, que les monarchies et les aristocraties, dites nationales, en tant que monarchies et aristocraties, ont absolument les mêmes intérêts que celles-ci et qu'elles doivent prendre les mêmes mesures; mais qu'elles doivent les employer avec infiniment plus de ménagement et de circonspection. Car enfin il est convenu qu'elles n'existent que pour l'avantage de tous. Il ne faut donc pas qu'il soit trop visible que toutes ces dispositions, qui n'ont pour but que l'intérêt particulier des gouvernants, sont contraires au bien général et à la prospérité de la masse. Mais c'en est assez sur ce sujet.

Je ne parlerai point ici de la démocratie pure, parce que, comme je l'ai déjà dit, c'est un gouvernement impraticable à la longue, et absolument impossible sur un espace de terrain un peu étendu. Je ne m'amuserai donc pas à examiner si les mesures tyranniques et révoltantes que l'on croit nécessaire pour le soutenir, sont exécutables, et si même plusieurs ne sont pas illusoires et contradictoires. Je passerai tout de suite au gouvernement représentatif pur, que je regarde comme la démocratie de la raison éclairée.

Celui-là n'a nul besoin de contraindre les sentiments et de forcer les volontés, ni de créer des passions factices ou de intérêts rivaux, ou des illusions séductrices. Il doit au contraire laisser un libre cours à toutes les inclinations qui ne sont pas dépravées et à toutes les industries qui ne sont pas contraires au bon ordre. Il est conforme à la nature : il n'a qu'à la laisser agir.

Ainsi il tend à l'égalité. Mais il n'essaiera pas de l'établir par des mesures violentes, qui n'ont jamais qu'un effet momentané, qui manquent toujours leur but, et qui, de plus, sont injustes et affligeantes. Il se bornera à diminuer, autant que possible, la plus funeste des inégalités, celle des lumières; à développer tous les talents, à leur donner à tous une égale liberté de s'exercer, et à ouvrir à chacun également tous les chemins vers la fortune et la gloire.

Il a intérêt à ce que les grandes richesses amoncelées ne se perpétuent pas dans les mêmes mains, se dispersent bientôt, et rentrent dans la masse générale. Il ne tentera pas d'opérer cet effet directement et par force, ce serait opprimer; il ne cherchera même pas à le produire en excitant à la profusion et à la dissipation, ce serait corrompre. Il se contentera de ne permettre ni majorats, ni substitutions, ni retraits lignagers, ni privilèges, qui ne sont que des inventions de la vanité, ni encore moins des arrêts de surséance, qui sont de vrais subterfuges de la friponnerie. Il établira l'égalité des partages, restreindra la faculté de tester, permettra le divorce avec les précautions convenables, empêchera ainsi que les testaments et les mariages soient un objet continuel de spéculations sans honnête industrie : et du reste, il s'en rapportera à l'effet lent, mais sûr, de l'incurie des riches et de l'activité des pauvres.

Il désire que l'esprit de travail, d'ordre et d'économie, règne dans la nation. Il n'ira pas, comme certaines républiques anciennes, demander minutieusement compte aux individus de leurs actions et de leurs moyens, ou les gêner dans le choix de leurs occupations. Il ne les tourmentera même pas de lois somptuaires[1], qui ne font qu'aigrir les passions, et qui ne sont jamais qu'une atteinte inutile portée à la liberté et à la propriété. Il lui suffira de ne point détourner les hommes des goûts sages et des idées vraies, de ne fournir aucun aliment à la vanité, de faire que le faste et le dérèglement ne soient pas des moyens de succès, que le désordre des finances de l'État ne soit pas une occasion fréquente de fortunes rapides, et que l'infamie d'une banqueroute soit un arrêt de mort civile. Avec ces seules précautions, les vertus domestiques se trouveront bientôt dans presque toutes les familles. Cela est bien sûr, puisqu'il est vrai qu'on les y rencontre fréquemment, au milieu de toutes les séductions qui en éloignent, et malgré les avantages que l'on trouve trop souvent à y renoncer.

Par les mêmes raisons, ce gouvernement, qui a un besoin pressant que toutes les idées justes se propagent et que toutes les erreurs s'évanouissent, ne croira pas atteindre ce but en payant des écrivains, en faisant parler des professeurs, des prédicateurs, des comédiens, en donnant des livres élémentaires privilégiés, en faisant composer des almanachs, des catéchismes, des instructions, des pamphlets, des journaux, en multipliant les inspections, les règlements, les censures, pour protéger ce qu'il croit la vérité. Il laissera tout simplement chacun jouir pleinement du beau droit de dire et d'écrire tout ce qu'il pense, *fari quae sentiat;* bien sûr que quand les opinions sont libres, il est impossible qu'avec le temps la vérité ne surnage pas et ne devienne pas évidente et inébranlable. Or, il n'a jamais à craindre ce résultat, puisqu'il ne s'appuie sur aucun de ces principes contestables que l'on ne peut défendre que par des considérations éloignées, puisqu'il n'est fondé originairement que sur la droite raison, et puisqu'il fait profession d'être toujours prêt à s'y soumettre, ainsi qu'à la volonté générale, dès qu'elles se manifestent. Il ne doit donc intervenir que pour

1. Tombées en désuétude au XVIIIe siècle, les lois somptuaires avaient pour objet de régler les comportements, tant pour des raisons d'ordre moral (en invitant à la frugalité et au refus du luxe) et économique (afin de limiter les dépenses improductives) que dans le but de rendre visibles les hiérarchies sociales.

maintenir le calme et la lenteur nécessaires dans les discussions, et surtout dans les déterminations qui peuvent s'ensuivre.

Par exemple, ce gouvernement ne doit point adopter la vénalité des charges; il ne demande pas à la Providence *de créer des sots*, mais des citoyens éclairés. Il n'y a point de classe qu'il veuille appauvrir, parce qu'il n'y en a pas qu'il veuille élever: ainsi cette mesure lui est inutile. D'ailleurs, il est de sa nature que la plupart des fonctions publiques soient conférées par l'élection libre des citoyens, et les autres par le choix éclairé des gouvernants; que presque toutes soient très temporaires, et qu'aucunes ne donnent lieu à de très grands profits ni à des privilèges permanents. Ainsi il n'y a point de raison pour les acheter ni pour les vendre.

Il y aurait encore bien des choses à dire sur tout ce que ce gouvernement, et ceux dont nous avons parlé auparavant, doivent faire ou ne pas faire en fait de législation; mais je me borne aux objets que Montesquieu a jugé à propos de traiter dans ce livre. Je ne m'en suis éloigné un moment que pour mieux prouver, contre l'autorité de ce grand homme, que les mesures directes et violentes qu'il approuve dans la démocratie, ne sont pas les plus efficaces; et que c'est un mauvais système de gouvernement que celui qui contredit la nature. Je suivrai la même marche dans tout le reste de cet ouvrage.

LIVRE VI

CONSÉQUENCES DES PRINCIPES DES DIVERS GOUVERNEMENTS, PAR RAPPORT À LA SIMPLICITÉ DES LOIS CIVILES ET CRIMINELLES, LA FORME DES JUGEMENTS, ET L'ÉTABLISSEMENT DES PEINES

Démocratie ou despotisme, premier degré de civilisation.
Aristocratie sous un ou plusieurs chefs, deuxième degré.
Représentation avec un ou plusieurs chefs, troisième degré.

Ignorance............................Force.
Opinions..............................Religion.
Raison.................................Philosophie.

Motifs des punitions dans ces trois périodes; vengeance humaine, vengeance divine, empêcher le mal à venir.

Malgré les belles et grandes vues qui se font admirer dans ce livre, nous n'y trouverons pas toute l'instruction que nous aurions dû en attendre, parce que l'illustre auteur n'a pas distingué avec assez de soin ce qui regarde la justice civile de ce qui regarde la justice criminelle. Nous tâcherons de remédier à cet inconvénient. Mais, avant de nous occuper de ces objets particuliers, il faut nous livrer encore à quelques réflexions générales sur la nature des gouvernements, dont nous avons parlé dans le livre second. Car les matières que nous avons traitées dans les livres III, IV et V, ont dû jeter un nouveau jour sur ce sujet.

La division des gouvernements en différentes classes présente des difficultés importantes et donne lieu à beaucoup d'observations, parce qu'elle fixe et constate l'idée que l'on a de ces gouvernements et le caractère essentiel que l'on y reconnaît. J'ai déjà dit ce que je pense de la division des gouvernements en républicain, monarchique et despotique, adoptée par Montesquieu. Je la crois défectueuse par plusieurs raisons. Cependant il y est très attaché; il en fait la base de son système de politique, il y rapporte tout, il y assujettit sa théorie tout entière; et je suis persuadé que cela nuit souvent à la justesse, à l'enchaînement et à la profondeur de ses idées. Je ne saurais donc trop motiver mon opinion.

D'abord la démocratie et l'aristocratie sont si essentiellement différentes qu'elles ne sauraient être confondues sous un même nom. Aussi Montesquieu lui-même est souvent obligé de les distinguer. Alors il a quatre gouvernements au lieu de trois; et quand il parle du gouvernement républicain, on ne sait plus précisément duquel il est question. Voilà un premier inconvénient.

Ensuite, qu'est-ce que le despotisme? Nous avons dit que ce n'était qu'un abus, et non une espèce de gouvernement. Cela est vrai, si l'on ne considère que l'usage du pouvoir: mais si l'on n'a égard qu'à son étendue, le despotisme est le gouvernement d'un seul. Il est la concentration de tous les pouvoirs dans une seule et même main. Il est l'État de la société dans lequel un seul a tous les pouvoirs, et tous les autres n'en ont aucun. Il est enfin essentiellement la monarchie, à prendre ce mot dans toute la force de sa signification. Aussi avons-nous déjà observé qu'il est la vraie monarchie pure, c'est-à-dire illimitée; et il n'y a pas d'autre vraie monarchie. Car, qui dit monarchie tempérée ou limitée, dit une monarchie où un seul n'a pas tous les pouvoirs, où il y en a d'autres que le sien, c'est-à-dire une monarchie qui n'est pas une monarchie. Il faut donc écarter cette dernière expression qui implique contradiction: et nous voilà revenus par la force des choses et l'exactitude de l'analyse, à trois genres de gouvernements; mais au lieu du républicain, du monarchique et du despotique, nous avons le démocratique, l'aristocratique et le monarchique.

Mais, dans ce système, que ferons-nous donc de ce que l'on appelle ordinairement monarchie, c'est-à-dire de cette monarchie qui est limitée et tempérée? Nous remarquerons que ce n'est jamais par le corps entier de la nation que le pouvoir du monarque est limité, quand il l'est; car alors ce ne serait plus le gouvernement monarchique tel qu'on l'entend, ce serait le gouvernement représentatif sous un seul chef, comme dans la Constitution des États-Unis de l'Amérique, ou comme dans celle faite pour la France en 1791, et qui a rempli dans ce pays le court intervalle qui s'est écoulé entre son ancienne aristocratie sous un seul chef et la tyrannie révolutionnaire qui a été suivie d'un gouvernement représentatif sous plusieurs chefs, et ensuite d'un gouvernement très approchant de la monarchie pure, jusqu'à ce qu'il se limite lui-même d'une manière ou d'une autre, comme cela arrive toujours par la force de la nature des choses[a] *. Le pouvoir du souverain dans ce qu'on nomme *monarchie tempérée* n'est donc jamais limité que par des fractions de la nation, ou par des corps puissants élevés dans son sein, c'est-à-dire par des collections d'hommes ou de familles, réunies par une conformité de naissance, de fonctions, ou d'illustration, et ayant des intérêts communs, mais distincts de l'intérêt général de la masse. Or, c'est là précisément ce qui constitue une aristocratie. J'en conclus que la monarchie de Montesquieu n'est autre chose que l'aristocratie sous un seul chef, et que par conséquent sa division des gouvernements, bien expliquée et bien comprise, se réduit à celle-ci : démocratie pure, aristocratie avec un ou plusieurs chefs, et monarchie pure.

Cette nouvelle manière de considérer les formes sociales, en nous faisant mieux voir le caractère essentiel de chaque gouvernement, nous suggère des réflexions importantes. La démocratie pure, malgré les éloges que lui ont prodigués le pédantisme et l'irréflexion, est un ordre de choses insupportable. La monarchie pure est à peu près aussi intolérable : l'une est un gouvernement de sauvages, l'autre un gouvernement de barbares : tous deux sont même à peu près impossibles à la longue. Ils sont seulement, l'un et l'autre, l'enfance de la société, et l'état presque nécessaire de toute nation commençante.

En effet, des hommes grossiers et ignorants ne savent pas combiner une organisation sociale. Ils ne peuvent imaginer que deux choses, ou de prendre tous également part à la conduite de la peuplade, ou de s'en remettre aveuglément à celui d'entre eux qui s'est attiré leur confiance. Le premier de ces deux moyens a dû être préféré le plus souvent par ceux chez qui l'esprit d'inquiétude et d'activité a entretenu l'instinct de l'indépendance; et le second par ceux en qui la paresse et l'amour du repos ont prévalu; et, dans cet état primitif de l'homme, l'influence du climat agissant très énergiquement, elle a dû presque toujours décider de ces dispositions. Aussi voyons-nous toutes les sociétés informes, depuis le nord

a. On doit s'apercevoir, dans cet endroit du livre, comme dans beaucoup d'autres, qu'ainsi que je l'ai annoncé dans mon avertissement, cet ouvrage est écrit en 1806, c'est-à-dire sous le gouvernement impérial, dont alors il n'était pas possible de dire précisément quelle serait la fin, encore qu'il fût aisé de prévoir qu'il ne pourrait pas durer longtemps.

* Le membre de phrase : « et qui a rempli dans ce pays … par la force de la nature des choses », ainsi que la note de bas de page qui y est associée, ne figurent pas dans les éditions anonymes de Liège (1817) et de Paris (1819).

de l'Amérique jusqu'à la Nigritie [1] et aux îles de la mer du Sud, sous l'un de ces deux régimes, ou même passant rapidement de l'un à l'autre suivant les circonstances. Car quand une horde de sauvages a élu un chef de guerre qu'ils suivent tous, la démocratie absolue est changée en monarchie pure.

Mais ces deux ordres de choses font naître des mécontentements, soit par la conduite du despote, soit par celle des citoyens; et, pendant ce temps là, il s'établit insensiblement, entre les membres de l'association, des différences de crédit, de forces, de richesses, de talents, de puissance quelconque. Ceux qui possèdent ces avantages en usent. Ils forment des réunions, ils se saisissent des opinions civiles ou religieuses qui s'établissent en leur faveur, ils présentent des résistances au moyen desquelles ils dirigent la multitude ou contiennent le despote; et ainsi naissent partout des aristocraties diverses avec un chef ou sans chef, qui s'organisent petit à petit sans qu'on sache bien comment, et sans qu'on puisse remonter à leur origine première, ni constater rigoureusement leurs droits, autrement que par la possession. Aussi toutes les nations qui valent la peine qu'on s'en occupe sont-elles sous un régime plus ou moins aristocratique; et il n'y a pas eu d'autre gouvernement dans le monde, jusqu'à ce que dans des temps très éclairés, des peuples entiers, renonçant à toute inégalité antérieurement établie, se soient réunis par le moyen de représentants égaux, librement élus, pour se donner, d'une manière légale, *un gouvernement représentatif*, en vertu de la volonté générale, scrupuleusement recueillie et nettement exprimée. Laissant donc là les barbares, nous n'avons réellement à comparer ensemble que ces deux gouvernements, *l'aristocratie* et la *représentation*, et leurs divers modes. Nos recherches en seront très simplifiées, et auront un but mieux déterminé. Cela posé, venons à l'objet particulier de ce livre, et commençons par les lois civiles.

Montesquieu remarque que les lois civiles sont beaucoup plus compliquées dans ce qu'il appelle la monarchie que sous le despotisme. Il prétend que c'est parce que l'honneur des citoyens y est d'un bien plus grand prix et y occupe une bien plus grande place; et il s'en faut peu qu'il ne trouve que c'est encore là un avantage de sa monarchie. Puis, content de ce rapprochement, il n'examine sous ce point de vue ni la démocratie ni l'aristocratie.

Il me semble qu'il y a une autre manière de considérer ce sujet. D'abord il n'est pas douteux que la simplicité des lois civiles ne soit en elle-même un bien; mais il est certain aussi que ce bien est beaucoup plus difficile à

1. La Nigritie, « pays des Noirs », désigne alors l'Afrique noire sub-saharienne allant de l'Atlantique jusqu'au bassin du Nil.

obtenir dans la société perfectionnée que dans la société commençante, parce que, à mesure que les relations sociales deviennent plus nombreuses et plus délicates, les lois qui les régissent deviennent nécessairement plus compliquées.

Ensuite on observe que ces lois sont en général très simples dans la monarchie pure, où les hommes sont comptés pour rien; mais, quoique Montesquieu ne le dise pas, la même chose arrive dans la démocratie, malgré le respect que l'on y a pour les hommes et pour leurs droits. Cela doit être ainsi dans les deux cas. Il ne faut pas aller chercher la cause de ce fait dans la *crainte* ou dans la *vertu*, que l'on donne pour *principes* à ces deux gouvernements : la raison en est que ce sont là les deux états de la société encore informe.

Par la raison contraire, ces mêmes lois sont inévitablement plus compliquées dans les diverses formes d'aristocratie qui régissent toutes les nations civilisées. Seulement il faut remarquer, avec Montesquieu, que l'aristocratie sous un seul chef est encore plus sujette que l'autre à cet inconvénient; non pas parce qu'elle a pour principe *l'honneur*, comme on le dit, mais parce qu'elle exige des gradations plus multipliées entre les diverses classes des citoyens, dont une des distinctions consiste à n'être pas soumis aux mêmes règles, ni jugés par les mêmes tribunaux. En effet, le même monarque peut aisément gouverner des provinces régies par des lois différentes, et peut même avoir intérêt à entretenir ces semences de divisions entre ses sujets, afin de les contenir les uns par les autres.

Ajoutons, pour terminer cet article, que le gouvernement représentatif, ne pouvant au contraire subsister sans l'égalité et l'union des citoyens, est de tous ceux des nations civilisées celui qui doit le plus désirer la simplicité et l'uniformité des lois civiles, et qu'il doit en approcher autant que le permet la nature des choses.

À l'égard de la forme des jugements, il me paraît que dans tout gouvernement, il faut que le souverain, soit peuple, soit monarque, soit sénat, ne décide jamais des intérêts des particuliers ni par lui-même, ni par ses ministres, ni par des commissions spéciales; mais toujours par des juges établis d'avance à cet effet, et qu'il est désirable que ces juges jugent toujours suivant le texte précis de la loi. Mais il me semble que cette dernière condition n'empêche nullement, ni qu'on admette en justice l'espèce d'action que les jurisconsultes appellent *ex bonâ fide*, ni que les juges rendent des espèces de jugements d'équité quand les lois ne sont ni formelles ni précises.

Pour ce qui regarde les lois criminelles, il n'y a pas d'organisation sociale où il ne faille qu'elles soient aussi simples qu'il est possible, et suivies littéralement dans les jugements; mais, quant à la forme de la procédure, plus le gouvernement aura de respect pour les droits des hommes, plus elle sera circonspecte et favorable à la juste défense de l'accusé. Ces deux points ne peuvent pas faire matière à discussion.

Il pourrait naître d'importantes questions relativement à l'usage des jurés, et ce serait ici le moment de les traiter; mais Montesquieu n'en parle pas. Je me bornerai donc à dire que cette institution me paraît beaucoup plus digne d'éloges sous le rapport politique que sous le rapport judiciaire, c'est-à-dire que je ne suis pas bien sûr qu'elle soit toujours un moyen très efficace de rendre les jugements plus justes; mais il me paraît hors de doute qu'elle est un obstacle très puissant à la tyrannie des juges ou de ceux qui les nomment, et une manière certaine d'habituer les hommes à faire plus d'attention et à attacher plus d'importance aux injustices faites à leurs semblables. Cette considération me paraît prouver que cet usage est convenable aux différents gouvernements, à proportion qu'ils sont eux-mêmes plus compatibles avec l'esprit de liberté, l'amour de la justice et le goût général pour les affaires.

C'est, au reste, un très bon usage dans tous les gouvernements que la punition des délits se poursuive par les soins de la partie publique, et non par l'effet d'accusations particulières. Punir le crime pour empêcher qu'il ne se renouvelle, est une vraie fonction publique. Personne ne doit être maître de s'en emparer, pour la faire servir à ses passions privées et lui donner l'air d'une vengeance.

Relativement à la sévérité des peines, la première question qui se présente à résoudre est de savoir si la société a jamais le droit d'ôter la vie à un de ses membres. Montesquieu n'a pas jugé à propos de traiter cette question, sans doute parce qu'il entre dans son plan de parler toujours du fait et de ne jamais discuter le droit. Pour moi, quoique très fidèle au plan que je me suis fait de le suivre scrupuleusement, je pense qu'il est utile de justifier ici la peine capitale du reproche d'injustice, que lui ont fait des hommes respectables par leurs lumières et par les motifs qui les ont dirigés. Il ne faut pas que cette mesure sévère et affligeante ait un caractère odieux, tant que les circonstances la rendent nécessaire. J'avouerai donc que, suivant moi, la société a pleinement le droit d'annoncer d'avance qu'elle fera périr quiconque se rendra coupable d'un crime dont les suites lui paraissent assez funestes pour être subversives de son existence. C'est à ceux qui ne voudraient pas se soumettre aux conséquences de cette disposition, à renoncer à la société qui l'adopte, avant de s'être mis dans le cas qu'on puisse la leur appliquer. Ils doivent toujours en avoir la liberté tout entière, et dans toute occasion, comme dans celle-là : sans quoi il n'y a pas un règlement de la société qui soit complètement juste, puisqu'il n'y en a pas un qui ait été accepté librement par les intéressés. Mais avec cette condition, l'établissement de la peine de mort me paraît tout aussi juste en lui-même que celui de toute autre peine [1].

Cela ne veut pas dire, au reste, que le coupable soit obligé en conscience d'abandonner sa vie, parce que la loi veut sa mort, et de renoncer à se défendre, parce qu'elle l'attaque. Ceux qui ont professé ces principes sont aussi exagérés dans leur sens que ceux qui contestent à la société le droit de punir de mort le sont dans le leur. Les uns et les autres ont une idée inexacte de la justice criminelle. Quand le corps social annonce qu'il punira de telle peine telle action, il se déclare d'avance en état de guerre avec celui qui commettra cette action qui lui nuit. Mais le coupable n'a pas perdu pour cela le droit de sa défense personnelle : nul être animé n'en saurait être jamais privé ; seulement il est réduit à ses forces individuelles ; et les forces sociales, qui dans toute autre occasion l'auraient protégé, sont dans celle-ci tournées contre lui.

Il ne reste plus qu'à savoir jusqu'à quel point il faut employer ces forces contre le crime, pour le prévenir efficacement. À cet égard on ne peut qu'admirer la belle observation de Montesquieu, que *plus les gouvernements sont animés de l'esprit de la liberté, plus les peines y sont douces ;* et les excellentes choses qu'il dit sur l'inefficacité des punitions barbares ou seulement trop sévères, sur le triste effet qu'elles ont de multiplier les crimes au lieu de les diminuer, parce qu'elles rendent les mœurs atroces et les sentiments féroces, enfin sur la nécessité de graduer et de proportionner les peines à l'importance des délits et à la tentation de les commettre, et surtout de faire en sorte qu'il ne paraisse pas possible que le coupable y échappe. C'est là principalement ce qui détourne du crime ; et il ne faut jamais oublier que le seul motif raisonnable des punitions, la seule cause

1. Comme l'avaient été avant lui beaucoup de philosophes des Lumières, Destutt de Tracy n'est pas hostile par principe à la peine de mort mais seulement opposé à son usage abusif. Sur ce point cependant, il reste en retrait par rapport aux positions abolitionnistes d'auteurs qui sont pour lui des autorités, tels Voltaire (rallié peu avant sa mort aux arguments de Becarria) ou Condorcet. On doit noter également que son fils, Victor de Tracy, soutenu par La Fayette, tous deux membres de la Chambre des députés sous la Restauration puis sous la Monarchie de Juillet, a proposé à plusieurs reprises l'abolition, au motif que « la peine de mort est barbare, inefficace, immorale, dangereuse, inconséquente, irréparable » (*De l'abolition de la peine de mort, proposition faite à la chambre des députés*, par M. de Tracy, député, appuyée par M. le général La Fayette, Paris, Guyot de Fère, 1830, p. 3).

qui les rende justes, ce n'est pas de réparer le mal fait, ce qui est impossible; ce n'est pas de satisfaire la haine qu'inspire le vice, ce qui ne serait qu'obéir à un sentiment aveugle; mais c'est uniquement d'empêcher le mal à venir, ce qui est la seule chose à la fois utile et possible.

Cette seule réflexion fait voir combien est absurde la loi du talion, qui donne à la justice la marche et toute l'apparence d'une vengeance brutale. On est tout étonné de trouver dans notre célèbre auteur un chapitre exprès sur cette loi de sauvages, et de n'y point trouver cette remarque essentielle. Il y a des moments où les meilleurs esprits paraissent réellement sommeiller. Montesquieu nous en fournit un autre exemple dans le chapitre suivant, où il approuve que des hommes innocents soient déshonorés pour le crime de leur père ou de leurs fils; on en peut dire autant du chapitre XVIII, où après ces mots, *nos pères les Germains n'admettaient guère que des peines pécuniaires*, il ajoute : *ces hommes guerriers et libres estimaient que leur sang ne devait être versé que les armes à la main*. Il ne s'aperçoit pas que si les sauvages de la forêt Hercinie qu'il veut vanter, on ne sait pourquoi, n'avaient jamais accepté de compositions pécuniaires pour un assassinat, il aurait dit avec bien plus de raison : *Ces hommes généreux et fiers mettaient à si haut prix le sang de leurs proches, qu'ils croyaient que le sang seul du coupable pouvait le payer et qu'ils auraient rougi d'en faire l'objet d'un honteux trafic*. Ce profond penseur a souvent le tort, comme Tacite, de beaucoup trop respecter les peuples barbares et leurs institutions.

Malgré ces légères fautes, on ne peut trop l'admirer. Cependant je lui reprocherai encore dans ce livre de ne s'être pas prononcé assez fortement contre l'usage de la torture et celui de la confiscation, que pourtant il désapprouve. À l'égard du droit de faire grâce, il est certain qu'il est nécessaire, au moins aussi longtemps que durera l'usage de la peine de mort. Car tant que les juges seront exposés à faire une injustice irréparable, il faut bien qu'il y ait quelque moyen de s'en préserver, quand on a sujet de le craindre : et cela est encore plus indispensable, lorsque tout le monde convient que les lois sont très imparfaites[1]. Du reste, je ne vois pas pourquoi Montesquieu dit : *La clémence est la qualité distinctive du monarque. Dans la République où l'on a pour principe la vertu, elle est moins nécessaire*. Je ne suis pas plus satisfait de ses autres réflexions sur ce sujet. Je vois seulement que dans les gouvernements où l'on respecte la liberté, on doit

1. « Enlevé au pouvoir exécutif par la Convention, parce qu'il portait atteinte à la décision des jurés, représentants de la Nation » (Jean Imbert, *La Peine de mort*, Paris, P.U.F., 1998, p. 61), le droit de grâce a été rétabli en 1802 au bénéfice du Premier consul.

prendre bien garde que l'on ne puisse y porter atteinte au moyen du droit de faire grâce, et que ce droit ne devienne un privilège d'impunité pour certaines personnes et pour certaines classes, comme cela n'arrive que trop souvent dans les monarchies, ainsi qu'Helvétius l'objecte avec raison à Montesquieu ; passons à d'autres objets.

LIVRE VII

CONSÉQUENCES DES DIFFÉRENTS PRINCIPES DES TROIS GOUVERNEMENTS PAR RAPPORT AUX LOIS SOMPTUAIRES, AU LUXE, ET À LA CONDITION DES FEMMES

L'effet du luxe est d'employer le travail d'une manière inutile et nuisible.

J'ai regret de me trouver si souvent en opposition avec un homme pour lequel je professe tant de respect. Cependant, c'est ce qui m'a fait prendre la plume; et c'est cela seul qui peut rendre mon ouvrage utile. Ainsi je me résoudrai à ne pas fuir ce danger*.

Helvétius reproche avec raison à Montesquieu de n'avoir pas dit nettement ce que c'est que le luxe, et de n'en avoir ainsi parlé que d'une manière vague et inexacte. Il faut donc avant tout déterminer avec précision le sens de ce mot dont on a tant abusé. Le luxe consiste essentiellement dans les dépenses non productives, quelle que soit d'ailleurs la nature de ces dépenses. La preuve que l'espèce de la dépense n'y fait rien, c'est qu'un joailler peut employer cent mille écus à faire tailler des diamants et fabriquer des bijoux, sans qu'il y ait le moindre luxe de sa part. Il compte les revendre avec profit. Au contraire, qu'un homme achète une boîte ou une bague de cinquante louis pour son usage, c'est pour lui une dépense de luxe. Un cultivateur, un maquignon, un roulier, peuvent entretenir deux cents chevaux sans aucun luxe; ce sont des outils de leurs

* Variante des éditions anonymes de Liège (1817) et de Paris (1819) : « Cependant c'est cette différence de sentiments qui m'a fait prendre la plume ; j'ai pensé que mes observations ne seraient pas sans quelque utilité. Je dirai donc mon opinion hardiment, et le lecteur jugera. »

métiers. Qu'un homme oisif en ait deux, uniquement pour se promener, c'est du luxe. Un entrepreneur de mines, un chef de manufacture, fait bâtir une pompe à feu pour son service ; c'est un acte d'économie. Un amateur de jardins en fait construire une pour arroser ses gazons, c'est une dépense de luxe. Nul ne dépense plus en façons d'habits qu'un tailleur : ce sont ceux qui les portent qui ont du luxe.

Sans multiplier davantage ces exemples, on voit que ce qui constitue réellement les dépenses de luxe, c'est de n'être pas productives. Cependant, comme on ne peut pourvoir à ses besoins et se procurer des jouissances que par des dépenses qui ne rentrent pas, et comme pourtant il faut bien subsister et même jouir jusqu'à un certain point, (car en définitif c'est là le but de tous nos travaux, celui de la société et de toutes ses institutions), on ne regarde comme dépenses de luxe que les dépenses improductives, qui ne sont pas nécessaires; sans quoi *luxe* et *consommation* deviendraient synonymes.

Mais le nécessaire absolu n'a pas de limites très fixes. Il est susceptible d'extension et de restriction. Il varie suivant les climats, suivant les forces et suivant les âges. Il varie même suivant les habitudes qui sont une seconde nature. Un homme sous un ciel sévère, sur un sol ingrat, un malade, un vieillard, ont bien plus de besoins qu'un jeune Indou bien portant, qui peut aller presque nu, peut coucher sous un cocotier et se nourrir de ses fruits ; et dans le même pays le strict nécessaire est bien plus étendu pour l'homme élevé dans l'aisance, qui a peu déployé ses forces physiques et beaucoup exercé ses facultés intellectuelles, que pour son semblable qui a passé son enfance chez des parents pauvres et sa jeunesse dans l'exercice d'un métier pénible.

Il y a de plus chez les peuples civilisés un nécessaire de convention, qu'on a prodigieusement exagéré sans doute, mais qui, en lui-même, n'est pas entièrement fantastique, et qui est au contraire fondé en raison. Il est au fond de même nature que la dépense qu'un ouvrier fait en outils de son métier : car il tient à la profession qu'on exerce. Le vêtement long et chaud, et la chaussure légère et peu solide d'un homme de cabinet, seraient un luxe et même un luxe incommode pour un pâtre, un chasseur, un roulier, un artisan ; comme le seraient pour un avocat la cuirasse nécessaire à l'homme de guerre, ou l'habit de théâtre dont ne peut se passer un acteur. Il faut qu'un homme qui doit recevoir beaucoup de personnes chez lui, parce qu'il a affaire à elles et qu'il ne peut les aller chercher, soit mieux logé que celui qui travaille en ville. Celui qui par ses fonctions a besoin de connaître un grand nombre d'individus et de les voir parler et agir, doit pouvoir les réunir dans sa maison, et avoir par conséquent un plus grand état de dépense qu'un homme sans relations. C'est le cas de la plupart des fonctionnaires publics. Celui même, qui sans aucunes fonctions a seulement la réputation de jouir de beaucoup d'aisance et de grands moyens, doit donner plus de latitude à ses consommations, afin de ne pas passer, quelque bienfaisant qu'il puisse être, pour trop parcimonieux et trop attaché à ses intérêts; car c'est un vrai besoin pour tout homme de jouir de la juste estime qui lui est due, surtout quand il ne lui en coûte aucune injustice, mais seulement un emploi de ses facultés, moins utile que celui qu'il aurait pu en faire. Je sais jusqu'à quel point la vanité qui veut paraître ce qu'elle n'est pas, et la rapacité qui veut envahir ce qui ne lui revient pas, ont abusé souvent parmi nous de ces considérations pour colorer leurs excès; mais il n'en est pas moins vrai que réellement le nécessaire n'a pas de limites très fixes, et que le luxe proprement dit ne commence que là où le nécessaire finit.

Toutefois le caractère essentiel du luxe est de consister en dépenses non productives; et cela seul nous montre combien est absurde l'idée de ceux qui ont prétendu que l'accroissement du luxe pouvait enrichir une nation : c'est comme si on conseillait à un négociant d'augmenter la dépense de sa maison pour rendre ses affaires meilleures. Cette dépense peut bien être un signe, quoique assez équivoque, de sa richesse; mais assurément elle ne saurait en être la cause. Comment! on convient qu'il faut qu'un fabricant diminue ses frais pour avoir plus de bénéfice sur ce qu'il produit, et on veut qu'une nation soit d'autant plus opulente qu'elle dépensera davantage! Cela est contradictoire. Mais, dit-on, le luxe favorise le commerce et encourage l'industrie, en animant la circulation de l'argent. Point du tout : il change cette circulation et la rend moins utile; mais il ne l'augmente pas d'un écu. Calculons.

Mon bien est en fonds de terre, et j'ai par devers moi une somme de deux cent mille francs, provenant de mes revenus. Certainement ce sont mes fermiers qui ont produit cette somme, en tirant du sol une masse de denrées de pareille valeur, au-delà de leur subsistance, de celle de tous leurs ouvriers, et au-delà des légitimes profits des uns et des autres; certainement encore ce n'est pas par leur dépense, mais bien par leur économie, qu'ils ont créé cette valeur; car s'ils avaient consommé autant qu'ils ont produit, ils n'auraient pu me rien remettre. On en pourrait dire autant, si cette somme me venait de mon travail dans le commerce, dans les manufactures, ou dans tout autre état utile de la société; car si j'avais tout dépensé à mesure de mes gains, je n'aurais rien de reste. Mais enfin j'ai cette somme.

Maintenant je l'emploie en dépenses inutiles et uniquement pour ma propre consommation. Je l'ai éparpillée; elle est passée en diverses mains qui ont travaillé pour moi; différentes personnes en ont été sustentées, et voilà tout; car leur travail est perdu. Il n'en reste rien, il n'a produit que ma satisfaction passagère, comme si ces personnes s'étaient toutes employées à me donner un feu d'artifice ou un autre spectacle. Si au contraire j'avais employé cette valeur en choses utiles, elle serait éparpillée de même : le même nombre d'hommes en auraient vécu; mais leur travail serait suivi d'une utilité qui resterait. Des améliorations de terres assureraient un revenu futur plus considérable ; une maison bâtie produirait un loyer; un chemin fait, un pont construit, donneraient une plus grande valeur à certains terrains, rendraient praticables des relations commerciales impossibles auparavant; et il en résulterait mon avantage par une juste rétribution, ou celui du public par ma générosité. Des marchandises, achetées ou fabriquées, non pas pour consommer, mais pour revendre ou pour donner à des indigents, me rentreraient avec profit, ou seraient un secours pour beaucoup d'individus que la misère aurait détruits. Voilà la comparaison exacte des deux manières de dépenser.

Si l'on suppose qu'au lieu d'employer mon argent de l'une ou de l'autre de ces manières, je l'ai prêté, la question n'est que reculée et point changée. Il s'agit de savoir quel usage fait de la somme celui à qui je l'ai prêtée, et quel usage je fais moi-même de l'intérêt qu'il m'en paie. Suivant ce qu'il sera, il produira un des deux effets que nous venons de développer. Il en est exactement de même si, avec mes deux cent mille francs, j'achète de nouveaux fonds dont je percevrai le revenu.

Si enfin l'on suppose que, sans employer ni prêter mon argent, je l'enterre, c'est le seul cas où l'on puisse soutenir qu'il vaudrait mieux que je l'eusse dépensé, même mal; car du moins quelqu'un en aurait profité. Mais sur ce point j'observe, 1) que ce n'est pas là un système de conduite, mais une vraie manie; que cette manie est rare, parce qu'elle est trop visiblement nuisible à celui qui en est saisi; qu'elle est toujours trop rare pour influer sensiblement sur la masse générale des richesses, et que même elle est encore plus rare dans les pays où règne l'esprit d'économie, que dans ceux où domine le goût du luxe, parce qu'on y connaît mieux l'utilité des capitaux et la manière de s'en servir.

2) Je remarquerai que cette folie, si peu importante qu'elle ne mériterait pas de nous occuper, est encore en elle-même moins nuisible qu'on ne le croit; car ce ne sont pas des denrées qu'on peut enterrer, ce ne sont que des métaux précieux que l'on enfouit. Ainsi les marchandises qui les ont procurés ont été livrées à la consommation, et ont rempli leur destination.

Ce ne sont donc que les métaux qui sont soustraits à l'utilité générale; et, s'il était possible que la quantité en fût notable, il arriverait seulement que chaque portion de ceux qui restent en circulation, en aurait plus de valeur, représenterait plus de marchandises et de travail, et que par conséquent le service se ferait de même. S'il en résultait quelque inconvénient, ce serait tout au plus pour le commerce étranger, parce que l'étranger pourrait, à très bon marché, s'emparer des productions du pays; encore en serait-on bien plus que dédommagé par l'avantage que les manufactures nationales auraient sur les siennes de pouvoir fournir à plus bas prix; ce qui, comme l'on sait, est la plus grande de toutes les supériorités. C'est cette supériorité que les nations riches en métaux ne peuvent balancer que par un bien plus grand talent de fabrication et de spéculation; talent qui en effet est souvent leur partage, non pas parce qu'elles sont riches, mais parce que dès longtemps il existe chez elles, et que c'est lui qui les a enrichies. Mais c'est suivre trop loin les conséquences d'une chose qui ne peut arriver.

Je me crois donc en droit de conclure que, sous le rapport économique, le luxe est toujours un mal, une cause continuelle de misère et de faiblesse. Son véritable effet est de détruire incessamment, par la trop grande consommation des uns, le produit du travail et de l'industrie des autres; et cet effet est si énorme, quoiqu'on l'ait souvent méconnu, que, dès qu'il cesse un moment dans un pays où il y a un peu d'activité, on y voit tout de suite un accroissement de richesses et de forces tout à fait prodigieux.

Ce que la raison nous démontre à cet égard, l'histoire nous le prouve par les faits. Quand la Hollande a-t-elle été capable d'efforts vraiment incroyables? C'est quand ses amiraux vivaient comme ses matelots, quand tous les bras de ses citoyens étaient employés à enrichir l'État ou à le défendre, et que personne ne s'occupait à faire croître des tulipes et à payer des tableaux. Tous les événements politiques et commerciaux subséquents se sont réunis pour la faire déchoir; elle a conservé l'esprit d'économie, elle a encore des richesses considérables dans un pays où tout autre peuple vivrait à peine. Faites d'Amsterdam la résidence d'une cour galante et magnifique; changez ses vaisseaux en habits brodés, et ses magasins en salles de bal, et vous verrez si en très peu d'années il lui restera seulement de quoi se défendre contre les irruptions de la mer. Quand l'Angleterre, malgré tous ses malheurs et ses fautes, a-t-elle pris un développement prodigieux? Est-ce sous Cromwell ou sous Charles II? Je sais que les causes morales ont bien plus de puissance que les calculs économiques; mais je dis que ces causes morales n'augmentent toutes les ressources que parce qu'elles dirigent tous les efforts vers des objets solides; ce qui fait que les moyens ne manquent ni à l'État, ni aux particuliers, pour les grandes choses, parce qu'ils ne les ont pas employés en futilités.

Pourquoi les États-Unis de l'Amérique voient-ils doubler tous les vingt-cinq ans leur culture, leur industrie, leur commerce, leurs richesses et leur population? C'est parce qu'ils produisent plus qu'ils ne consomment. Ils sont dans une position favorable, j'en conviens; ils produisent prodigieusement; mais enfin, s'ils consommaient encore davantage, ils s'appauvriraient, languiraient, seraient misérables comme les Espagnols, malgré tous leurs avantages.

Enfin, prenons un dernier exemple bien plus frappant encore. La France sous son ancien gouvernement n'était certainement pas aussi misérable que les Français mêmes se sont plu à le dire; mais elle n'était pas florissante. Sa population et son agriculture étaient, non pas dans un état rétrograde, mais stationnaire; ou bien, si elles avaient fait quelques progrès, ils étaient moindres que ceux de plusieurs nations voisines, et par conséquent n'étaient pas proportionnés aux progrès des lumières du siècle. Elle était obérée; elle n'avait aucun crédit; elle manquait toujours de fonds pour les dépenses utiles; elle se sentait incapable de supporter les frais ordinaires de son gouvernement, et encore plus de faire aucun grand effort à l'extérieur. En un mot, malgré l'esprit, le nombre et l'activité de ses habitants, la richesse et l'étendue de son sol, et les bienfaits d'une assez longue paix, elle tenait avec peine son rang parmi les nations rivales; elle était peu considérée et nullement redoutée au dehors.

La Révolution est venue, et la France a souffert tous les maux imaginables. Elle a été déchirée par des guerres atroces, civiles et étrangères. Plusieurs de ses provinces ont été dévastées et beaucoup de villes réduites en cendres. Toutes ont été pillées par les brigands et par les fournisseurs des troupes. Son commerce extérieur a été anéanti; ses flottes ont été totalement détruites, quoique souvent renouvelées; ses colonies, qu'on croyait si nécessaires à sa prospérité, ont été abimées; et, qui pis est, elle a perdu tous les hommes et tous les trésors qu'elle a prodigués pour les subjuguer. Son numéraire a été presque tout exporté, tant par l'effet de l'émigration que par celui du papier-monnaie. Elle a entretenu quatorze armées dans un temps de famine; et au milieu de tout cela, il est notoire que sa population et son agriculture se sont augmentées considérablement en très peu d'années; et actuellement (en 1806), sans que rien soit encore amélioré pour elle du côté de la mer et du commerce étranger, auquel on attache communément une si grande importance, sans qu'elle ait eu un seul instant de paix pour se reposer, elle supporte des taxes énormes, elle fait des dépenses immenses en travaux publics; elle suffit à tout sans emprunts et elle a une puissance colossale à laquelle rien ne peut résister sur le continent de l'Europe, et qui subjuguerait tout l'univers sans la marine anglaise. Qu'est-il donc arrivé dans ce pays, qui ait pu produire ces inconcevables effets? Une seule circonstance changée.

Dans l'ancien ordre des choses, la plus grande partie des travaux utiles des habitants de la France était employée chaque année à produire les richesses qui formaient les immenses revenus de la cour et de toute la classe opulente de la société; et ces revenus étaient presque entièrement consumés en dépenses de luxe, c'est-à-dire à solder une masse énorme de population, dont tout le travail ne produisait absolument rien que les jouissances de quelques hommes. En un moment, la presque totalité de ces revenus est passée, partie dans les mains du nouveau gouvernement, et partie dans celles de la classe laborieuse. Elle a alimenté de même tous ceux qui en tiraient leur subsistance; mais leur travail a été appliqué à des choses nécessaires ou utiles, et il a suffi pour défendre l'État au dehors et accroître ses productions au-dedans[a].

Doit-on en être surpris, quand on songe qu'il y a eu un temps assez long, où, par l'effet même de la commotion et de la détresse générale, on aurait à peine trouvé en France un seul citoyen oisif ou occupé de travaux inutiles. Ceux qui faisaient des carrosses ont fait des affuts de canons; ceux qui faisaient des broderies et des dentelles ont fait de gros draps et de grosses toiles; ceux qui ornaient des boudoirs ont bâti des granges et défriché des terres, et même ceux qui jouissaient en paix de toutes ces inutilités ont été forcés, pour subsister, de rendre des services dont on avait besoin. C'est là le secret des ressources prodigieuses que trouve toujours un corps de nation dans ces grandes crises. On met à profit alors tout ce qu'on laissait perdre de forces, sans s'en apercevoir dans les temps ordinaires; et l'on est effrayé de voir combien cela était considérable. C'est là le fond de tout ce qu'il y a de vrai dans les déclamations de collège sur la frugalité, la sobriété, l'horreur du faste, et toutes ces vertus démocratiques des nations pauvres et agrestes que l'on nous vante si ridiculement, sans en comprendre ni la cause, ni l'effet. Ce n'est pas parce qu'elles sont pauvres et ignorantes que ces nations sont fortes; c'est parce que rien n'est perdu du peu de forces qu'elles ont, et qu'un homme qui a cent francs et les emploie bien a plus de moyens qu'un homme qui en a mille et les perd au jeu. Mais faites qu'il en

a. La seule suppression des droits féodaux et des dîmes, partie au profit des cultivateurs, partie à celui de l'État, a suffi aux uns pour accroître beaucoup leur industrie, à l'autre pour asseoir une masse énorme d'impôts nouveaux; et ce n'était là qu'une faible portion des revenus de la classe consommatrice sans utilité.

soit de même chez une nation riche et éclairée, et vous verrez le même développement de forces que vous avez vu dans la nation française, et qui est bien supérieur à tout ce qu'a jamais fait la république romaine; car il a renversé des obstacles bien plus puissants. Que l'Allemagne, par exemple, laisse seulement pendant quatre ans dans les mains de la classe laborieuse et frugale les revenus qui servent au faste de toutes ses petites cours et de ses riches abbayes, et vous verrez si elle sera une nation forte et redoutable. Au contraire, supposez que l'on rétablisse entièrement en France l'ancien cours des choses, vous y verrez incessamment renaître, malgré son grand accroissement de territoire[1], la langueur au milieu des ressources, la misère au milieu des richesses, la faiblesse au milieu de tous les moyens de force.

On me répétera que j'assigne à la seule distribution du travail et des richesses, le résultat d'une foule de causes morales de la plus grande énergie. Encore une fois je ne nie point l'existence de ces causes; je le reconnais comme tout le monde, mais de plus j'en explique l'effet. Je conviens que l'enthousiasme de la liberté intérieure et de l'indépendance extérieure, et l'indignation contre une oppression injuste et une agression plus injuste encore, ont pu seules opérer en France ces grands renversements; mais je soutiens que ces grands renversements n'ont fourni à ces passions tant de moyens de succès, malgré les erreurs et les horreurs auxquelles leur violence les a entraînées, que parce qu'ils ont produit un meilleur emploi de toutes les forces. *Tout le bien des sociétés humaines est dans la bonne application du travail; tout le mal dans sa déperdition.* Ce qui, au reste, ne veut dire autre chose, si ce n'est que quand on s'occupe de pourvoir à ses besoins, ils sont satisfaits; et que quand on perd son temps, on souffre. On est honteux de devoir prouver une vérité si palpable; mais il faut se rappeler que l'étendue de ses conséquences est surprenante.

On pourrait faire un ouvrage tout entier sur le luxe, et il serait très utile; car ce sujet n'a jamais été bien traité. On montrerait que le luxe, c'est-à-dire le goût des dépenses superflues, est, jusqu'à un certain point, l'effet du penchant naturel à l'homme pour se procurer incessamment des jouissances nouvelles, dès qu'il en a les moyens, et de la puissance de l'habitude qui lui rend nécessaire le bien-être dont il a joui, même alors qu'il lui devient onéreux de continuer à se le procurer; que, par conséquent, le luxe est une suite inévitable de l'industrie dont pourtant il arrête les progrès, et de la richesse qu'il tend à détruire; et que c'est pour cela aussi que quand une nation est déchue de son ancienne grandeur, soit par l'effet

1. Rappelons que ce texte a été écrit en 1806-1807, alors que l'empire français était en phase d'extension territoriale.

du luxe, soit par toute autre cause, il y survit à la prospérité qui l'a fait naître, et en rend le retour impossible, à moins que quelque secousse violente et dirigée vers ce but ne produise une régénération brusque et complète. Il en est de même des particuliers.

Il faudrait faire voir, d'après ces données, que dans la situation opposée, quand une nation prend pour la première fois son rang parmi les peuples civilisés, il faut, pour que le succès de ses efforts soit complet, que les progrès de son industrie et de ses lumières soient beaucoup plus rapides que ceux de son luxe. C'est peut-être principalement à cette circonstance qu'on doit attribuer le grand essor qu'a pris la monarchie prussienne sous son second et troisième roi [1]; exemple qui doit un peu embarrasser ceux qui prétendent que le luxe est si nécessaire à la prospérité des monarchies. C'est cette même circonstance qui me paraît assurer la durée de la félicité des États-Unis; et l'on peut craindre que la jouissance incomplète de cet avantage ne rende difficiles et imparfaites la vraie prospérité et la vraie civilisation de la Russie.

Il faudrait dire quelles sont les espèces de luxe les plus nuisibles; on pourrait considérer la maladresse dans les fabriques comme un grand luxe; car elle entraîne une grande perte de temps et de travail. Il faudrait surtout expliquer comment les grandes fortunes sont la principale et la presque unique source du luxe proprement dit; car à peine serait-il possible, s'il n'en existait que de médiocres. L'oisiveté même dans ce cas ne pourrait guère avoir lieu. Or, c'est une espèce de luxe, puisque, si elle n'est pas un emploi stérile du travail, elle en est la suppression [a]. Les branches d'industrie qui peuvent produire rapidement des richesses immenses portent donc avec elles un inconvénient qui contrebalance fortement leurs avantages. Ce ne sont pas celles-là que l'on doit désirer de voir se développer les premières dans une nation naissante. De ce genre est le commerce maritime. L'agriculture au contraire est bien préférable; ses produits sont lents et bornés. L'industrie proprement dite, celle des

a. Les seuls oisifs qu'on devrait voir sans improbation sont ceux qui se livrent à l'étude, et surtout à l'étude de l'homme : et ce sont les seuls qu'on persécute. Il y a raison pour cela. Ils font voir combien les autres sont nuisibles, et ils ne sont pas les plus forts.

Paragraphe ajouté à l'édition Th. Desoer de 1819 :

À parler sérieusement, les hommes studieux sont loin d'être des oisifs. Ce sont des producteurs d'utilité, et de la plus grande des utilités, la vérité. La note est une plaisanterie; et l'on voit qu'elle a été faite dans un temps où on affectait de jeter une grande défaveur, et même, s'il était possible, un grand ridicule sur ceux qui s'occupaient de l'étude de nos facultés intellectuelles. C'est pour cela que je la laisse subsister.

1. Frédéric-Guillaume Ier et Frédéric II.

fabriques, est encore sans danger et très utile. Ses profits ne sont pas excessifs; ses succès sont difficiles à obtenir et à perpétuer, ils exigent beaucoup de connaissances et des qualités estimables, et ont des conséquences très heureuses. La bonne fabrication des objets de première nécessité est surtout désirable. Ce n'est pas que les manufactures d'objets de luxe ne puissent aussi être très avantageuses à un pays; mais c'est quand leurs produits sont comme la religion de la cour de Rome, dont on dit qu'elle est pour elle une marchandise d'exportation et non pas de consommation; et il est toujours à craindre de s'enivrer de la liqueur qu'on prépare pour les autres. Toutes ces choses et beaucoup d'autres devraient être développées dans l'ouvrage dont il s'agit; mais elles ne sont pas de mon sujet. Je ne devais pas faire l'histoire du luxe; je devais dire seulement ce qu'il est, et quelle est son influence sur la richesse des nations. Je crois l'avoir fait.

Le luxe est donc un grand mal sous le rapport économique[a]; c'en est un plus grand encore sous le point de vue moral, qui est toujours le plus important de tous, quand il s'agit des intérêts des hommes. Le goût des dépenses superflues, dont la principale source est la vanité, la nourrit et l'exaspère. Il rend l'esprit frivole et nuit à sa justesse. Il produit dans la conduite le dérèglement qui engendre beaucoup de vices, de désordres et de troubles dans les familles. Il conduit aisément les femmes à la dépravation, les hommes à l'avidité, les uns et les autres au manque de délicatesse et de probité, et à l'oubli de tous les sentiments généreux et tendres. En un mot, il énerve les âmes en rapetissant les esprits; et il produit ces tristes effets, non seulement sur ceux qui en jouissent, mais encore sur tous ceux qui y servent ou qui l'admirent.

a. Je crois cette maxime d'une vérité incontestable. Cependant je n'ai pu l'établir qu'incidemment et à propos de ce livre de l'*Esprit des lois*, et je ne me suis pas permis de remonter jusqu'aux premiers principes de l'économie politique, ni de commencer par exposer didactiquement la manière dont les richesses se forment, se distribuent et se consomment dans la société. Il pourrait s'ensuivre que mes assertions ne parussent pas démontrées à certains lecteurs, non plus que celles qu'ils rencontreront dans la suite de ce *Commentaire* à propos des livres où Montesquieu traite des revenus publics, du commerce, de la monnaie et d'autres objets d'économie politique.

S'il en était ainsi, je prie instamment ces juges, avant de me condamner, de recourir au traité d'économie politique qui compose le quatrième volume de mes *Éléments d'idéologie*, traité dont ce *Commentaire* n'a été que la préparation et dans lequel tous ces objets sont exposés méthodiquement. Je me flatte que là on trouverait la solution entière de tous les doutes et la pleine justification de tout ce que j'avance ici. [*Note ajoutée aux éditions Dalibon de 1822 et 1827, non reprise dans l'édition Lévi de 1828.*]

Malgré ces funestes conséquences, on doit accorder à Montesquieu, *que le luxe est singulièrement propre aux monarchies*, c'est-à-dire aux aristocraties sous un seul chef, et *qu'il est nécessaire dans ces gouvernements*. Ce n'est point, comme il le dit, afin d'animer la circulation, et pour que la classe pauvre ait part aux richesses de la classe opulente. Nous avons vu que, de quelque manière que celle-ci emploie ses revenus, ils fournissent toujours la même quantité de salaires : toute la différence est qu'elle paie des travaux inutiles, au lieu de payer des travaux utiles ; et si elle porte les dépenses de luxe jusqu'à hypothéquer ou aliéner ses fonds, la circulation n'en est point augmentée, parce que celui qui lui fournit son argent l'aurait employé autrement : mais cela va directement contre les principes établis dans les livres précédents par Montesquieu lui-même, qui fait avec raison de la perpétuité du lustre des familles nobles la condition nécessaire de la durée des monarchies.

Si donc le monarque, comme il faut en convenir, a intérêt à encourager et à favoriser le luxe, c'est parce qu'il a besoin d'exciter puissamment la vanité, d'inspirer beaucoup de respect pour tout ce qui brille, de rendre les esprits frivoles et légers pour les éloigner des affaires, de fomenter des sentiments de rivalité entre les diverses classes de la société, de faire incessamment sentir à tous le besoin d'argent, et de ruiner ceux de ses sujets qui pourraient devenir solidement puissants par l'excès de leurs richesses. Sans doute, il lui en coûte fréquemment des sacrifices pécuniaires pour réparer le désordre des affaires de ces familles illustrées qu'il a besoin de soutenir ; mais avec le pouvoir qu'elles lui conservent, il a le moyen de se procurer de plus grandes ressources encore aux dépens des autres. Telle est la marche propre à la monarchie, comme nous l'avons déjà vu. Ajoutons seulement que, par les raisons contraires, le gouvernement représentatif, dont nous avons aussi expliqué la nature et les principes, n'a nul motif de favoriser la faiblesse, naturelle à l'homme, de se livrer à des dépenses superflues ; qu'il a des intérêts tout opposés, et que, par conséquent, il n'est jamais obligé de sacrifier une partie des forces de la société, pour réussir à la régir tranquillement. Il n'est pas nécessaire d'entrer dans plus de détails sur ce sujet.

Mais les gouvernements qui ont intérêt à s'opposer aux progrès du luxe doivent-ils avoir recours aux lois somptuaires ? Je ne répéterai pas ici que les lois somptuaires sont toujours un abus d'autorité, une atteinte à la propriété, et qu'elles n'atteignent jamais le but qu'elles se proposent. Je dirai seulement qu'elles sont inutiles, quand l'esprit de vanité n'est pas incessamment excité par toutes les institutions ; quand la misère et l'ignorance de la basse classe ne sont pas assez grandes pour qu'elle ait une admiration stupide pour le faste; quand les moyens de faire des fortunes rapides et excessives sont rares; quand ces fortunes se dispersent promptement par l'égalité des partages dans les successions; quand enfin tout imprime aux esprits une autre direction et le goût des vraies jouissances; quand, en un mot, la société est bien ordonnée.

Voilà les vrais moyens de combattre le luxe; toutes les autres mesures ne sont que des expédients misérables. Je ne reviens point de mon étonnement de ce qu'un homme comme Montesquieu ait porté le goût de ces expédients au point que, pour concilier la prétendue *modération* dont il fait le principe de son aristocratie, avec ce qu'il croit les intérêts du peuple, il approuve qu'à Venise les nobles se fassent voler leurs trésors par des courtisanes, et que dans les républiques grecques, les plus riches citoyens les employassent en fêtes et en spectacles; et qu'enfin il arrive à trouver que les lois somptuaires sont bonnes à la Chine, parce que les femmes y sont fécondes. Heureusement il en conclut aussi qu'il faut détruire les moines; conséquence qui, pour être bonne, ne tient pas trop au principe dont elle sort.

À l'égard des femmes, elles sont des bêtes de somme chez les sauvages, des animaux de ménagerie chez les barbares, alternativement despotes et victimes chez les peuples livrés à la vanité et à la frivolité. Ce n'est que dans les pays où règnent la liberté et la raison qu'elles sont les heureuses compagnes d'un ami de leur choix et les mères respectées d'une famille tendre, élevée par leurs soins.

Ni les mariages samnites (ou sunnites)[a], ni les danses de Sparte ne produisent un pareil effet. Il est inconcevable qu'on ait été tant de temps avant de sentir l'énorme ridicule de ces niaiseries, et toute l'horreur du tribunal domestique des Romains. Les femmes ne sont faites ni pour dominer, ni pour servir, non plus que les hommes. Ce ne sont là point des sources de bonheur et de vertu; et l'on peut affirmer qu'elles n'ont produit nulle part ni l'un ni l'autre.

a. Voltaire a remarqué, dans son commentaire sur l'*Esprit des lois*, que l'histoire de ces singuliers mariages est tirée de *Stobée*, et que *Stobée* parle des Sunnites, peuple de Scythie, et non pas des Samnites. Au reste, cela est fort indifférent.

LIVRE VIII

DE LA CORRUPTION DES PRINCIPES DES TROIS GOUVERNEMENTS

L'étendue convenable à un État est d'avoir une force suffisante avec les meilleures limites possibles.

La mer est la meilleure de toutes.

Aucun livre de l'*Esprit des lois* ne prouve mieux que celui-ci combien est vicieuse la classification des gouvernements qu'a adoptée Montesquieu, et combien nuit à la profondeur et à l'étendue de ses idées l'usage qu'il a fait de cette classification systématique, en adaptant exclusivement à chacun de ces gouvernements un sentiment qui se trouve plus ou moins dans tous, dont il fait le principe unique de chacun d'eux, et dont il tire, pour ainsi dire par force, la raison de tout ce qu'ils font et de tout ce qui leur arrive.

En effet, dans ce livre huitième, la première chose dont on est frappé, c'est qu'en n'annonçant que trois espèces de gouvernements, il commence par en distinguer quatre, qui sont en effet très différents, et il finit par en réunir deux sous le nom de républicain, qui n'ont réellement nulle ressemblance sous le rapport dont il est question, celui de l'étendue du territoire.

Ensuite, vu qu'aucune institution humaine n'est exempte de défauts, on s'attend qu'il va nous dire quels sont les vices inhérents et propres à chacune des formes sociales, et nous enseigner les moyens de les combattre. Point du tout : en vertu de son arrangement systématique, il se tient dans les abstractions; il n'est point question encore des gouvernements, il ne s'agit que de leurs principes. Et que nous apprend-il relativement à ces principes ? Le voici :

Le principe de la démocratie, dit-il, *se corrompt, non seulement lorsqu'on perd l'esprit d'égalité, mais encore lorsque chacun veut être égal à ceux qu'il choisit pour lui commander* : et il explique cette seconde idée par beaucoup d'exemples et de raisonnements. Mais, toute juste qu'elle est, a-t-elle quelque rapport particulier avec la vertu démocratique qu'il a caractérisée ailleurs, *l'abnégation de soi-même*, plus qu'avec tout autre principe politique ? Est-il une société quelconque qui puisse subsister, quand tout le monde veut commander, et que personne ne veut obéir ?

Sur l'aristocratie, il nous dit qu'elle se corrompt, *lorsque le pouvoir des nobles devient arbitraire, et qu'ils n'observent pas les lois*. Sans doute ces excès sont contraires à la *modération*, prétendu principe de ce gouvernement. Mais quel est celui dont le principe ne se corrompt pas, ou plutôt qui n'est pas déjà corrompu dans le principe et dans le fait, quand il devient arbitraire et quand les lois n'y sont pas observées ?

Aussi l'article de la monarchie est-il à peu près le même que celui-ci en d'autres termes. On y trouve que le principe de la monarchie se corrompt quand le prince détruit les prérogatives des corps ou les privilèges des villes, quand il ôte aux uns leurs fonctions naturelles pour les donner arbitrairement à d'autres, quand il est plus amoureux de ses fantaisies que de ses volontés, quand il devient cruel, quand on peut être à la fois couvert d'infamie et de dignités. Certainement de tels désordres sont pernicieux ; mais il n'y en a aucun, excepté le dernier, qui ait un rapport direct avec l'*honneur*, et il est partout aussi fâcheux et aussi révoltant que dans la monarchie.

À l'égard du gouvernement despotique, on nous dit : *Les autres gouvernements périssent parce que des accidents particuliers en violent le principe : celui-ci périt par son vice intérieur, lorsque quelques causes accidentelles n'empêchent point son* PRINCIPE *de se corrompre ;* c'est-à-dire qu'il ne se maintient que *quand quelque circonstance le force à suivre quelque ordre et à souffrir quelque règle*. Je crois cela vrai. Il me paraît très sûr que le gouvernement despotique, non plus qu'un autre, ne peut subsister s'il ne s'y établit une sorte d'ordre. Mais il faut convenir qu'il est singulier d'appeler *corruption de la crainte* l'établissement d'un ordre quelconque. D'ailleurs, je le demande de nouveau, qu'est-ce que cela nous apprend ?

Je crois pouvoir conclure de ces citations qu'il y a peu de lumières à tirer des réflexions que suggère à Montesquieu la manière dont s'affaiblissent et se détruisent, suivant lui, ses trois ou quatre prétendus principes de gouvernement. Je ne m'y arrêterai donc pas davantage ; mais je prendrai la liberté de combattre ou du moins de discuter une assertion qui est la suite de toutes ces idées. Il prétend que *la propriété naturelle des petits États est d'être gouvernés en république; celle des médiocres, d'être soumis à un monarque; celle des grands empires, d'être dominés par un despote : que, pour conserver les principes du gouvernement établi, il faut maintenir l'État dans la grandeur qu'il avait déjà; et que cet État changera d'esprit, à mesure qu'on rétrécira ou qu'on étendra ses limites.* Je crois cette décision sujette à beaucoup de difficultés.

Premièrement, je répéterai une observation que j'ai déjà faite souvent. Le mot *république* est ici fort équivoque. Il s'applique également à deux gouvernements qui n'ont rien de commun entre eux, que de n'avoir pas un chef unique, et qui diffèrent beaucoup pour l'objet dont il s'agit. La démocratie ne peut certainement avoir lieu que dans un très petit espace, ou que dans l'enceinte d'une seule ville; et même à la rigueur, elle est absolument impossible partout, un peu de temps de suite. Comme nous l'avons déjà dit, c'est l'enfance de la société. Mais pour l'aristocratie sous plusieurs chefs, nommée *république*, il me semble que rien ne l'empêche de gouverner un vaste territoire, comme l'aristocratie sous un seul chef, nommée *monarchie*. La république romaine est une grande preuve que cela est très possible.

À l'égard du gouvernement despotique (la monarchie pure), je ne conçois pas comment Montesquieu peut avancer (chapitre XIX) qu'il est nécessaire pour bien régir un grand empire, après avoir dit précédemment que c'est toujours un gouvernement abominable; ni comment il prétend ici qu'il faut conserver à ce vaste empire son étendue, pour conserver le principe de ce gouvernement, après avoir dit aussi précédemment que ce gouvernement ne peut subsister qu'en renonçant à son principe. Tout cela est contradictoire[a].

Ce dernier aveu m'autorise à renouveler mon assertion, que le despotisme est, comme la démocratie, un état de la société encore informe, et que ces deux mauvais ordres des choses, tous deux impossibles à la longue, ne méritent pas de nous occuper. Reste donc seulement l'aristocratie sous plusieurs chefs, et l'aristocratie sous un seul, ou la monarchie, qui toutes deux peuvent également avoir lieu dans tous les États, depuis le plus petit jusqu'au plus grand; avec cette différence cependant que la dernière, outre les frais et les sacrifices que coûtent à la nation l'entretien et les prérogatives des classes distinguées et des corps privilégiés, exige encore des gouvernés toutes les dépenses qu'entraîne nécessairement l'existence

a. Je crois que l'on peut dire seulement que tout État excessivement étendu ne peut manquer de tomber sous le joug du despotisme, ou de se diviser.

d'une cour. En sorte que réellement il faut, pour y suffire, qu'un État ait un certain degré d'étendue ou du moins de richesse. Il ne s'agit là ni d'honneur, ni de modération, ni d'aucune autre idée fantastique, prise arbitrairement, pour servir de réponse à tout, mais de calcul et de possibilité. Un roi ne saurait subsister aux dépens d'un petit nombre d'hommes peu industrieux et par conséquent peu riches; car comme dit le bon et profond La Fontaine, *il ne vit pas de peu*. Il y a plus de philosophie et de saine politique dans ces quatre mots que dans beaucoup de systèmes.

J'ajouterai que le gouvernement représentatif avec un ou plusieurs chefs, lequel j'ai toujours mis en parallèle, et pour ainsi dire, en pendant avec l'aristocratie et ses diverses formes, comme étant le mode propre à un troisième degré de civilisation, a, de même que cette aristocratie, la propriété de convenir à toutes les sociétés politiques depuis les plus petites jusqu'aux plus grandes. Il jouit même de cet avantage à un plus haut degré. Car, d'une part, il est par sa nature bien moins dispendieux pour les gouvernés, puisqu'aux frais nécessaires de l'administration, il n'ajoute pas les sacrifices beaucoup plus onéreux, résultant des privilèges de quelques hommes; ainsi, il peut plus aisément subsister dans de petits États; d'autre part, joignant à la puissance physique de son pouvoir exécutif, le pouvoir moral de chacun des membres du pouvoir législatif dans la partie de l'empire par laquelle chaque membre est spécialement délégué, il a bien plus de force pour procurer l'exécution des lois sur tous les points d'un vaste territoire. Ainsi il peut mieux maintenir l'ordre dans un grand empire. Il faut seulement, pour cet effet, que le pouvoir législatif ne se mette pas en opposition avec le pouvoir exécutif, comme il arrive souvent dans l'aristocratie sous un seul chef, lorsque les classes privilégiées se mettent en opposition avec ce chef; et il y a beaucoup de moyens pour cela; mais ce n'est pas ce dont il est question actuellement.

Voilà, je pense, tout ce que l'on peut dire de l'étendue d'une société politique, en ne la considérant que relativement à la forme du gouvernement, comme a fait Montesquieu : mais il me semble que ce sujet peut être envisagé sous d'autres points de vue qu'il a négligés, et donner lieu à plusieurs observations importantes.

Premièrement, de quelque manière qu'un État soit gouverné, il faut qu'il ait une certaine étendue. S'il est trop petit, les citoyens pourront, quand ils le voudront, se voir tous en deux jours et faire une révolution en une semaine. Ainsi, vu la mobilité des esprits des hommes et leur excessive sensibilité au mal présent, cet État n'est jamais à l'abri d'un changement subit. Il ne saurait donc avoir ni liberté ni tranquillité assurées, ni bonheur durable.

Il faut de plus qu'un État ait une force suffisante. S'il est trop faible, il ne jouit jamais d'une véritable indépendance, et n'a qu'une existence précaire. Il ne subsiste que par la jalousie réciproque de ses voisins plus puissants. Il souffre de toutes leurs querelles, ou est la victime de leurs réconciliations. Il est entraîné malgré lui dans leur atmosphère, et il finit par être englobé par l'un d'eux; ou, ce qui est peut-être pis encore, en lui conservant une ombre d'existence, on ne lui laisse jamais la liberté de se gouverner à son gré. Il faut toujours qu'il soit régi par les principes et suivant les vues des États qui l'entourent; en sorte qu'il est bouleversé non seulement par les révolutions qui s'opèrent dans son sein, mais encore par toutes celles qui peuvent avoir lieu ailleurs.

Gênes, Venise, tous les petits États d'Italie, tous ceux de l'Allemagne malgré leur lien fédératif, Genève malgré son union au corps helvétique, sont autant de preuves de ces vérités. La Suisse et la Hollande elles-mêmes, malgré leurs forces plus réelles, en sont des exemples encore plus marquants. On a cru et on a dit trop longtemps sans assez de réflexion, qu'elles étaient suffisamment défendues, l'une par ses montagnes, l'autre par ses écluses, et toutes deux par le patriotisme de leurs habitants. Mais que peuvent ces faibles obstacles et le zèle sans moyens, contre une puissance prépondérante? L'expérience a montré qu'elles n'avaient réellement été conservées que par les égards réciproques des grands États les uns pour les autres; et elles ont été envahies, dès l'instant que l'un d'eux a rompu toute mesure avec les autres*. Je ne conçois pas de sort plus malheureux que celui des citoyens d'un État faible.

D'un autre côté, il ne faut pas que le corps politique dépasse certaines proportions. Ce n'est pas l'excès de l'étendue, qui en lui-même me paraît un grand inconvénient. Dans nos sociétés perfectionnées, les relations sont si multipliées, les communications si faciles, l'imprimerie surtout rend si aisé le moyen de transmettre des ordres, des instructions, et même des opinions, et de recevoir, en retour, des comptes et des renseignements certains et détaillés sur l'état des choses et des esprits, et sur la capacité et les intérêts des individus, qu'il n'est pas plus difficile de gouverner une grande province qu'une petite; aussi la distance me semble-t-elle un très faible obstacle à l'exercice suffisant de l'autorité, et à celui de la force, quand elle est nécessaire. Je crois même que la grande étendue de la base est un avantage incalculable, parce que, lorsqu'elle existe, les troubles intérieurs et les agressions étrangères renversent très difficilement l'édifice

* Le membre de phrase : « et elles ont été envahies, … » ne figure pas dans les éditions anonymes de Liège (1817) et de Paris (1819).

politique; car le mal ne peut pas se déclarer partout en même temps, il reste toujours quelques parties saines d'où l'on peut porter secours aux parties malades. Mais ce qui est important, c'est que l'étendue d'un État ne soit pas telle qu'il renferme dans son sein des peuples trop différents de mœurs, de caractère, surtout de langage, et qui aient des intérêts particuliers trop distincts. Telle est la considération majeure qui me paraît devoir principalement borner l'étendue d'une société.

Il en est pourtant une autre, bien digne d'attention encore: il est essentiel au bonheur des habitants d'un pays, que les frontières soient d'une facile défense, qu'elles ne soient pas en même temps sujettes à contestation, et qu'elles se trouvent placées de manière à ne pas intercepter les débouchés des denrées, et le cours que le commerce tend à prendre de lui-même. Pour cela, il faut que l'État ait des limites qu'il tienne de la nature, et qui ne soient pas des lignes abstraites, tracées arbitrairement sur une carte.

Sous tous ces rapports, la mer est de toutes les limites naturelles la meilleure; elle a, de plus, une propriété admirable qui lui est particulière, c'est que les forces qui servent à la défendre, les forces navales, emploient peu d'hommes, que ces hommes sont utiles à la prospérité publique, et surtout qu'ils ne peuvent jamais prendre part en masse aux discordes civiles, ni alarmer la liberté intérieure. Aussi est-ce un avantage inappréciable, pour être heureux et libre, que d'habiter une île. Cela est si vrai, que si vous supposez la surface du globe toute partagée en îles d'une grandeur convenable et suffisamment éloignées les unes des autres, vous la verrez couverte de nations industrieuses et riches, sans armées de terre, par conséquent régies par des gouvernements modérés, ayant entre elles les communications les plus commodes, et pouvant à peine se nuire, autrement qu'en troublant leurs relations réciproques; égarement qui cesse bientôt par l'effet de leurs besoins mutuels. Au contraire, imaginez la terre sans mer, vous verrez les peuples sans commerce, toujours en armes, craignant les nations voisines, ignorant l'existence des autres, et vivant sous des gouvernements militaires. La mer est un obstacle pour toute espèce de mal, et une facilité pour toute espèce de bien.

Après la mer, la meilleure limite naturelle est la cime des plus hautes chaînes de montagnes, en prenant pour ligne de démarcation le point de partage des eaux qui coulent des sommets les plus élevés et par conséquent les plus inaccessibles. Cette limite est encore très bonne en ce qu'elle est d'une précision suffisante, en ce que les communications sont si difficiles d'un revers de montagnes à l'autre, qu'en général les relations sociales et commerciales s'établissent toujours en suivant le cours des eaux; et enfin, en ce que, quoiqu'elle doive être défendue par les troupes de terre, du moins elle en exige un moindre nombre que les pays de plaines, puisque, pour la protéger, il suffit d'occuper les gorges formées par les principaux mamelons qui partent de la grande chaîne.

Enfin, à défaut des mers et des montagnes, on peut se contenter des grands fleuves, en ne les prenant qu'à un endroit où ils soient déjà un peu considérables, et en les suivant jusqu'à la mer, mais des grands fleuves seulement; car s'il s'agit de rivières affluentes dans d'autres dont on ne dispose pas, ce sont autant d'artères coupées, par lesquelles la circulation ne peut plus se faire, et qui paralysent souvent une grande étendue de pays. De plus, ces rivières ne sont pas en général assez considérables, au moins dans une partie de leur cours, pour être de vraies barrières contre les entreprises hostiles. Je sais que les grands fleuves mêmes ne sont pas une limite très précise, parce que leur cours change incessamment, et engendre mille contestations; qu'ils ne sont qu'une défense bien peu sûre; qu'un ennemi entreprenant les passe toujours; qu'en un mot ils sont bien plus faits par la nature pour unir leurs riverains que pour les séparer. Mais enfin, il est des localités où il faut bien se contenter de ces limites. Quoi qu'il en soit, une société politique doit toujours, pour son bonheur, travailler à se procurer des limites naturelles, et ne jamais se permettre de les dépasser.

À l'égard du degré de puissance dont elle a besoin pour se conserver, il n'est que relatif, et dépend beaucoup des forces de ses voisins. Ceci nous amène naturellement au sujet du livre suivant.

LIVRE IX

DES LOIS DANS LE RAPPORT QU'ELLES ONT AVEC LA FORCE DÉFENSIVE

La fédération produit toujours moins de force que l'union intime, et vaut mieux que la séparation absolue.

Le titre ce livre semblerait annoncer qu'on trouvera ici la théorie des lois relatives à l'organisation de la force armée, et au service que les citoyens doivent à la patrie pour sa défense; mais ce n'est point ce dont Montesquieu s'est occupé. Il ne parle que des mesures politiques que peut prendre un État pour se mettre à l'abri des entreprises de ses voisins. Nous ne ferons que le suivre.

Prévenu de l'idée qu'une république, soit démocratique, soit aristocratique, ne peut jamais être qu'un petit État, il ne voit pour elle de moyen de défense que de s'unir à d'autres États par un lien fédératif; et il fait un grand éloge des avantages de la Constitution fédérative, qui lui paraît la meilleure invention possible pour conserver la liberté au-dedans et au dehors. Sans doute il vaut mieux pour un État trop faible se joindre à plusieurs autres par des alliances, ou par une fédération, qui est la plus étroite des alliances, que rester isolé: mais si tous ces États réunis n'en formaient qu'un seul, ils seraient certainement plus forts. Or, cela se peut au moyen du gouvernement représentatif. Nous nous trouvons bien en Amérique du système fédératif[1], parce que nous n'avons pas de voisins redoutables; mais si la République française avait adopté ce mode, comme

1 Cette formulation trouve son origine dans la fiction initiale selon laquelle l'auteur résiderait en Amérique.

on le lui a proposé, il est douteux qu'elle eût pu résister à toute l'Europe, comme elle l'a fait, en demeurant *une et indivisible*. Règle générale : un État gagne en forces en se joignant à plusieurs autres ; mais il gagnerait encore davantage en ne faisant qu'un avec eux, et il perd en se subdivisant en plusieurs parties, quelque étroitement qu'elles demeurent unies.

On pourrait soutenir, avec plus de vraisemblance, que la fédération rend l'usurpation du pouvoir souverain plus difficile que l'indivisibilité ; cependant elle n'a pas empêché la Hollande d'être asservie par la maison d'Orange. Il est vrai que c'est surtout l'influence étrangère qui a rendu le stathoudérat héréditaire et tout puissant ; et cela rentre dans les inconvénients des États faibles.

Un autre avantage de la fédération, qui me paraît incontestable, et dont pourtant Montesquieu ne parle pas, c'est qu'elle favorise la distribution plus égale des lumières et la perfection de l'administration, parce qu'elle fait naître une espèce de patriotisme local, indépendamment du patriotisme général, et parce que les législatures particulières connaissent mieux les intérêts particuliers de leur petit État.

Malgré ces heureuses propriétés, je pense que l'on ne doit regarder les fédérations, surtout chez les anciens, que comme des essais et des tentatives d'hommes qui n'avaient pas encore imaginé le vrai système représentatif, et qui cherchaient à se procurer à la fois la liberté, la tranquillité et la puissance, avantages que ce système seul peut réunir. Si Montesquieu l'avait connu, j'ose croire qu'il aurait partagé cette opinion.

Au reste, il observe avec raison, qu'une fédération doit être composée d'États d'à peu près de même force, et régis à peu près par les mêmes principes. L'absence de ces deux conditions est la cause de la faiblesse du corps germanique ; et l'opposition des principes aristocratiques de Berne et de Fribourg avec la démocratie des petits cantons, a souvent été nuisible à la confédération helvétique, nommément dans ces derniers temps[a].

Il remarque encore, avec non moins de justesse, que les petites monarchies sont moins propres à former une fédération que les petites républiques. La raison en est bien frappante. L'effet d'une fédération est d'élever une autorité commune au dessus des autorités particulières ; et, par conséquent des rois qui essaieraient d'en former une, ou cesseraient d'être souverains, ou ne seraient pas de vrais fédérés. C'est ce qui se voit en Allemagne, où les petits princes n'ont que l'apparence de la souveraineté, et où les grands n'ont que l'apparence d'être de la fédération. Cette

a. Et l'on peut bien ajouter encore, dans ce temps-ci. [*Note ne figurant pas dans les éditions anonymes de Liège (1817) et de Paris (1819).*]

réflexion, si notre auteur l'eût faite, aurait, ce me semble, mieux prouvé sa thèse, que l'exemple des rois cananéens qu'il nous cite ; exemple, en vérité, bien peu imposant et bien peu concluant.

À ce propos, qu'il me soit permis de dire que l'on ne peut assez s'étonner de la quantité de faits, ou minutieux, ou problématiques, ou mal circonstanciés, que Montesquieu va chercher dans les auteurs les plus suspects, ou dans les pays les moins connus, pour les faire servir de preuves à ses principes ou à ses raisonnements. Il me semble que la plupart du temps ils éloignent de la question, au lieu de l'éclaircir : j'avoue que cela m'a toujours fait une vraie peine. Dans l'occasion présente, il est si attaché à soutenir qu'une république ne saurait gouverner une grande étendue de pays, sans le secours de la fédération, qu'il cite la république romaine comme une république fédérative. Assurément je ne prétends pas disputer d'érudition avec un homme si savant, qui d'ailleurs ici ne produit pas ses autorités : je sais qu'à différentes époques et suivant différents modes, les Romains ont réuni à leur empire les peuples vaincus ; mais je ne puis voir là une vraie fédération ; et il me paraît que, si un État a jamais eu le caractère de l'unité, c'est une république qui résidait tout entière dans une seule ville, que par cette raison on appelait la tête ou la capitale de l'univers, *caput orbis*.

Après avoir parlé des fédérations, comme du seul moyen de défense des républiques, Montesquieu dit que celui des États despotiques est de ravager leurs frontières et de s'entourer de déserts, et celui des monarchies de s'entourer de places fortes.

Je crois que c'est pousser bien loin l'esprit de système que d'attribuer exclusivement un de ces moyens à chaque espèce de gouvernement. Mais je ne m'arrêterai pas sur ce sujet, ni sur tout le reste de ce livre, parce que je ne vois pas d'instruction à en tirer.

Je n'y trouve à recueillir que cette belle sentence : *L'esprit de la monarchie est la guerre et l'agrandissement ; l'esprit de la république est la paix et la modération.* Montesquieu répète la même chose en plusieurs endroits. Est-ce donc là faire l'éloge du gouvernement d'un seul ?

LIVRE X

DES LOIS DANS LE RAPPORT QU'ELLES ONT AVEC LA FORCE OFFENSIVE

La perfection du droit des gens serait la fédération des nations. Jusque-là le droit de guerre dérive du droit de défense naturelle; et celui de conquête, de celui de guerre.

Sous ce titre, ce livre traite du droit de faire la guerre, et de celui de faire des conquêtes, des conséquences de la conquête, de l'usage qu'on en peut faire, et des moyens de la conserver.

Le droit de faire la guerre qu'a une collection d'hommes vient du droit qu'a chacun de ces hommes, en qualité d'être sensible, de défendre sa personne et ses intérêts; car c'est pour les défendre avec moins de peine et plus de succès, qu'il s'est réuni en société avec d'autres hommes, et qu'il a ainsi converti son droit de défense personnelle en celui de faire la guerre conjointement avec eux.

Les nations sont les unes à l'égard des autres dans l'état où seraient des hommes sauvages qui, n'appartenant à aucune nation et n'ayant entre eux aucun lien social, n'auraient aucun tribunal à invoquer, aucune force publique à réclamer, pour en être protégés. Il faudrait bien qu'ils se servissent chacun de leurs forces individuelles pour se conserver.

Cependant, ces hommes-là même, pour ne pas se dévorer incessamment comme des bêtes féroces, seraient obligés de faire usage de la faculté, quoique bien imparfaite, qu'ils auraient de s'entendre les uns avec les autres; de s'expliquer quand ils seraient en querelle, sans quoi leurs différends dureraient éternellement; de faire entre eux quelques conventions pour se laisser réciproquement en repos, et de compter jusqu'à un certain point sur la foi jurée, quoiqu'ils n'en eussent pas une garantie bien rassurante.

C'est aussi ce que font les nations. Les plus brutales s'envoient des parlementaires, des hérauts, des ambassadeurs que l'on respecte, font des traités, se donnent des otages. Les plus civilisées vont jusqu'à mettre des bornes à la fureur de la discorde, même pendant qu'elle dure encore. Elles s'accordent respectivement le droit d'enterrer les morts, soignent les blessés, échangent les prisonniers, au lieu de les manger ou d'exercer sur eux une vengeance féroce; et, d'un autre côté, elles s'habituent à ne pas rompre la paix sans provocation, sans explication sur cette provocation, et sans déclarer que l'explication ou la satisfaction ne sont pas suffisantes. Tout cela prend la force d'usages reçus et de règles convenues entre elles; règles qui manquent à la vérité de moyen coercitif pour empêcher d'y contrevenir[a], mais qui n'en composent pas moins ce que l'on appelle le droit des nations, le droit des gens, *jus gentium*.

Cet ordre des choses fait sortir les nations de l'état d'isolement absolu que nous avons peint d'abord, et les amène à être entre elles dans un état de société informe et à peine ébauché, à peu près tel qu'il existe entre les sauvages qui, par une espèce de confiance mutuelle, se sont réunis en une même horde, sans avoir su organiser une puissance publique qui assure les droits de chacun d'eux. Déjà dans cet état, le meilleur système de conduite est, en général, la probité unie à la prudence, parce qu'en ménageant les moyens de défense personnelle, il assure l'appui qui résulte de la confiance et de la bienveillance générales. C'est là ce qu'on peut dire en faveur de l'observation des règles du droit des gens : c'est la seule sanction dont ces règles soient susceptibles actuellement.

Il paraîtra peut-être que c'est injurier les nations civilisées de dire qu'elles sont entre elles dans un état semblable à celui des individus, dans une société informe et à peine ébauchée. Cependant c'est un grand pas de fait d'être sorti de l'état d'isolement absolu : pour arriver à celui de société perfectionnée et organisée, il ne leur manque que d'établir entre elles un tribunal et une force coercitive commune, comme font dans l'intérieur d'une fédération les peuples fédérés, comme font dans l'intérieur d'une société les individus qui en sont les membres.

Ce second pas a toujours paru impossible et chimérique; pourtant il est peut-être bien moins difficile à faire que le premier ou les deux premiers qui l'ont précédé. Quand on songe combien il a fallu de temps et de peines,

a. C'est ce qui fait qu'elles ne sont pas de véritables lois positives, quoique fondées sur les lois éternelles de la nature. Voyez la définition du mot *loi*, au livre premier.

pour que les hommes dans leur état primitif soient parvenus à se faire un langage tel qu'ils parviennent à s'entendre passablement, à s'inspirer assez de confiance mutuelle pour former ensemble de petites sociétés, et ensuite de plus grandes; combien il en a fallu plus encore pour que ces sociétés aient cessé d'être les unes à l'égard des autres précisément comme des troupeaux de bêtes farouches, pour qu'elles aient établi entre elles quelque communication et des relations morales; il paraîtra infiniment plus aisé que ces relations morales s'organisent, et deviennent de vraies relations sociales. Il y a certainement eu une époque, où il devait paraître plus difficile de former une république fédérative quelconque, qu'il ne l'est actuellement d'établir un vrai pacte social entre plusieurs grandes nations; et il y a plus loin de l'état originaire de l'homme à la ligue des Achéens, que de l'état actuel de l'Europe à la fédération régulière de toutes ses parties. Le plus grand obstacle à cette fédération vient certainement des monarchies que renferme cette partie du monde, parce qu'elles y sont bien moins propres que les républiques, par les raisons que nous avons dites dans le livre précédent. Mais à quoi servirait-il de s'efforcer de présenter un tel projet comme exécutable à présent? Et à quoi surtout serait-il utile de s'obstiner à le proclamer impossible à jamais? Il y a plus de choses possibles que nous ne le croyons; l'expérience le prouve tous les jours. Laissons faire au temps, ne nous pressons point de réaliser des rêves, et pressons-nous encore moins de combattre et de détruire les espérances des gens de bien.

Je suis fâché que Montesquieu, à propos du droit qu'ont les nations de faire la guerre, ne se soit pas occupé de débrouiller les idées fondamentales du *droit des gens*. Il en serait résulté beaucoup de lumière. Mais du moins nous devons le remercier d'avoir rejeté les absurdités de tous nos anciens publicistes sur ce sujet, et lui savoir encore plus de gré d'avoir dit formellement que le droit de faire la guerre n'a pas d'autre fondement que celui d'une défense nécessaire, et qu'il ne peut jamais être question de prendre les armes pour des raisons d'amour-propre ou de bienséance, et encore moins pour la gloire, ou plutôt pour la vanité d'un prince.

Du droit de faire la guerre dérive le droit de faire des conquêtes. Réunir à son territoire tout le pays du peuple vaincu ou du moins une partie, est le moyen de constater sa supériorité, de tirer avantage de ses succès, de diminuer la puissance de l'ennemi en augmentant la sienne, et d'assurer sa tranquillité à l'avenir. Les nations sauvages n'ont pas ce moyen d'atteindre le but de la guerre et d'établir la paix. C'est un des malheurs de leur condition. Aussi leurs guerres sont-elles atroces et, pour ainsi dire, sans terme; et lorsqu'il y a eu quelques exemples de mauvaise foi réciproque, il n'y a plus de possibilité de repos que dans la destruction entière d'une des deux parties belligérantes.

Cependant la conquête, quoique préférable à cette funeste extrémité, serait encore une atteinte au droit naturel qu'a chaque homme de n'être membre d'une société qu'autant qu'il le veut, si le peuple victorieux ne laissait pas à tous les habitants du pays conquis la liberté d'en sortir, comme les vainqueurs eux-mêmes doivent toujours avoir celle de s'expatrier, quand ils le jugent à propos. Seulement à l'égard des vaincus, il peut, suivant les circonstances, et pendant un certain temps, prendre quelques précautions et mettre des conditions à cette liberté. Mais enfin elle doit exister; et avec cette mesure, la conquête est parfaitement exempte de reproches aux yeux de la justice, si la guerre elle-même a été juste.

Maintenant naissent deux questions. Quand et jusqu'à quel point doit-on faire des conquêtes? Et comment, après la paix, doit-on traiter le pays conquis? Montesquieu expose en détail quels sont sur ces deux points les intérêts de chacun des gouvernements qu'il distingue; il explique même avec soin comment doit se conduire une nation qui en subjugue une autre en s'établissant tout entière dans son territoire, comme les Tartares à la Chine, et les Francs dans les Gaules.

Pour moi, j'écarterai d'abord cette dernière supposition, parce que je n'y vois qu'un état de guerre qui se prolonge indéfiniment, et qui subsiste jusqu'à ce que les vainqueurs aient été expulsés, ou que les deux nations se soient complètement fondues l'une dans l'autre, de gré ou de force. Ainsi il ne peut pas être question là d'un établissement de paix. D'ailleurs ce cas ne peut avoir lieu qu'entre un peuple barbare et un peuple dans un état de société encore très imparfait. Or, je ne veux m'occuper que des nations vraiment civilisées.

Par cette dernière raison, je ne parlerai point non plus ni des États démocratiques, ni des États despotiques, mais seulement de ceux qui sont gouvernés par l'aristocratie sous un seul ou sous plusieurs chefs, ou par le gouvernement représentatif. Ces gouvernements, comme nous l'avons vu, sont également propres à régir des pays plus ou moins étendus; ainsi ce n'est point cette considération qui peut leur faire désirer ou craindre un accroissement de territoire. Mais la convenance des limites naturelles me paraît d'une tout autre importance. Je crois, je le répète, qu'une nation ne doit rien négliger pour se procurer les meilleures limites possibles, et qu'elle ne doit jamais les dépasser quand elle les a atteintes. Ainsi, tant qu'elle n'est pas arrivée à ce but, il faut qu'elle ajoute à son domaine tout le pays qu'elle peut acquérir à la paix; mais si elle y est parvenue, et que cependant le soin de sa sûreté future l'oblige à dépouiller son ennemi de tout ou partie de son territoire, je pense qu'elle doit le céder à quelque peuple dont elle ait intérêt d'augmenter la puissance, ou en former un ou plusieurs États indépendants, auxquels elle donnera un gouvernement analogue au sien. Elle prendra seulement la précaution de donner à ces nouveaux États une force telle qu'ils ne puissent point lui causer d'inquiétude, mais telle cependant qu'ils soient capables de se soutenir par eux-mêmes, afin de n'être pas incessamment obligée de les protéger et de les défendre; car ce serait pour elle une source de guerres éternellement renaissantes.

À l'égard de la conduite à tenir avec les habitants des pays conquis que l'on garde, je pense, avec Montesquieu, que les gouvernements qui, comme les différentes sortes d'aristocraties, ne sont pas fondés sur une justice exacte et sur des principes fixes, doivent souvent, pour s'attacher leurs nouveaux sujets, les traiter plus favorablement que les anciens. Mais le gouvernement représentatif, qui a pour base l'équité et l'égalité absolues, ne peut faire autre chose pour les citoyens qu'il acquiert que de les assimiler en tout à ceux qu'il a déjà. Au reste, c'est certainement faire assez en leur faveur, pour que bientôt ils soient contents de leur nouveau sort.

À ce propos, je remarque combien est juste la réflexion de Montesquieu que *souvent un peuple gagne beaucoup à être conquis;* et j'ajoute que cela est vrai, surtout de ceux qui sont conquis par une nation vivant sous le gouvernement représentatif; car ils gagnent en même temps du côté de la liberté et du côté de l'économie, soit qu'ils soient admis à en faire partie, soit qu'on les destine à former un nouvel État, régi par les mêmes principes. Être conquis ainsi, c'est moins être envahi qu'être délivré. C'est là ce qui rend ce gouvernement si redoutable à tous les autres; car, dans leurs querelles avec lui, les intérêts de leurs propres sujets sont contre eux. C'est là ce qui fait que les énormes acquisitions de la République française se sont si facilement incorporées avec elle, malgré tous les préjugés civils et religieux qui s'y opposaient; et il en arrivera de même de la Louisiane à l'égard des États-Unis[1], malgré toutes les intrigues étrangères. Si les Français avaient bien profité de cet immense avantage, en ne s'écartant pas de leurs principes, après s'être donné les limites naturelles qu'ils pouvaient désirer, ils se seraient très promptement entourés d'États constitués comme le leur qui, en lui servant de barrières, auraient assuré sa tranquillité à jamais.

1. La France a cédé en 1803 la Louisiane aux États-Unis contre 80 millions de francs.

Avant de quitter ce sujet, rendons encore hommage à cette profonde réflexion de Montesquieu qu'*une république qui veut demeurer libre, ne doit pas avoir de sujets*. Ceci est parfaitement applicable au gouvernement représentatif; et j'en conclus qu'il ne doit pas avoir de possessions outre-mer soumises à la métropole. Il peut lui être très utile de former des colonies, pour se débarrasser du superflu de sa population, ou pour se procurer des relations commodes et amicales dans des pays propres à un commerce avantageux. Mais il doit les émanciper dès qu'elles sont en état d'exister par elles-mêmes; comme dans notre système fédératif, nous faisons pour nos nouveaux comtés, lorsqu'ils ont acquis un certain degré de population. Mais c'est assez parlé de la guerre et de ses conséquences; passons à d'autres objets.

LIVRE XI

DES LOIS QUI FORMENT LA LIBERTÉ POLITIQUE DANS SON RAPPORT AVEC LA CONSTITUTION

Chapitre premier. – Le problème qui consiste à distribuer les pouvoirs de la société de la manière la plus favorable à la liberté est-il résolu?

Réponse. – Il ne saurait être résolu tant qu'on donne trop de pouvoir à un seul homme.

Chapitre deuxième. – Comment pourrait-on parvenir à résoudre le problème proposé?

Réponse. – Le problème proposé ne peut être résolu qu'en ne donnant jamais à un seul homme assez de pouvoir pour qu'on ne puisse pas le lui ôter sans violence, et pour que, quand il change, tout change nécessairement avec lui.

J'ai cru devoir partager mon commentaire sur ce livre en deux chapitres. Le premier a seul un rapport direct avec l'ouvrage de notre auteur. Le second est la suite du premier; mais Montesquieu n'a pas jugé à propos de pousser si loin ses recherches.

CHAPITRE PREMIER

Le problème qui consiste à distribuer les pouvoirs de la société de la manière la plus favorable à la liberté est-il résolu?

Dans ce livre, dont le titre ne présente pas, ce me semble, un sens suffisamment clair, on examine de quel degré de liberté on peut jouir sous chaque espèce de constitutions, c'est-à-dire quels effets produisent nécessairement sur la liberté des citoyens les lois qui forment la Constitution de l'État. Ces lois sont uniquement celles qui règlent la distribution des pouvoirs politiques; car la Constitution d'une société n'est autre chose que l'ensemble des règlements qui déterminent la nature, l'étendue et les limites des autorités qui la régissent. Aussi, lorsqu'on veut réunir tous ces règlements en un seul corps de lois, qui soit la base de l'édifice social, la première attention que l'on doit avoir est de n'y faire entrer aucune disposition étrangère à cet objet unique : sans quoi, ce n'est plus précisément une *Constitution* que l'on a rédigée; ce n'est qu'une portion plus ou moins considérable du code général qui régit la nation.

Mais pour voir quelle est l'influence de l'organisation de la société sur la liberté de ses membres, il faut savoir précisément ce que c'est que la liberté. Le mot *liberté*, comme tous ceux qui expriment des idées abstraites très générales, est souvent pris dans une multitude d'acceptions différentes, qui sont autant de portions particulières de sa signification la plus étendue : ainsi l'on dit qu'un homme est devenu libre, qu'il a acquis, qu'il a recouvré sa liberté, quand il a mis à fin une entreprise qui l'occupait tout entier; quand il a terminé des affaires qui l'absorbaient; quand il a quitté des fonctions assujettissantes; quand il a renoncé à une place qui lui imposait des devoirs; quand il s'est affranchi du joug de certaines passions, de certaines liaisons qui l'enchaînaient et le dominaient; quand il s'est évadé d'une prison; quand il s'est soustrait à l'empire d'un gouvernement tyrannique. On dit de même qu'il a la liberté de penser, de parler, d'agir, d'écrire, qu'il a la parole, la respiration, tous les mouvements libres, lorsque rien ne le gêne à tous ces égards. Ensuite on range toutes ces libertés partielles par groupes; on en forme différentes classes, d'après les objets auxquels elles se rapportent*; et on en compose ce que l'on appelle la liberté physique, la liberté morale ou la liberté naturelle, la liberté civile, la liberté politique. De là il arrive que, quand on veut s'élever à l'idée la plus générale de la liberté, chacun la compose principalement de l'espèce de liberté à laquelle il attache le plus de prix, et de l'éloignement des gênes dont il est le plus préoccupé, et qui lui paraissent les plus insupportables. Les uns la font consister dans la vertu, ou dans l'indifférence, ou dans une sorte d'impassibilité, comme les Stoïciens qui prétendaient que leur sage était libre dans les fers; d'autres la placent dans la pauvreté; d'autres au contraire dans une honnête aisance, ou bien dans l'état d'isolement et d'indépendance absolue de tout lien social. D'autres encore prétendent qu'être libre, c'est vivre sous un gouvernement d'une telle espèce, ou en

* Le membre de phrase « on en forme différentes classes, ... » ne figure pas dans les éditions anonymes de Liège (1817) et de Paris (1819).

général, sous un gouvernement modéré, ou même seulement sous un gouvernement éclairé. Toutes ses opinions sont justes, relativement au côté par lequel on considère l'idée de la liberté; mais dans aucune on ne la voit sous tous ses aspects, et on ne l'embrasse dans toute son étendue. Cherchons donc ce que toutes ces différentes espèces de liberté ont de commun, et sous quel point de vue elles se ressemblent toutes; car c'est cela seul qui peut entrer dans l'idée générale, abstraite de toutes les idées particulières, et qui les renferme toutes dans son extension.

Si nous y réfléchissons bien, nous trouverons que la qualité commune à toutes les espèces de liberté est qu'elle procure à celui qui en jouit un plus grand développement de l'exercice de sa volonté, que s'il en était privé. Ainsi l'idée de liberté, dans son plus haut degré d'abstraction et dans sa plus grande étendue, n'est autre que la puissance d'exécuter sa volonté; et, être libre, en général, c'est pouvoir faire ce qu'on veut.

D'après cela, l'on voit que l'idée de liberté n'est applicable qu'aux êtres doués de volonté. Aussi, quand nous disons que de l'eau coule plus librement lorsqu'on a enlevé les obstacles qui s'opposaient à son passage; ou qu'une roue tourne plus librement, parce qu'on a diminué les frottements qui retardaient son mouvement, ce n'est que par extension, et parce que nous supposons, pour ainsi dire, que cette eau a envie de couler, que cette roue a envie de tourner.

Par la même raison, cette question tant débattue, *notre volonté est-elle libre*? ne devait pas naître; car il ne peut s'agir de liberté, par rapport à notre volonté, que quand elle est formée, et non pas avant qu'elle le soit. Ce qui y a donné lieu, c'est que, dans certaines occasions, les motifs qui agissent sur nous sont si puissants qu'il n'est pas possible qu'ils ne nous déterminent pas tout de suite à vouloir une chose plutôt qu'une autre; et alors nous disons que nous voulons forcément; tandis que dans d'autres circonstances, les motifs, ayant moins d'intensité et d'énergie, nous laissent la possibilité d'y réfléchir, de les peser et de les apprécier; et alors nous croyons que nous avons le pouvoir d'y résister ou d'y obéir, et de prendre une détermination plutôt qu'une autre, uniquement parce que nous le voulons. Mais c'est une illusion : car, quelque faible que soit un motif, il entraîne nécessairement notre volonté, s'il n'est pas balancé par un autre qui soit plus fort; et alors celui-ci est aussi nécessairement déterminant que l'aurait été l'autre, s'il avait existé seul. On veut ou on ne veut pas, mais on ne peut pas vouloir vouloir; et, quand on le pourrait, il y aurait encore une cause à cette volonté antécédente, et cette cause serait hors de l'empire de notre volonté, comme le sont toutes celles qui la font naître. Concluons que la liberté n'existe qu'après la volonté et relativement à elle, et qu'elle n'est que le pouvoir d'exécuter la volonté[a]. Je demande pardon au lecteur de cette discussion métaphysique, ou plutôt logique, sur la nature de la liberté; mais il verra bientôt qu'elle n'est ni déplacée ni inutile. Il est impossible de bien parler des intérêts des hommes, sans premièrement se bien rendre compte de la nature de leurs facultés. Si quelque chose a manqué aux lumières du grand homme que je commente, c'est surtout cette étude préliminaire. Aussi l'on peut voir combien est vague l'idée qu'il nous a donnée du mot *liberté*, quoiqu'il ait consacré trois chapitres à le déterminer. Nous lui avons déjà fait à peu près le même reproche au sujet du mot *loi* dans le premier livre.

La liberté, dans le sens le plus général de ce mot, n'est donc autre chose que la puissance d'exécuter sa volonté, et d'accomplir ses désirs. Maintenant, la nature de tout être doué de volonté est telle, qu'il n'est heureux ou malheureux que par cette faculté de vouloir, et que relativement à elle. Il jouit quand ses désirs sont accomplis; il souffre quand ils ne le sont pas; et il ne saurait y avoir de bonheur et de malheur pour lui qu'autant que ce qu'il désire arrive ou n'arrive pas. Il s'ensuit que sa liberté et son bonheur sont une seule et même chose. Il serait toujours complètement heureux s'il avait toujours complètement le pouvoir d'exécuter sa volonté; et les degrés de son bonheur sont constamment proportionnels aux degrés de ce pouvoir.

Cette remarque nous explique pourquoi les hommes, même sans qu'ils s'en doutent, aiment tous si passionnément la liberté; c'est qu'ils ne sauraient jamais aimer qu'elle. Quelque chose qu'ils souhaitent, c'est toujours, sous un nom ou sous un autre, la possibilité d'accomplir un désir; c'est toujours la possession d'une partie de pouvoir, l'anéantissement d'une portion de contrainte, qui constituent une certaine quantité de bonheur. L'exclamation : *Ah si je pouvais*!... renferme tous nos vœux; car il n'y en a pas un qui ne fût accompli, si celui-là l'était toujours. *La toute puissance*, ou, ce qui est la même chose, *la toute liberté*, est inséparable de la félicité parfaite.

Cette même remarque nous conduit plus loin. Elle nous fait voir pourquoi les hommes se sont souvent fait des idées si différentes de la liberté; c'est qu'ils en ont eu de différentes du bonheur. Ils ont toujours dû attacher éminemment l'idée de *liberté* au pouvoir de faire les choses qu'ils désiraient le plus, celles auxquelles ils attachaient leur principale satisfaction. Montesquieu, dans le chapitre II de ce livre, paraît s'étonner que beaucoup de peuples aient eu de fausses idées de la liberté, et l'aient fait

a. C'est aussi le sentiment de Locke.

consister dans des choses qui étaient étrangères à leurs solides intérêts, ou qui du moins n'y étaient pas essentielles. Mais il aurait dû d'abord s'étonner que les hommes aient souvent placé leur bonheur et leur satisfaction dans la jouissance de choses peu importantes ou même nuisibles. Cette première faute faite, l'autre devait s'ensuivre. Dès qu'un Russe, du temps de Pierre Ier, mettait tant d'intérêt à porter sa longue barbe, qui n'était peut-être qu'une gêne et un ridicule; dès qu'un Polonais était passionnément attaché à la possession de son *liberum veto*, qui était le fléau de sa patrie, il est tout simple qu'ils se trouvassent très tyrannisés de se voir enlever l'un ou l'autre de ces prétendus avantages. Ils étaient réellement très asservis, quand on les en a dépouillés; car leur volonté la plus forte a été subjuguée. Montesquieu se répond à lui-même, quand il ajoute cette phrase remarquable: *Enfin chacun a appelé* LIBERTÉ *le gouvernement qui était conforme à ses inclinations*. Cela devait être ainsi et ne pouvait être autrement: en cela chacun a eu raison; car chacun est vraiment libre quand ses inclinations sont satisfaites, et on ne peut pas l'être d'une autre manière.

De cette dernière observation dérivent de nombreuses conséquences. La première qui se présente est qu'une nation doit être regardée comme vraiment libre tant que son gouvernement lui plait, quand même, par sa nature, il serait moins conforme aux principes de la liberté qu'un autre qui lui déplairait. On a souvent prétendu que Solon disait: *Je n'ai pas donné aux Athéniens les meilleures lois possibles, mais les meilleures qu'ils* PUSSENT *recevoir*, c'est-à-dire les meilleures dont ils *fussent dignes*. Je ne crois pas que Solon ait dit cela. Cette vanterie méprisante aurait été bien déplacée dans sa bouche, lui qui avait si mal assorti ses lois au caractère national qu'elles n'ont pas même duré autant que lui. Mais je crois qu'il a dit: *Je leur ai donné les meilleures lois qu'ils* VOULUSSENT *recevoir*. Cela peut être, et le justifie de son mauvais succès. Il y a plus, cela a dû être ainsi: puisqu'il n'imposait pas ses lois par la force, il a bien fallu qu'il les donnât telles qu'on voulait les recevoir. Eh bien! les Athéniens, en se soumettant à ces lois si imparfaites, ont sans doute été très mal avisés, mais ils ont été très libres; tandis que ceux des Français qui ont reçu malgré eux leur Constitution de l'an III (1795), quelque libre qu'elle pût être, ont été réellement assujettis, puisqu'ils n'en voulaient pas. Nous devons conclure de ceci, que les institutions ne peuvent s'améliorer que proportionnellement à l'accroissement des lumières dans la masse du peuple, et que les meilleures *absolument* ne sont pas toujours les meilleures *relativement;* car plus elles sont bonnes, plus elles sont contraires aux idées fausses; et si elles en choquent un trop grand nombre, elles ne peuvent se maintenir que par un emploi exagéré de la force. Dès lors plus de liberté, plus de bonheur, plus de stabilité surtout. Cela peut servir d'apologie à beaucoup d'institutions mauvaises en elles-mêmes, qui ont pu être convenables dans leur temps, mais ne doit pas nous les faire conserver. Cela peut aussi nous expliquer le mauvais succès de quelques institutions très bonnes, et ne doit pas nous empêcher de les reprendre dans un autre temps.

Une seconde conséquence de l'observation que nous avons faite ci-dessus, c'est que le gouvernement sous lequel on est le plus libre, quelle que soit sa forme, est celui qui gouverne le mieux; car c'est celui où le plus grand nombre est le plus heureux; et quand on est aussi heureux qu'on peut l'être, les volontés sont accomplies autant qu'il est possible. Si le prince qui exerce le pouvoir le plus despotique administrait parfaitement, on serait sous son empire au comble du *bonheur*, qui est une seule et même chose avec la *liberté*. Ce n'est donc pas la forme du gouvernement qui est en elle-même une chose importante. Ce serait même une raison assez faible à alléguer en sa faveur que de dire qu'elle est plus conforme qu'une autre aux vrais principes de la raison; car, en définitif, ce n'est pas de spéculation et de théorie qu'il s'agit dans les affaires de ce monde, mais de pratique et de résultats. C'est là ce qui affecte les individus, qui sont des êtres sensibles et positifs, et non pas des êtres idéaux et abstraits. Les hommes qui, dans les commotions politiques de nos temps modernes, disent: *Je ne m'embarrasse pas d'être libre; la seule chose dont je me soucie, c'est d'être heureux*, disent une chose à la fois très sensée et très insignifiante: très sensée, en ce que le bonheur est effectivement la seule chose que l'on doive rechercher; très insignifiante, en ce qu'il est une seule et même chose avec la vraie liberté. Par la même raison, les enthousiastes qui disent qu'on doit compter pour rien le bonheur quand il s'agit de la liberté, disent une chose doublement absurde; car si le bonheur pouvait être séparé de la liberté, ce serait sans doute lui qu'il faudrait préférer: mais on n'est pas libre quand on n'est pas heureux; car certainement ce n'est pas faire sa volonté que de souffrir. Ainsi la seule chose qui rende une organisation sociale préférable à une autre, c'est qu'elle soit plus propre à rendre heureux les membres de la société: et si l'on désire, en général, qu'elle leur laisse beaucoup de facilité pour manifester leur volonté, c'est qu'alors il est plus vraisemblable qu'ils seront gouvernés à leur gré. Cherchons donc avec Montesquieu quelles sont les conditions principales qu'elle doit remplir pour atteindre ce but; et, comme lui, ne nous occupons de cette question que d'une manière générale, et sans égard pour aucune localité, ni pour aucune conjoncture particulière.

Ce philosophe justement célèbre a remarqué d'abord que toutes les fonctions publiques peuvent être considérées comme se réduisant à trois principales : celle de faire les lois, celle de conduire, suivant le vœu de ces lois, les affaires tant intérieures qu'extérieures, et celle de statuer non seulement sur les différends des particuliers, mais encore sur les accusations intentées contre les délits privés ou publics; c'est-à-dire en trois mots, que toute la marche de la société se réduit à vouloir, à exécuter et à juger.

Ensuite, il s'est aisément aperçu que ces trois grandes fonctions, et même deux d'entre elles, ne pouvaient jamais se trouver réunies dans les mêmes mains, sans le plus grand danger pour la liberté du reste des citoyens. Car si un seul homme, ou un seul corps, était en même temps chargé de vouloir et d'exécuter, il serait certainement trop puissant pour que personne pût le juger, et encore moins le réprimer. Si seulement celui qui fait les lois rendait les jugements, il serait vraisemblablement bientôt le maître de celui qui les exécute; et si enfin celui-ci, toujours le plus redoutable de tous dans le fait, parce qu'il est celui qui dispose de la force physique, y joignait encore la fonction de juger, il saurait bien faire en sorte que le législateur ne lui donnât que les lois qu'il voudrait recevoir.

Ces dangers ne sont que trop réels et trop manifestes; il n'y a pas de mérite à les voir. La grande difficulté est de trouver les moyens de les éviter. Montesquieu s'est épargné la peine de chercher ces moyens : il a mieux aimé se persuader qu'ils étaient trouvés. Il blâme même Harrington[1] de s'en être occupé. *On peut dire de lui*, dit-il, *qu'il n'a cherché la liberté qu'après l'avoir méconnue, et qu'il a bâti Calcédoine, ayant le rivage de Byzance devant les yeux.* Il est tellement convaincu que le problème est pleinement résolu qu'il dit ailleurs : *Pour découvrir la liberté politique dans la Constitution, il ne faut pas tant de peine. Si on peut la voir où elle est,* SI ON L'A TROUVÉE, *pourquoi la chercher*? Et tout de suite il explique tout le mécanisme du gouvernement anglais, tel qu'il le conçoit dans son admiration. Il est vrai qu'à l'époque où il écrivait, l'Angleterre était extrêmement florissante et glorieuse, et que son gouvernement était de tous ceux connus jusqu'alors celui qui produisait ou paraissait produire les plus heureux résultats sous tous les rapports. Cependant ces succès, en partie réels, en partie apparents, en partie effets de causes étrangères, ne devaient pas faire illusion à une aussi forte tête, au point de lui masquer les défauts

1. James Harrington (1611-1677), auteur d'*Oceana* (1656) et de l'*Art of Lawgiving* (1659), dont les conceptions républicaines fondées sur une distribution équilibrée de la propriété foncière, la souveraineté du peuple et la représentation politique n'ont pas été sans influence sur la pensée politique des Lumières.

de la théorie de ce gouvernement, et de lui faire accroire qu'elle ne laissait absolument rien à désirer.

Cette prévention en faveur des institutions et des idées anglaises lui fait oublier d'abord que les fonctions législatives, exécutives et judiciaires, ne sont que des fonctions déléguées, qui peuvent bien donner du pouvoir ou du crédit à ceux à qui elles sont confiées, mais qui ne sont pas des puissances existantes par elles-mêmes. Il n'y a en *droit* qu'une puissance, la volonté nationale; et en *fait* il n'y en a pas d'autre que l'homme ou le corps chargé des fonctions exécutives, lequel disposant nécessairement de l'argent et des troupes, a en main toute la force physique. Montesquieu ne nie pas cela, mais il n'y songe pas. Il ne voit que ces trois prétendus pouvoirs législatif, exécutif et judiciaire. Il les considère toujours comme des puissances indépendantes et rivales, qu'il ne s'agit que de concilier et de limiter les unes par les autres, pour que tout aille bien, sans faire entrer du tout en ligne de compte la puissance nationale.

Ne faisant point attention que la puissance exécutive est la seule réelle de *fait*, et qu'elle emporte toute les autres, il approuve sans discussion qu'elle soit confiée à un seul homme, même héréditairement dans sa famille, et cela par l'unique raison qu'un homme seul est plus propre à l'action que plusieurs. Quand il en serait ainsi, il aurait été bon d'examiner s'il n'y est pas tellement propre que bientôt il ne laisse plus aucune action libre autour de lui, et si d'ailleurs cet homme, choisi par le hasard, est toujours suffisamment propre à la délibération qui doit précéder toute action.

Il approuve aussi que la puissance législative soit confiée à des représentants temporaires, librement élus par la nation dans toutes les parties de l'empire. Mais ce qui est plus extraordinaire, il approuve qu'il existe dans le sein de cette nation un corps de privilégiés héréditaires, et que ces privilégiés composent, à eux seuls et de droit, une section du corps législatif, distincte et séparée de celle qui représente la nation, et ayant le droit d'empêcher, par son *veto*, l'effet des résolutions de celle-ci. La raison qu'il en donne est curieuse. C'est, dit-il, que leurs prérogatives sont *odieuses en elles-mêmes*, et qu'il faut qu'ils puissent les défendre. On croirait plutôt devoir conclure qu'il faut les abolir.

Il croit de plus que cette seconde section du corps législatif est encore très utile pour lui confier tout ce qu'il y a de vraiment important dans la puissance judiciaire, le jugement des crimes d'État; par là elle devient, comme il le dit, *la puissance réglante*, dont la puissance exécutive et la puissance législative ont besoin pour se tempérer réciproquement. Il ne s'aperçoit pas, ce dont pourtant toute l'histoire d'Angleterre fait foi, que la

Chambre des pairs n'est rien moins qu'une puissance indépendante et *réglante*, mais qu'elle est seulement un appendice et une avant-garde du pouvoir exécutif, dont elle a toujours suivi le sort; et qu'ainsi, en lui donnant le *veto* et un pouvoir judiciaire, on ne fait autre chose que le donner au parti de la cour, et rendre à peu près impossible la punition des criminels d'État qu'il favorise.

Malgré ces avantages, et malgré les forces réelles dont dispose la puissance exécutive, il croit nécessaire qu'elle possède encore le droit d'apposer son *veto* sur les résolutions, même unanimes, des deux sections du corps législatif, et qu'elle puisse le convoquer, le proroger, et le dissoudre; et il pense que la partie populaire de ce corps trouve suffisamment de quoi se défendre dans la précaution de ne jamais voter les impôts que pour un an (comme s'il ne fallait pas toujours les renouveler chaque année, sous peine de voir la société se dissoudre), et dans l'attention de ne souffrir ni camps, ni casernes, ni places fortes (comme si on ne pouvait pas à chaque instant l'y obliger en en faisant naître la nécessité).

Montesquieu termine ce long exposé par cette phrase aussi embarrassée qu'embarrassante: *Voici donc la Constitution fondamentale du gouvernement dont nous parlons. Le corps législatif étant composé de deux parties, l'une enchaînera l'autre par sa faculté mutuelle d'empêcher. Toutes les deux seront liées par la puissance exécutrice, qui le sera elle-même par la législative.* À quoi il ajoute cette singulière réflexion : *ces trois puissances devraient former un repos ou une inaction. Mais comme par le mouvement nécessaire des choses, elles sont contraintes d'aller, elles seront forcées d'aller de concert.* J'avoue que je ne sens pas du tout la nécessité de cette conclusion. Il me paraît au contraire très manifeste que rien ne pourrait aller si tout était réellement enchevêtré comme on le dit, si le roi n'était pas effectivement le maître du parlement, et s'il n'était pas inévitable qu'il le mène, comme il a toujours fait, ou par la crainte ou par la corruption. À la vérité, je ne trouve rien dans tout ce fragile échafaudage qui l'en empêche. Aussi je ne vois en faveur de cette organisation, à mon avis très imparfaite, qu'une seule chose dont on ne parle pas; c'est la ferme volonté de la nation, qui entend qu'elle subsiste; et, comme en même temps elle a la sagesse d'être extrêmement attachée au maintien de la liberté individuelle et de la liberté de la presse, elle conserve toujours la facilité de faire connaître hautement l'opinion publique; en sorte que, quand le roi abuse trop du pouvoir *dont il est réellement en possession*, il est bientôt renversé par un mouvement général qui se fait en faveur de ceux qui lui résistent, comme cela est arrivé deux fois dans le dix-septième siècle, et comme cela est toujours assez aisé dans une île, où il n'existe jamais de raison pour avoir sur pied une armée de terre bien forte. C'est là le seul véritable *veto* auprès duquel tous les autres ne sont rien. Le grand point de la Constitution de l'Angleterre est que la nation a déposé six ou sept fois son roi. Mais, il faut en convenir, ce n'est pas là un expédient constitutionnel; c'est bien plutôt l'insurrection ordonnée par la nécessité, comme elle l'était autrefois, dit-on, par les lois de la Crète, disposition législative dont, à mon grand étonnement, Montesquieu fait l'éloge dans un autre endroit de son livre. Malgré cet éloge, il est certain que ce remède est si cruel, qu'un peuple un peu sensé endure bien des maux avant d'y avoir recours; et il peut même arriver qu'il diffère assez de s'y déterminer, pour que, si les usurpations du pouvoir sont conduites avec adresse, il prenne insensiblement les habitudes de la servitude, au point de n'avoir plus ni le désir, ni la capacité de s'en affranchir par un pareil moyen[a].

Une chose qui caractérise bien la vive imagination de Montesquieu, c'est que sur la foi de trois lignes de Tacite, qui exigeraient de grands commentaires, il croit avoir trouvé, chez les sauvages de l'ancienne Germanie, le modèle et tout l'esprit de ce gouvernement, qu'il regarde comme le chef-d'œuvre de la raison humaine. Dans l'excès de son admiration, il s'écrie : *Ce beau système a été trouvé dans les bois* ! Et un moment après, il ajoute : *Ce n'est point à moi d'examiner si les Anglais jouissent actuellement de la liberté, ou non : il me suffit de dire qu'elle est établie* PAR LEURS LOIS, *et je n'en cherche pas davantage.*

Je crois pourtant que le premier point méritait bien d'être examiné par lui, ne fût-ce que pour s'assurer qu'il avait bien vu le second. S'il avait cherché davantage *dans leurs lois*, il aurait trouvé que chez les Anglais il n'existe réellement que deux puissances, au lieu de trois; que ces deux puissances ne subsistent en présence l'une de l'autre, que parce que l'une jouit de toute la force réelle, et n'a presque aucune faveur publique, tandis que l'autre n'a aucune force et jouit de toute la faveur, jusqu'au moment où elle voudrait renverser sa rivale, et quelquefois y compris ce moment; que, de plus, ces deux puissances, en se réunissant, sont également maîtresses de changer toutes les lois établies, même celles qui déterminent leur existence et leurs relations, car aucun statut ne le leur défend, et elles l'ont fait

a. Cette phrase montre dans quelle circonstance elle a été écrite. Nous craignions beaucoup alors que l'oppression ne durât assez longtemps pour qu'on s'y accoutumât. [*Note ne figurant pas dans les éditions anonymes de Liège (1817) et de Paris (1819).*]

plusieurs fois[a]; que, par conséquent, la liberté n'est véritablement pas établie par les lois politiques; et que, si les Anglais en jouissent à un certain degré, cela vient des causes que j'ai expliquées, qui tiennent plus aux lois civiles et criminelles qu'aux autres, ou qui même sont tout à fait hors de la loi.

Je crois donc que le grand problème qui consiste à distribuer les pouvoirs de la société, de manière qu'aucun d'eux ne puisse franchir les limites que lui prescrit l'intérêt général, et qu'il soit toujours facile de l'y retenir ou de l'y ramener par des moyens paisibles et légaux, n'est pas résolu dans ce pays. Je réclamerais plutôt cet honneur pour nos États-Unis de l'Amérique, dont les constitutions déterminent ce qui doit arriver quand le corps exécutif ou le corps législatif, ou tous les deux ensemble, outrepassent leurs pouvoirs, ou sont en opposition, et quand on éprouve la nécessité de faire des changements à l'acte constitutionnel, soit d'un État, soit de toute la Fédération. Mais on m'objecterait qu'en fait de pareils règlements, la grande difficulté, c'est leur exécution; que nous autres Américains[1], nous en trouvons la garantie, lorsqu'il s'agit des autorités d'un État en particulier, dans la force des autorités supérieures de la fédération; et que, lorsqu'il s'agit de celles-ci, cette garantie se trouve dans la réunion de la majorité des États fédérés; qu'ainsi nous avons éludé la difficulté plutôt que nous ne l'avons résolue, ou que du moins nous ne l'avons résolue qu'à l'aide du système fédératif; et qu'il reste à savoir comment on pourrait y parvenir dans un État *un et indivisible*. D'ailleurs un pareil sujet demande à être traité plutôt théoriquement qu'historiquement. Je vais donc essayer d'établir, *a priori*, les principes d'une Constitution vraiment libre, légale et paisible : pour cela, il convient de reprendre les choses d'un peu plus haut.

CHAPITRE SECOND

Comment pourrait-on parvenir à résoudre le problème proposé ?

Nous avons dit que la *toute puissance* ou la *toute liberté* était la *félicité parfaite*. Cet état n'est point donné à l'homme. Il est incompatible avec la faiblesse de la nature de tout être fini.

a. On tient pour maxime en Angleterre que le roi peut tout faire quand il est d'accord avec son parlement. [*Note ne figurant pas dans les éditions anonymes de Liège* (*1817*) *et de Paris* (*1819*).]

1. Cette formulation trouve son origine dans la fiction initiale selon laquelle l'auteur résiderait en Amérique.

Si un homme pouvait exister dans un état d'isolement et d'indépendance absolue, certainement il ne serait pas gêné par la volonté de ses semblables; mais il serait esclave de toutes les forces de la nature, au point de ne pouvoir leur résister assez pour se conserver.

Quand donc les hommes se réunissent en société, ils ne sacrifient pas une portion de leur liberté, comme on l'a tant dit; au contraire, chacun d'eux augmente sa puissance. C'est là ce qui les porte si impérieusement à se réunir, et ce qui fait qu'ils existent encore moins mal dans la plus imparfaite des sociétés, que séparés; car s'ils sont opprimés de temps en temps par la société, ils en sont secourus à tous les moments. Soyez dans les déserts de la Libye, vous croyez arriver dans une terre hospitalière quand vous entrez dans les États du roi du Maroc. Seulement, pour que les hommes vivent réunis, il faut que chacun d'eux s'arrange le mieux possible avec tous les autres; et c'est dans la manière de s'arranger ensemble que consiste ce que l'on appelle la *Constitution* de la société.

Ces arrangements sociaux se sont toujours faits d'abord au hasard et sans principes; ensuite ils ont été modifiés de même, et améliorés, ou souvent détériorés à beaucoup d'égards, suivant les circonstances. De là naît la multitude presque infinie d'organisations sociales qui existent parmi les hommes, et dont presque pas une ne ressemble en tout à aucune autre, sans qu'on puisse dire le plus souvent quelle est la moins mauvaise. Ces arrangements doivent subsister sans doute, tant qu'ils ne sont pas devenus absolument insupportables à la majeure partie des intéressés; car ordinairement il en coûte bien cher pour les changer. Mais enfin supposons qu'une nation nombreuse et éclairée soit décidément lasse de sa Constitution, ou plutôt lasse de n'en point avoir de bien déterminée, ce qui est le cas le plus ordinaire; et cherchons ce qu'elle doit faire pour s'en donner une, en suivant les lumières de la simple raison.

Il me paraît manifeste qu'elle ne saurait prendre qu'un des trois partis suivants: ou de charger les autorités qui la gouvernent de s'arranger entre elles, de reconnaître réciproquement leur étendue et leurs limites, et de déterminer nettement leurs droits et leurs devoirs, c'est-à-dire les cas où l'on doit leur obéir ou leur résister; ou de s'adresser à un sage pour lui demander de rédiger le plan complet d'un gouvernement nouveau; ou de confier ce soin à une assemblée de députés librement élus à cet effet, et n'ayant aucune autre fonction.

Le premier de ces partis est à peu près celui qu'ont pris les Anglais en 1688, lorsqu'ils ont consenti, au moins tacitement, à ce que leur parlement chassât Jacques II, reçût Guillaume Ier, et fît avec lui une convention qu'ils appellent leur *Constitution*, et qu'ils ont ratifiée de fait par leur obéissance et même par leur attachement. Le second est celui auquel se sont déterminées plusieurs nations anciennes; et le troisième est celui que les Américains et les Français ont préféré dans ces derniers temps, quand ils ont secoué le joug de leurs anciens monarques. Mais les uns l'ont suivi exactement, excepté dans les premiers instants, au lieu que les autres s'en sont écartés à deux fois différentes, en laissant dans les mêmes mains le pouvoir de *gouverner* et celui de *constituer*. Chacun de ces trois partis a ses avantages et ses inconvénients.

Le premier est le plus simple, le plus prompt, et le plus facile dans la pratique; mais on doit s'attendre qu'il ne produira qu'une espèce de transaction entre les différentes autorités; que les limites de leurs pouvoirs, pris en masse, ne seront pas circonscrites avec exactitude; que les moyens de les réformer et de les changer toutes ne seront pas prévus, et que les droits de la nation, à leur égard, ne seront ni bien établis, ni bien reconnus.

Le second promet une rénovation plus entière et une législation plus complète. Il donne même lieu d'espérer que le nouveau système de gouvernement, étant fondu d'un seul jet et sortant d'une seule tête, sera plus homogène et mieux combiné. Mais indépendamment de la difficulté de trouver un sage digne d'une telle confiance, et du danger de l'accorder à un ambitieux qui la fera servir à ses vues, il est à craindre qu'un plan qui n'est que la conception d'un seul homme et qui n'a été soumis à aucune discussion, ne soit pas assez adapté aux idées nationales et ne se concilie pas solidement la faveur publique. Il est même à peu près impossible qu'il obtienne l'assentiment général, à moins que son auteur, à l'exemple de la plupart des anciens législateurs, ne fasse intervenir la divinité en sa faveur et ne se prétende l'interprète de quelque puissance surnaturelle. Mais ce moyen est inadmissible dans nos temps modernes. D'ailleurs la législation est toujours bien mal établie quand elle est fondée sur l'imposture; et, en pareil cas, il y a de plus cet inconvénient qu'une Constitution est toujours essentiellement mauvaise quand elle ne renferme pas un moyen légal et paisible de la modifier et de la changer, quand elle n'est pas de nature à se prêter aux progrès des temps, et quand elle aspire à avoir un caractère de perpétuité et de fixité qui ne convient à aucune institution humaine. Or, il est bien difficile que tout cela ne se trouve pas dans un ouvrage qu'on suppose être celui d'un Dieu.

À l'égard de la troisième manière de se donner une Constitution, quand on songe combien les hommes réunis sont souvent moins raisonnables que chacun d'eux pris séparément, combien les lumières d'une assemblée sont, en général, inférieures à celles des plus éclairés de ses membres, combien ses résolutions sont exposées à être vacillantes et incohérentes, on doit bien penser que son ouvrage ne sera pas le plus parfait possible : on peut craindre de plus que cette assemblée ne s'empare de tous les pouvoirs ; que, pour ne pas s'en dessaisir, elle ne diffère prodigieusement à remplir l'objet de sa mission, et qu'elle ne prolonge tellement son gouvernement provisoire, qu'il ne dégénère en tyrannie ou en anarchie.

La première de ces deux objections est fondée. Mais aussi il faut considérer premièrement que, cette assemblée étant composée de membres accrédités dans les différentes parties du territoire, et qui connaissent l'esprit qui y règne, ce qu'elle décidera sera tout à fait propre à devenir pratique, et sera reçu non seulement sans effort mais avec plaisir ; secondement, que les lumières de cette assemblée d'hommes choisis seront toujours supérieures à celles de la masse du peuple, et que, tout en étant discuté mûrement et publiquement dans son sein, les motifs de ses déterminations seront connus et pesés, et qu'elle formera l'opinion publique en même temps que la sienne : en sorte qu'elle contribuera puissamment à la rectification des idées généralement répandues et aux progrès de la science sociale. Or, ces avantages sont bien supérieurs à un degré de perfection de plus dans la théorie de l'organisation sociale qui sera adoptée.

Le second inconvénient est plus apparent que réel. Car une nation ne doit entreprendre de se donner une nouvelle Constitution qu'après avoir remis tous les pouvoirs de la société entre les mains d'une autorité favorable à ce dessein. C'est là le préalable nécessaire. C'est en quoi consistent proprement la *révolution* et la *destruction ;* tout le reste n'est qu'*organisation* et *reconstruction*. Or, cette autorité provisoire, en convoquant une assemblée chargée de constituer, ne doit lui remettre que cette seule fonction, et se réserver toujours le droit de faire aller la machine jusqu'au moment de sa complète rénovation. Car la marche de la société est une chose qui ne souffre aucune interruption : il faut toujours un provisoire entre l'état ancien et le nouveau.

La trop fameuse Convention nationale française, qui a fait tant de mal à l'humanité en rendant la raison odieuse, qui, malgré la haute capacité et les grandes vertus de plusieurs de ses membres, s'est laissé dominer par des fanatiques et des hypocrites, des scélérats et des fourbes, et qui, par cela même, a rendu d'avance inutiles ses plus belles conceptions, n'a éprouvé ces malheurs que parce que la législature précédente lui a remis à la fois tous les pouvoirs. Celle-ci, après s'être vue obligée de renverser le trône, après avoir proclamé le vœu national pour la république (comme on disait suivant le style de Montesquieu), c'est-à-dire pour la *destruction du pouvoir exécutif héréditaire*, devait n'appeler une *convention* que pour réaliser ce vœu et organiser en conséquence la société; elle devait, en attendant, continuer à veiller sur les intérêts du moment et se réserver la conduite des affaires. Alors l'assemblée conventionnelle aurait infailliblement rempli son objet en très peu de temps et sans inconvénients.

Par la même raison, notre premier Congrès continental et la première Assemblée nationale française, ayant arraché le pouvoir aux anciennes autorités, et se trouvant, par les circonstances, *seules autorités gouvernantes*, n'auraient point dû se faire encore *autorités constituantes;* elles auraient dû convoquer une assemblée expresse à cet effet, et la faire opérer à l'ombre de leur puissance[a].

Cependant, malgré cette irrégularité, l'expérience a prouvé qu'elles ne cherchaient pas à prolonger indéfiniment leur existence; elles ont cédé la place, dès que l'intérêt public l'a exigé ou seulement permis; et même l'Assemblée *constituante* française en était si impatiente qu'elle a fait une très grande faute, en déclarant ses membres inéligibles à l'assemblée *constituée* qui devait la suivre, et les privant ainsi de toute influence sur les événements ultérieurs.

Je crois donc que des trois partis que peut prendre une nation qui se régénère, le dernier est celui qui réunit le plus d'avantages et le moins d'inconvénients. Mais quel que soit celui qu'elle préfère, pour le choisir il faut qu'elle s'assemble; pour qu'elle s'assemble, il faut qu'elle y soit provoquée par l'autorité actuellement existante. Or, dans quelle forme cette autorité doit-elle la convoquer? Si nous voulons procéder avec méthode, c'est là le premier point qu'il nous faut examiner. Les événements ne montrent jamais dans la manière dont ils arrivent, une régularité telle que celle que présente une théorie quelconque. Mais en les observant bien, on trouve toujours dans l'enchaînement des causes qui les amènent, et des effets successifs qu'elles produisent, une série d'idées qui n'est autre que celle qui constitue une théorie saine ou erronée. Pour ne pas s'y perdre, il faut donc toujours suivre ce fil.

Il est clair que la nation dont nous parlons doit être consultée sur l'objet dont il s'agit, c'est-à-dire sur le choix du moyen qu'elle veut employer pour reconstruire l'édifice de la société. Il n'est pas moins évident qu'elle ne peut pas se réunir tout entière dans un seul endroit pour y délibérer. Il faut donc que l'autorité quelconque qui la régit provisoirement, la convoque sur

a. C'est ainsi que s'est tenue notre *Convention* de 1787, qui a mis la dernière main à la *Constitution fédérative* des États-Unis de l'Amérique, et en a définitivement fixé la forme, onze ans et soixante-quinze jours après la *Déclaration d'indépendance*, et neuf ans et soixante-dix jours après la signature du premier *acte de confédération*.

différents points de son territoire en assemblées partielles, dont elle se charge de recueillir et de dépouiller les votes. Nul doute jusque-là : mais ici se présente une question qui en décide bien d'autres, car elle se retrouvera sous mille formes dans tous les détails subséquents. *Tous les citoyens doivent-ils être également appelés dans les assemblées dont il s'agit, et y voter de la même manière*? Je me déclare, sans hésiter, pour l'affirmative; et voici les motifs qui me déterminent.

On dit ordinairement, et Montesquieu dit lui-même : « Il y a toujours dans un État des gens distingués par la naissance, les richesses ou les honneurs : mais s'ils étaient confondus parmi le peuple, et s'ils n'y avaient qu'une voix comme les autres, la liberté commune serait leur esclavage, et ils n'auraient aucun intérêt à la défendre, parce que la plupart des résolutions seraient contre eux. La part qu'ils ont à la législation doit donc être proportionnée aux autres avantages qu'ils ont dans l'État : ce qui arrivera, s'ils forment un corps qui ait droit d'arrêter les entreprises du peuple, comme le peuple a droit d'arrêter les leurs. » J'avoue que ces raisons ne me font aucune impression, et je trouve qu'il y a là une grande confusion qu'il est à propos de faire disparaître.

Je commence par la naissance. Un homme, qui porte un nom célèbre par de grands talents ou de grands services, ou seulement un homme honoré par une existence au-dessus du commun ou par des fonctions distinguées dans la société, a l'avantage qu'il est connu plus tôt, qu'il a des relations plus nombreuses et plus utiles, qu'il a et qu'on lui suppose, en général, une éducation plus relevée, des idées plus étendues, et des habitudes plus généreuses, qu'il fixe plus l'attention, qu'on lui accorde plus de bienveillance, que son bonheur cause moins d'envie, et que son malheur inspire plus d'intérêt. Ce sont là de grands avantages sans doute : on ne peut les perdre; ils sont dans la nature des hommes et des choses. Nulle loi ne peut les donner; nulle ne peut les ôter : ils n'ont besoin d'aucune protection spéciale pour subsister. Mais suppose-t-on que ces grands avantages donnent de plus à celui qui les possède, un droit positif à des places, à des distinctions, à des faveurs, à des prérogatives dont sont privés ses concitoyens : ici la thèse est bien différente. De semblables droits, s'ils doivent exister, ne peuvent être accordés que par la société et pour la société. C'est à elle seule à juger s'ils lui sont utiles ou nuisibles; et les individus qui en jouissent ne doivent avoir aucune force particulière pour les défendre contre l'intérêt général.

Il en est de même des richesses. Sans doute la richesse est une très grande puissance. Elle offre à peu près les mêmes avantages que la naissance, et elle en a qui lui sont particuliers. Une grande fortune donne à celui qui en jouit, s'il sait en user, une grande supériorité sur ceux qui en sont privés. C'est précisément à cause de cela qu'il n'est pas nécessaire d'y rien ajouter. Car si cette grande fortune est patrimoniale, elle est garantie par les lois sur la propriété, comme la subsistance du pauvre; et si elle consiste en bienfaits de l'État, soit à titre de récompense, soit à titre de salaire, il n'y a pas de raison pour que l'État soit assujetti, dans la distribution de ses dons, par d'autres considérations que celles de la convenance et de la justice.

Il en est de même encore, à plus forte raison, des honneurs. Si l'on entend, par ce mot, l'éclat, la considération, qui suivent la naissance, la fortune ou la gloire personnelle, aucune loi ne peut en disposer. Si au contraire on entend par *des honneurs*, les distinctions, les faveurs que peut accorder le gouvernement, ils ne doivent jamais être accompagnés d'une force réelle, qui puisse les faire conserver contre son gré.

Il est donc toujours inutile ou nuisible que ceux qui possèdent de grands avantages dans la société y ajoutent encore une supériorité de pouvoir qui, sous prétexte de leur servir à se défendre, ne leur servirait réellement qu'à opprimer. C'est déjà bien assez qu'ils aient cette supériorité, qui résulte nécessairement de ces avantages, et qui en est inséparable. En vain diraiton que, s'ils ne jouissaient pas de cet accroissement de pouvoir, ils se croiraient eux-mêmes opprimés, *et regarderaient la liberté commune comme leur propre esclavage :* c'est comme si les hommes doués d'une grande force physique se croyaient opprimés, quoiqu'on les laissât s'en servir librement pour leur utilité particulière, parce qu'on les empêche de l'employer à battre leurs concitoyens, ou à les faire travailler, malgré eux, à leur profit.

En général, je regarde comme erroné et provenant de combinaisons imparfaites, ce système de balance en vertu duquel on veut que quelques particuliers aient une force propre qui les protège contre la force publique, et que quelques autorités puissent se soutenir par elles-mêmes contre d'autres autorités, sans recourir à l'appui de la volonté générale. Ce n'est pas là assurer la paix, c'est décréter la guerre. On a vu ci-dessus que dans le dernier cas, malgré les éloges prodigués au gouvernement d'Angleterre, rien n'irait si, derrière toutes ces balances apparentes, il n'y avait pas une force réelle qui entraîne tout. Il en est de même dans celui dont il s'agit. La société serait entravée ou déchirée si tous les privilèges particuliers n'étaient pas réellement tolérés ou détruits par la seule volonté générale.

J'ajoute que cette prétention à une puissance indépendante de la masse commune, et capable de lutter contre elle, est seule la cause de cette éternelle guerre que l'on voit partout entre les pauvres et les riches. Sans elle, il ne serait pas plus difficile de jouir paisiblement de mille onces d'or que d'une. Car les lois ne peuvent pas défendre les petites propriétés sans protéger également les grandes. On ne porte pas pour celles-ci l'envie jusqu'à la haine quand elles ne deviennent pas un moyen d'oppression et d'insolence; et si enfin elles ne peuvent pas échapper absolument à la jalousie, l'influence qu'elles donnent naturellement et nécessairement est supérieure au danger auquel elles exposent.

On peut même dire que, les fortunes des particuliers formant une progression continue depuis la plus extrême misère jusqu'à la plus immense richesse, et celles des mêmes individus étant sujettes à varier fréquemment, on ne saurait où placer la ligne de démarcation entre les pauvres et les riches, pour en faire deux partis opposés, s'il n'y avait pas dans la société des groupes d'hommes, formés et signalés par des faveurs, des privilèges, des pouvoirs, que les autres n'ont pas, et qui les mettent en butte à de justes haines; et qu'ainsi ce sont ces classifications maladroites qui seules rendent possible la guerre intestine qui ne naîtrait pas sans elles. Elles sont donc bien peu propres à l'empêcher.

Il y aurait une autre raison pour accorder à ceux qui ont des avantages éminents dans la société, un surcroît de pouvoir; c'est qu'en général ils ajoutent à tous ces avantages celui des lumières, et que par conséquent en général aussi, il vaut mieux pour tous d'être gouvernés par eux que par d'autres. Cela est vrai. Mais on peut répondre que, si la supériorité des lumières est en effet celle qu'il est réellement désirable de rendre prépondérante, elle n'est liée constamment à aucune autre; qu'elle est celle de toutes qui sait le mieux se défendre elle-même et prendre son rang dans la société quand rien ne la gêne; et que c'est précisément pour la laisser plus librement agir qu'il ne faut accorder aux autres aucune protection spéciale. Elle les fera tout naturellement prévaloir en tout ce qui ne sera pas contraire au bien général. On affaiblit et on égare la *raison* en voulant lui donner pour appuis des fractions de la société, qui ont ou croient souvent avoir des intérêts contraires aux siens.

Je conclus que tous les citoyens doivent être également appelés, et voter de la même manière dans les assemblées où l'on délibère sur le moyen à prendre pour donner une nouvelle organisation à la société; car ils y sont tous également intéressés, puisqu'ils y sont également pour tout ce qu'ils possèdent, pour tous leurs intérêts, pour toute leur existence. Peu importe que l'existence des uns soit plus considérable, ou plus précieuse, ou plus agréable que celle des autres. L'existence de chacun est toujours tout pour lui; et l'idée de tout ne comporte pas celle de plus ou de moins. On ne doit exclure de ces assemblées que les individus qui, à cause de leur âge, ne sont pas censés avoir encore une volonté éclairée par la raison ; ceux qui sont déclarés par jugements être incapables de ces emplois, ou en avoir abusé d'une manière grave, et peut-être ceux qui, à raison des fonctions qu'ils ont acceptées librement, paraissent avoir soumis leur volonté à la volonté d'un autre.

On pourrait demander si les femmes doivent être admises dans ces assemblées. Des hommes, dont l'autorité est très respectable, ont été de cet avis. Je n'en suis pas. Les femmes, comme êtres sensibles et raisonnables, ont certainement les mêmes droits, et à peu près la même capacité que les hommes. Mais elles ne sont pas appelées à faire valoir ces droits et à employer cette capacité de la même manière. L'intérêt des individus dans la société est que tout se fasse bien. Par conséquent, comme nous allons le voir quand nous entrerons dans les détails, leur intérêt n'est pas de prendre une part directe à tout ce qui se fait, mais au contraire de n'être employés qu'à ce à quoi ils sont propres. Or, les femmes sont certainement destinées aux fonctions domestiques, comme les hommes aux fonctions publiques. Elles sont très propres à nous diriger comme épouses et comme mères, mais non à lutter contre nous dans les assemblées. Les hommes sont les représentants et les défenseurs naturels de celles qu'ils aiment ; elles doivent les influencer, et non les remplacer ou les combattre. Il y a entre des êtres si différents et si nécessaires les uns aux autres, disparité, et non pas inégalité. Au reste, cette question est plus curieuse qu'utile. Elle est et sera toujours résolue par le fait, conformément à mon opinion, excepté dans quelques cas, où une longue suite d'habitudes aura fait perdre de vue le vœu de la nature.

Tous les hommes doivent donc être égaux dans les assemblées dont nous parlons, et les femmes ne doivent pas y être hommes. Je pense de plus que ces réunions de citoyens doivent préférer à tout autre moyen de se donner une Constitution, celui d'en confier la rédaction à une assemblée qui n'ait pas d'autre fonction et qui soit composée de députés égaux entre eux et librement élus. Pour abréger, nous appellerons cette assemblée, *convention*. Il faut donc nommer les membres de cette convention.

Les premières assemblées peuvent ou élire elles-mêmes ces députés, ou nommer des électeurs chargés de les élire. C'est ici le cas de se rappeler le principe que nous venons de poser en parlant des femmes. Les membres de la société ont intérêt à ce que tout se fasse bien ; mais cet intérêt ne doit pas les porter à prendre une part directe à tout ce qui se fait, mais au contraire à n'accepter que les fonctions auxquelles ils sont propres. J'en conclus que ces assemblées qui renferment la totalité des citoyens, et que nous nommerons *primaires*, parce qu'elles sont la base de tout l'édifice, doivent se borner à nommer des électeurs. C'est, me dira-t-on, rendre bien indirecte l'influence de chaque citoyen sur la confection des lois; j'en conviens. Mais je demande que l'on prenne garde que je parle ici d'une nation nombreuse, répandue sur un vaste territoire, et qui n'a point adopté le système de la fédération, mais celui de l'indivisibilité. Or, le nombre de députés à élire est nécessairement trop petit pour que chaque assemblée primaire puisse en nommer un. Il faut donc, ou réunir ensemble les votes de toutes les assemblées, ce qui est sujet à une multitude d'inconvénients, ou souffrir un degré intermédiaire. D'ailleurs, la masse des citoyens n'est point à même de connaître et de discerner le petit nombre de sages vraiment dignes d'une telle mission, au lieu qu'elle est très propre à prendre dans son sein des hommes dignes de sa confiance, et capables de faire pour elle un pareil choix. Il arrivera nécessairement que ces hommes choisis seront déjà d'une classe au-dessus de la dernière, d'une éducation plus soignée, auront des vues plus étendues, des relations plus nombreuses, seront moins asservis aux considérations locales: ils rempliront donc mieux cette fonction. C'est là la bonne aristocratie[a]. Ainsi, sans nous être déterminés d'après aucun exemple, sans nous appuyer sur aucune autorité, sans adopter aucun système, en ne suivant que les simples lumières de la raison naturelle, nous voilà arrivés à la formation du corps chargé de donner une Constitution à la société. Cherchons de la même manière quelle doit être cette Constitution, et sur quels principes elle doit être fondée.

Il ne s'agit point ici d'entrer dans les détails, qui varient nécessairement suivant les localités, mais d'examiner quelques points principaux, qui sont d'un égal intérêt partout. Nous sommes déjà convenus que le pouvoir exécutif et le pouvoir législatif ne doivent pas être réunis dans les mêmes mains. Voyons donc à qui l'un et l'autre doivent être confiés. Nous verrons ensuite comment doivent être nommés ou évincés ceux qui en seront les dépositaires. Commençons par le pouvoir législatif.

On ne s'est jamais avisé, je crois, dans aucun pays, de charger un seul homme de l'unique soin de faire les lois[b], c'est-à-dire de vouloir pour la société tout entière, sans avoir aucune autre fonction. La raison en est vraisemblablement que, quand une nation a eu assez de confiance dans un

a. Ajoutons qu'on ne corromprait pas le peuple anglais s'il n'avait que des électeurs à élire : cela n'en vaudrait pas la peine ; et ces électeurs, quoique bien moins nombreux, seraient bien plus chers à acheter, d'autant que leur corruption, s'étendant à moins d'individus, serait bien plus blâmée. [*Note ne figurant pas dans les éditions anonymes de Liège (1817) et de Paris (1819).*]

b. Entendez les lois ordinaires, et non pas les lois constituantes. Nous avons dit qu'il y a plusieurs exemples de ce dernier fait.

individu pour trouver bon que sa volonté particulière soit regardée comme l'expression de la volonté générale, elle a toujours désiré en même temps qu'il eût assez de force pour faire exécuter cette volonté; et alors il s'est trouvé investi de tous les pouvoirs à la fois. Cependant ce dernier parti est fort dangereux, comme nous l'avons vu; et bien des peuples ont eu à se repentir de l'avoir pris : au lieu que l'autre, qui paraît si singulier, serait sans aucun inconvénient pour la liberté. Certainement un homme seul, dont les fonctions se borneraient à dicter les lois, sans disposer d'aucune force, ne serait pas redoutable. On pourrait toujours lui ôter sa place, si on le voulait. Il ne pourrait même espérer de la conserver qu'autant que ses déterminations produiraient le bonheur général. Il serait donc extrêmement intéressé à ne rendre que des décisions sages, à en surveiller l'exécution, et à provoquer la punition des infractions, pour prouver que les mauvais succès ne viennent pas de la loi, mais au contraire de son inexécution. Car on ne lui obéirait jamais que comme à un ami sage dont on suit les conseils, tant qu'on s'en trouve bien, et non comme à un maître dont on est forcé d'exécuter les ordres les plus funestes[a]. Ainsi la liberté serait à son comble.

On fera deux objections contre cette idée : l'une, que ce législateur unique n'aurait pas assez de pouvoir pour faire exécuter les lois; l'autre, qu'il ne pourrait pas suffire à ses immenses fonctions. À cela je réponds : premièrement, qu'un corps législatif composé de trois ou quatre cents personnes, de mille si l'on veut, n'a pas plus de force physique et réelle qu'un homme seul; qu'il n'a qu'une puissance d'opinion, que cet homme peut avoir de même quand il est investi de la confiance publique, et quand il est convenu qu'on peut bien le destituer dans certains cas, en suivant certaines formes; mais que, tant qu'il est en fonction, il faut suivre ses décisions et les faire exécuter. Quant à l'étendue et à la multitude de ses devoirs, j'observerai qu'un État bien ordonné n'a pas besoin de nouvelles lois tous les jours; que leur multiplicité est même un très grand mal; que d'ailleurs ce législateur peut avoir sous lui des coopérateurs et des agents instruits dans différentes parties, qui éclaircissent les matières et facilitent ses travaux; et qu'enfin bien des monarques sont chargés, non seulement de faire les lois, mais encore de les faire exécuter, et suffisent à cette double fonction.

a. Cette magistrature aurait, de plus, l'avantage qu'on n'aurait jamais la ridicule idée de rendre ses fonctions héréditaires. L'absurdité serait trop frappante. [*Note ne figurant pas dans les éditions anonymes de Liège (1817) et de Paris (1819).*]

J'ajouterai même qu'il est plus aisé de trouver un homme supérieur que deux cents, que mille; qu'ainsi, avec un législateur unique, il est vraisemblable que la législation serait plus savante et plus habile qu'avec une assemblée législative, et qu'il est certain qu'elle aurait plus d'ensemble et d'unité; ce qui est un avantage important. En un mot, je crois qu'on ne peut rien dire de solide en faveur de l'opinion contraire, si ce n'est, 1) qu'un corps législatif, composé d'un grand nombre de membres ayant chacun du crédit dans différentes parties du territoire, obtiendra plus aisément la confiance générale et se fera plus facilement obéir; 2) que, les membres ne sortant pas de place tous à la fois, le corps peut être renouvelé par parties, sans qu'il y ait interruption et changement de système; au lieu que quand tout roule sur un seul homme, lorsqu'il change, tout change avec lui.

Je conviens de la force de ces deux raisons, surtout de la dernière. D'ailleurs, je ne prétends pas m'attacher obstinément à une opinion extraordinaire, qui peut sembler paradoxale. Ainsi je consentirai à ce que le pouvoir législatif soit confié à une assemblée, à condition toutefois que ses membres ne seront nommés que pour un temps, et qu'ils auront tous les mêmes droits. On pourra, si l'on veut, pour l'ordre et la maturité des délibérations, partager cette assemblée en deux ou trois sections, et mettre quelques légères différences entre leurs fonctions et la durée de leur mission; mais il faut qu'au fond, ces sections soient de même nature, et surtout qu'elles n'aient aucun droit de *veto* absolu l'une sur l'autre. Le corps législatif doit être essentiellement un et délibérer en son sein, mais non pas combattre contre lui-même.

Tous ces systèmes d'opposition et de balance ne sont jamais, je le répète, que de vaines singeries, ou une guerre civile réelle.

Venons maintenant au pouvoir exécutif. Pour celui-là, j'ose affirmer, quoi que l'on en ait dit, qu'il est absolument indispensable qu'il ne soit pas tout entier dans une seule main. L'unique raison qu'on ait jamais donnée en faveur de l'opinion contraire, c'est, dit-on, qu'un homme seul est plus propre à l'action que plusieurs hommes réunis. Cela est faux. C'est dans la volonté que l'unité est nécessaire, et non pas dans l'exécution. La preuve en est que nous n'avons qu'une tête et plusieurs membres qui lui obéissent. Une autre preuve plus directe, c'est qu'il n'y a point de monarque qui n'ait plusieurs ministres. Or, ce sont eux qui exécutent réellement : lui ne fait que vouloir, et souvent ne fait rien du tout. Cela est si vrai que, dans un pays organisé comme l'Angleterre, le roi n'est absolument rien que par la portion qu'il a dans le pouvoir législatif; et, si on lui ôtait cette part qu'il ne doit point avoir, il serait complètement inutile. Le corps législatif et le corps des ministres, voilà réellement le gouvernement. Le roi n'est qu'un être parasite, un rouage superflu au mouvement de la machine, dont il ne fait qu'augmenter les frottements et les frais. Il ne sert à rien du tout qu'à remplir, avec à peu près le moins d'inconvénients possible, une place funeste à la tranquillité publique, dont tout ambitieux voudrait s'emparer, si elle n'était pas déjà occupée, parce qu'on est accoutumé à la voir exister. Mais si l'on n'avait point cette habitude, ou si l'on pouvait la perdre, il est évident qu'on n'imaginerait pas de créer une telle place, puisque, malgré son existence et son influence vicieuse, dès qu'il est question d'affaires, on la met absolument à l'écart : les débats ou les relations, la guerre ou la paix, s'établissent entre le conseil et le parlement; et quand l'un ou l'autre change, tout change, quoique le roi, vraiment *fainéant* dans la rigueur du mot, c'est-à-dire *faisant rien*, reste le même.

Tout cela est si constant et si bien fondé dans la nature humaine que jamais nation ne s'est donné un monarque dans l'intention que l'exécution fût une, mais bien afin d'être régie par une volonté unique qu'elle croyait très sage, fatiguée qu'elle était d'être déchirée par des volontés discordantes. Or, le mouvement naturel, en prenant ce parti dans des temps où la science sociale n'est point encore approfondie, est de donner à cette volonté à laquelle on désire se soumettre, la force de subjuguer toutes les autres : et de là les monarques absolus. Ils ont d'abord été tels, partout où on en a créé volontairement et inconsidérément. Dans la suite, on a vivement senti qu'on était opprimé, ou du moins très mal dirigé par eux. On s'est réuni, non avec le projet de les arrêter de vive force, parce qu'on ne savait comment s'y prendre; encore moins avec celui de les chasser, parce qu'on n'aurait su comment les remplacer, et que d'ailleurs on s'était accoutumé à un grand respect pour eux; mais dans l'intention de les éclairer, de leur faire des représentations, de leur montrer les vrais intérêts de leur bon peuple, et de leur persuader que leur intérêt personnel était le même que celui de la nation. On y a réussi plus ou moins, suivant les temps, les pays, et les circonstances. Mais une nation ne peut pas être réunie longtemps ni souvent pour faire des remontrances, des supplications, des doléances, sans s'apercevoir ou se ressouvenir qu'elle a le droit incontestable et imprescriptible de donner ses ordres et de dicter ses volontés. Elle a donc réclamé pour elle, ou du moins pour ses députés, le pouvoir législatif; et quand elle l'a voulu décidément, il a bien fallu le lui laisser reprendre, de peur qu'elle ne redemandât aussi le pouvoir exécutif. Alors elle s'est trouvée avoir repris et remis en plusieurs mains, précisément celui des deux pouvoirs que dans l'origine elle avait eu le projet de céder et de remettre dans une seule; et on lui a facilement persuadé que l'autre pouvoir, celui de l'exécution, devait, pour être exercé utilement et paisiblement, être laissé à un seul homme, et même héréditairement dans sa famille; bien entendu que l'on comptait toujours l'employer à la subjuguer de nouveau. C'est ainsi à peu près que les choses se sont passées chez tous les peuples soumis à une autorité monarchique, qui par la suite des temps et des événements ont obtenu une représentation nationale un peu régulière, et qui par conséquent vivent sous un gouvernement modéré; et c'est ce qui fait qu'ils ne sont libres qu'à moitié et qu'ils sont à tout instant en danger de ne l'être plus du tout.

Cependant, je le répète, il n'est pas vrai qu'il soit de la nature du pouvoir exécutif d'être mieux exercé par un homme seul que par plusieurs hommes réunis, et que l'exécution ait essentiellement plus besoin que la législation d'être confiée à une seule personne. Car la majorité d'un conseil peu nombreux produit l'unité d'action, tout comme un chef unique; et, quant à la célérité, elle s'y trouve également et souvent plus grande: d'ailleurs il s'en faut beaucoup qu'il soit toujours désirable que l'action soit si soudaine et si rapide. Mais il y a plus. On peut dire au contraire que les affaires d'un grand État, bien que dirigées en général par le corps législatif, ont besoin dans l'exécution d'être toujours conduites d'une manière uniforme et suivant le même système. Or, c'est ce que l'on ne peut pas attendre d'un homme seul; car, outre qu'il est bien plus sujet à changer de vues et de principes qu'un conseil, quand il vient à manquer ou à être remplacé, tout manque avec lui et tout change à la fois; au lieu que le conseil ne se renouvelant que par parties, son esprit est véritablement immuable et éternel comme le corps politique. Cette considération est certainement d'un bien plus grand poids que celle que l'on fait tant valoir ordinairement en faveur de l'opinion contraire. Cependant, je ne la regarderai pas comme péremptoire. Dans des matières si compliquées, où il y a tant de choses à peser et tant de conséquences à prévoir, un aperçu unique, une raison isolée, ne peuvent jamais être vraiment décisifs. Entrons donc plus avant dans le fond du sujet, et voyons un peu plus en détail quelles sont les suites qu'entraîne nécessairement l'existence d'un chef unique du pouvoir exécutif. Alors nous pourrons porter un jugement avec connaissance de cause.

Ce chef unique ne peut être qu'héréditaire ou électif. S'il est électif, il est élu pour toute sa vie ou pour un certain nombre d'années. Commençons par cette dernière supposition. Si le même esprit de prudence et de prévoyance qui a fait borner à un petit nombre d'années déterminé la mission du dépositaire du pouvoir exécutif, a fait aussi qu'on l'a assujetti à des règles dans l'exercice de ce pouvoir; si on l'a astreint à suivre certaines formes, à s'adjoindre certaines personnes, à ne point agir contre leur avis; et si des mesures réellement efficaces ont été prises pour qu'il ne puisse s'affranchir de ces entraves, alors sans doute ce principal agent de la nation sera sans inconvénient. Il ne sera pas d'une importance assez majeure pour que son élection ne puisse pas se faire sans troubles. Il sera vraisemblablement choisi entre les hommes les plus capables et les plus estimables. Il ne sera en place que dans l'âge où l'homme jouit du plus grand développement de toutes ses facultés. Il ne sera pas assez séparé des autres citoyens pour avoir des intérêts fort distincts de ceux de l'État. Il pourra être déplacé et remplacé sans secousses, et sans que tout change avec lui. Mais aussi ce ne sera pas proprement un chef unique. Il n'aura pas pleinement l'entière disposition de toute la force nationale; il ne remplira pas l'idée que nous avons d'un *monarque*. Il sera seulement le premier magistrat d'un peuple libre et qui peut continuer à l'être. Plus nous nous écarterons de cette supposition, plus nous allons voir diminuer les avantages et croître les inconvénients.

Imaginons maintenant ce même chef unique, élu de même pour un temps limité, mais sans précautions prises, et disposant librement des troupes et de l'argent, quoique toujours sous la direction du corps législatif. Dès ce moment, cette place est trop considérable pour qu'elle puisse être donnée sans qu'il naisse de vraies factions. Elle ouvre la porte à de grandes ambitions; il en naîtra. Le moment des élections les exaspérera jusqu'à la violence; et la force sera employée. Des particuliers songeront d'avance à se rendre redoutables, et tout sera perdu. Quand ils se borneraient à l'intrigue, lorsqu'ils verront qu'ils ne peuvent réussir pour eux-mêmes, ils feront tomber le choix sur un vieillard, sur un enfant, sur un homme inepte, pour en disposer, parce que ce fonds vaut la peine d'être exploité. Dès lors, plus d'hommes capables à la tête des affaires. S'il en paraît un, c'est un ambitieux plus habile que les autres. Il tient seul dans sa main toute la force réelle : elle sera employée uniquement pour lui. Il est trop au-dessus de ses concitoyens pour n'avoir pas d'autres intérêts que les leurs : il n'en a qu'un, celui de se perpétuer dans son pouvoir. Ils ont besoin de repos et de bonheur. Il a besoin d'affaires, de discordes, de querelles, de guerres, pour se rendre nécessaire : il n'en manquera pas. Il procurera peut-être à son pays des succès militaires et des avantages extérieurs, mais jamais au-dedans une félicité tranquille. Il deviendra impossible de le déplacer et de le remplacer. Cet effet est si aisé à produire que jamais homme trop puissant n'a manqué de garder toute sa vie le pouvoir, ou ne l'a perdu que par de grands malheurs publics.

Nous voici arrivés à la seconde hypothèse, celle où ce chef unique est en place pour toute sa vie. Je n'ai pas besoin de m'y arrêter beaucoup. On sent assez que tout ce que j'ai dit de la première hypothèse est encore plus vrai de celle-ci, et qu'une fois la chose venue à ce point, il faut se résoudre à vivre dans les convulsions du désordre, et à voir même arriver la dissolution de la société, comme en Pologne, ou laisser le chef, élu à vie, devenir héréditaire, comme en Hollande et dans beaucoup d'autres pays; trop heureux encore si, par l'effet du hasard et le jeu des intérêts contraires, cette hérédité finit par être déterminée d'une manière nette, constante, qui ne soit point trop déraisonnable, et qui ne conduise pas le corps politique à être déchiré, ou à être la proie d'une puissance étrangère, comme cela n'est que trop souvent arrivé. S'il est impossible qu'un grand pouvoir soit confié pour un temps limité à un seul homme, sans que bientôt il arrive à le garder toute sa vie, il est encore plus impossible que plusieurs hommes successivement exercent ce pouvoir pendant toute leur vie, sans qu'il ne se trouve un d'entre eux qui le perpétue dans sa famille. Nous voilà donc amenés à examiner les effets de la monarchie héréditaire.

Pour les hommes qui ne réfléchissent pas, et c'est le grand nombre, il n'y a d'étonnant que ce qui est rare. Rien de ce qui se voit fréquemment n'a le droit de les surprendre, quoique dans l'ordre physique comme dans l'ordre moral, ce soient les phénomènes les plus communs qui sont les plus merveilleux. Ainsi, tel qui se croirait en démence s'il déclarait héréditaires les fonctions de son cocher ou de son cuisinier, ou s'il s'avisait de substituer à perpétuité la confiance qu'il a dans son avocat et dans son médecin, en s'obligeant lui et les siens de n'employer jamais en ces qualités que ceux que lui désignerait l'ordre de primogéniture, encore qu'ils fussent enfants ou décrépits, fous ou imbéciles, maniaques ou déshonorés, trouve tout simple d'obéir à un souverain choisi de cette manière. Mais, pour l'être qui pense, il est si rare de trouver un homme capable de gouverner et qui, à la longue, n'en devienne pas indigne; il est si vraisemblable que les enfants de celui qui est revêtu d'un grand pouvoir seront mal élevés et deviendront les pires de leur espèce; il est si improbable que si un d'eux échappe à cette maligne influence, il soit précisément l'aîné; et quand cela serait, son enfance, son inexpérience, ses passions, ses maladies, sa vieillesse, remplissent un si grand espace dans sa vie, pendant lequel il est dangereux de lui être soumis; tout cela forme un si prodigieux ensemble de chances défavorables, que l'on a peine à concevoir que l'idée de courir tous ces risques ait pu naître, qu'elle ait été si généralement adoptée, et qu'elle n'ait pas toujours été complètement désastreuse. Il faut avoir suivi, comme nous venons de le faire, toutes les conséquences d'un pouvoir unique pour découvrir comment on a pu être amené et même être forcé à jouer un jeu de hasard si dangereux et si désavantageux; et il faut être bien fortement persuadé de la nécessité de l'unité du pouvoir pour dire ensuite, comme un très grand géomètre[1], homme de beaucoup d'esprit, que j'ai connu : *Tout calculé, je préfère le pouvoir héréditaire, parce que c'est la manière la plus simple de résoudre le problème.* Cependant ce mot, qui n'a l'air que naïf, est très profond ; car il renferme et la cause de l'institution, et tout ce qu'on peut dire en sa faveur.

Aussi, malgré tout ce que j'ai dit, j'adopterais encore cette conclusion, si le pouvoir héréditaire n'avait pas d'autres inconvénients que ceux dont j'ai parlé. Mais il y en a un absolument insupportable selon moi ; c'est d'être de sa nature illimité et illimitable, c'est-à-dire de ne pouvoir pas être contenu dans de justes bornes constamment et paisiblement ; et il a cet inconvénient, non pas comme pouvoir héréditaire, mais comme pouvoir *un et non partagé :* car l'autorité d'un seul est essentiellement progressive. Nous l'avons vue bornée à un petit nombre d'années, devenir nécessairement viagère ; et de viagère, héréditaire. Ce dernier état n'est que l'entier développement de sa nature toujours agissante ; et ce ne sera pas quand elle aura acquis plus de force, qu'il sera plus aisé de l'arrêter dans sa marche : d'autant qu'alors, avec plus de moyens, elle aura encore plus besoin de renverser tous les obstacles qui lui resteraient opposés. En effet, nul pouvoir héréditaire ne peut être assuré, si l'on reconnaît la suprématie de la volonté générale ; car il est de l'essence de l'hérédité d'être perpétuelle, et de celle de la volonté d'être temporaire et révocable. Il faut donc de toute nécessité que la monarchie héréditaire, pour être affermie, étouffe le principe de la souveraineté nationale. Ce n'est pas seulement dans les passions des hommes, c'est dans la nature des choses que se trouve cette obligation. On voit d'un coup d'œil ce qui doit en résulter, et qu'il ne s'agit de rien moins que d'une guerre éternelle, ou vive ou lente, ou sourde ou déclarée. Elle peut être amortie par la modération d'un monarque, ajournée par sa prudence, déguisée par son habileté, masquée par les événements, suspendue par les circonstances ; mais elle ne peut finir que par l'esclavage du peuple, ou la chute du trône, monarchie pure ou pouvoir partagé*. Espérer liberté et monarchie, c'est espérer deux choses dont l'une exclut l'autre. Bien des monarques, et même des citoyens, peuvent l'avoir ignoré.

* Le membre de phrase : « monarchie pure ou pouvoir partagé » ne figure pas dans les éditions anonymes de Liège (1817) et de Paris (1819).

1. Le mathématicien Joseph Louis Lagrange (1736-1813), que Destutt de Tracy a cotoyé au sein du Conseil d'instruction publique. Voir Emmet Kennedy, *Destutt de Tracy and the Origins of « Ideology »*, Philadelphie, *The American Philosophical Society*, 1978, p. 103.

Mais cela n'en est pas moins vrai; et c'est actuellement une chose bien connue, surtout des souverains.

On ne doit donc plus être étonné de ce que nous avons dit, et de ce que Montesquieu a observé lui-même, de l'immoralité et de la corruption du gouvernement monarchique, de sa pente vers le luxe, le dérèglement, la vanité, la guerre, la conquête, le désordre des finances, la dépravation des courtisans, l'avilissement des classes inférieures; et de sa tendance à étouffer les lumières, au moins en fait de philosophie morale, et à répandre dans la nation l'esprit de légèreté, d'irréflexion, d'insouciance et d'égoïsme. Tout cela doit être, puisque le pouvoir héréditaire, ayant des intérêts distincts de l'intérêt général, est obligé de se conduire comme une faction dans l'État, de diviser et souvent d'affaiblir la puissance nationale pour la combattre, de partager la nation en diverses classes pour dominer les unes par le moyen des autres, de les séduire toutes par des illusions, et par conséquent de porter également le trouble et l'erreur dans la théorie et dans la pratique.

On voit aussi pourquoi les partisans de la monarchie, quand ils se sont occupés d'organisation sociale, n'ont jamais pu imaginer qu'un système de balance qui, opposant sans cesse les pouvoirs les uns aux autres, en fait réellement des armées en présence, toujours prêtes à se nuire et à se détruire, au lieu de les arranger comme des parties d'un même tout, concourant au même but. C'est que premièrement ils avaient admis dans la société deux éléments inconciliables, entre lesquels ils ne pouvaient que moyenner des arrangements, et jamais les amener à une union intime.

Vraisemblablement ils ne s'en sont pas aperçus eux-mêmes. Mais quand on voit de bons esprits, occupés à résoudre une difficulté, ne jamais aller au-delà d'une solution incomplète qui ne satisfait pas pleinement la raison, on peut être sûr qu'il y a une erreur antérieure qui les empêche d'arriver jusqu'à la vérité. On croit trop que ce sont les passions ou les habitudes des hommes qui forment leurs opinions, quand elles ne sont pas lucides; ce n'est le plus souvent que le manque d'un degré de réflexion de plus, d'un degré de plus d'opiniâtreté dans leurs recherches. En creusant encore un peu, ils auraient trouvé la vraie source.

Quoi qu'il en soit, tant d'erreurs et tant de maux provenant nécessairement d'une seule faute, *la disposition de la force nationale laissée à un seul homme*, je conclus, comme je l'avais annoncé, que le *pouvoir exécutif* doit être confié à un conseil composé d'un petit nombre de personnes élues pour un temps, et se renouvelant successivement; comme aussi le *pouvoir législatif* doit être remis à une assemblée plus nombreuse, formée aussi de membres nommés pour un temps limité, et se renouvelant partiellement chaque année.

Voilà donc deux corps établis, l'un pour vouloir, l'autre pour agir au nom de tout un peuple. Il ne faut point prétendre les mettre en parallèle et, pour ainsi dire, en pendant. L'un est incontestablement le premier et l'autre le second, par la seule raison qu'il faut vouloir avant d'agir. Il ne faut pas les considérer comme rivaux et les placer en opposition l'un vis-à-vis de l'autre. Le second dépend nécessairement du premier, en ce sens que l'action doit suivre la volonté. Il ne faut point s'occuper de stipuler leurs intérêts respectifs, et même ceux de leur vanité; car ils n'ont aucuns droits qui leur appartiennent en propre, ils n'ont que des fonctions à exercer, et ce sont celles qui leur ont été confiées : il ne faut donc songer qu'à faire en sorte qu'ils les remplissent bien et à la satisfaction de ceux qui les en ont chargés. Ce langage, incompatible avec l'esprit des cours, n'est que celui du simple bon sens. Or, ce petit nombre de vérités palpables résout tout de suite bien des difficultés dont on a fait trop de cas et va nous faire voir bientôt comment les membres de ces corps doivent être nommés, comment ils doivent être destitués quand il y a lieu, et comment leurs différends doivent être terminés s'il s'en élève quelques-uns.

Pour les membres du corps législatif, leur élection n'a rien d'embarrassant. Ils sont nombreux, ils doivent être tirés de toutes les parties du territoire : ils peuvent être très bien choisis par des corps électoraux assemblés dans différentes communes, lesquels sont très propres à choisir les deux ou trois sujets les plus capables, les mieux famés et les plus accrédités dans une certaine étendue du pays. La punition de leurs fautes n'offre pas plus de difficultés. Leurs fonctions se bornent à parler et à écrire, à émettre, à motiver et à soutenir leurs opinions par toutes les raisons dont ils peuvent s'aviser : ils doivent avoir pleine et entière liberté de les remplir, sauf l'observation des convenances, dont l'oubli ne peut donner lieu qu'à quelques légères corrections de simple police intérieure. Ils ne sont donc pas même susceptibles de culpabilité pour raison de leurs fonctions. Ils ne peuvent donc se trouver dans le cas d'être punis que pour des fautes ou des crimes étrangers à leur mission, comme tous les autres citoyens; et, comme tous les autres citoyens, ils doivent être poursuivis pour ces délits par les voies ordinaires, en prenant toutefois quelques précautions, pour que ces accusations individuelles et privées ne deviennent pas un moyen d'écarter des magistrats utiles et de paralyser le service public : mais surtout ils ne doivent jamais avoir le droit de s'exclure réciproquement et de s'interdire les uns aux autres l'exercice de leurs fonctions[1].

Il n'en doit pas être tout à fait de même des membres du corps exécutif. Ils sont peu nombreux. Chacun des corps électoraux n'en peut pas nommer un. D'ailleurs, ces électeurs dispersés, et bons pour désigner des hommes dignes de coopérer à la législation, pourraient bien, livrés à leurs seules lumières, n'être pas des juges très compétents du mérite des huit ou dix hommes d'État, capables de gérer les affaires d'une grande nation. D'un autre côté, ces membres du corps exécutif sont dans le cas d'agir, de donner des ordres, d'employer la force, de faire mouvoir les troupes, de disposer de l'argent, de créer et de supprimer des places. Ils doivent faire toutes ces choses conformément aux lois et suivant leur esprit. Ils peuvent, dans chacune de ces mesures, être coupables et punissables. Cependant, ce n'est pas au corps législatif à les nommer, ni à les destituer, ni à les juger. Car, comme nous l'avons dit, ils doivent dépendre de lui, en ce sens que l'action doit suivre la volonté; mais ils ne doivent pourtant pas en dépendre passivement, puisqu'ils ne doivent exécuter ses volontés qu'autant qu'elles sont légitimes. L'un de ces corps peut bien reprocher à l'autre de mal agir, c'est-à-dire de ne pas suivre les lois; mais comme celui-ci à son tour peut reprocher à celui-là de mal vouloir, c'est-à-dire de faire des lois contraires à la Constitution, que tous les corps constitués doivent également respecter, il suit de là que ces corps peuvent et doivent avoir ensemble des discussions, sur lesquelles aucun des deux n'a le droit de prononcer, et qui pourtant doivent se terminer paisiblement et légalement; sans quoi, dans notre Constitution, comme dans beaucoup d'autres, personne ne saurait précisément son devoir, et tout serait réellement sous l'empire de la force et de la violence.

Cette dernière observation, jointe à celles qui précèdent, nous montre qu'il faut encore une pièce à la machine politique, pour qu'elle puisse se mouvoir régulièrement. En effet, elle a un corps pour vouloir, un autre pour agir: il lui en faut un pour conserver, c'est-à-dire pour faciliter et régler l'action des deux autres. Dans ce corps conservateur, nous allons trouver tout ce qui nous manque pour compléter l'organisation de la société.

1. L'insistance avec laquelle Destutt de Tracy se prononce en faveur de l'inviolabilité des législateurs dans l'exercice de leurs fonctions trouve son origine dans sa condamnation sans appel de la Convention jacobine votant l'arrestation de certains de ses membres.

Ses fonctions seront :

1) De vérifier les élections des membres du corps législatif avant qu'ils entrent en fonction et de juger de leur validité.

2) D'intervenir dans les élections des membres du corps exécutif, soit en recevant, des corps électoraux, une liste de candidats parmi lesquels il choisirait, soit au contraire en leur envoyant une liste de ceux entre lesquels ils devraient élire[a].

3) D'intervenir à peu près de même et suivant les mêmes formes, dans la nomination des juges suprêmes, soit grands juges comme en Amérique, soit membres d'un tribunal de cassation comme en France.

4) De prononcer la destitution des membres du corps exécutif, s'il y a lieu, sur la demande du corps législatif.

5) De décider, d'après la même provocation, s'il y a lieu à accusation contre eux, et dans ce cas de donner quelques uns de ses membres, suivant une forme déterminée, pour composer le grand jury devant les juges suprêmes.

6) De prononcer l'inconstitutionnalité et par conséquent la nullité des actes du corps législatif ou du corps exécutif, sur la réclamation de l'un des deux, ou sur d'autres provocations reconnues valables par la Constitution.

7) De déclarer, d'après la même réclamation, ou d'après celle de la masse des citoyens, dans des formes et avec des délais déterminés, quand il y a lieu à la révision de la Constitution, et en conséquence de convoquer une convention *ad hoc*, tout en demeurant provisoirement dans le même état[b].

Au moyen de ces fonctions du corps conservateur, je ne vois plus aucun obstacle qui puisse arrêter la marche de la société, aucune difficulté qui ne puisse être résolue paisiblement. Je ne vois aucun cas où chaque citoyen ne sache pas à qui il doit obéir et aucune circonstance où il n'ait pas des moyens légaux de faire prévaloir sa volonté et d'arrêter celle d'un autre,

a. Si l'on préférait le second mode, la Constitution pourrait statuer que, lorsque les corps électoraux ne trouveraient pas dans la liste des éligibles un nom qu'ils voudraient y voir, ils pourraient demander qu'il y fût ajouté : et le corps conservateur serait obligé de l'y admettre, si la majorité des corps électoraux le voulait.

b. Ces deux derniers actes du corps conservateur pourraient et même devraient, avant d'être exécutoires, être soumis à l'approbation de la nation, qui en déciderait par *oui* ou par *non*, dans les assemblées primaires ou dans les corps électoraux ou dans des corps nommés à cet effet.

quel qu'il soit, autant qu'il le doit et autant qu'il le faut pour le bien général; et en même temps ces fonctions me paraissent si nécessaires que tout État *un et indivisible*, dans la Constitution duquel on n'a pas placé un pareil corps, me semble manifestement abandonné au hasard et à la violence.

Ce corps serait composé d'hommes qui devraient y rester toute leur vie, qui ne pourraient plus remplir aucune autre place dans la société, et qui n'auraient d'autre intérêt que de maintenir la paix et de jouir tranquillement d'une existence honorable. Il deviendrait la retraite et la récompense de ceux qui auraient rempli de grandes places; et c'est un avantage qui n'est pas à dédaigner. Car si la carrière politique ne doit pas être arrangée de manière à faire naître de grandes ambitions, elle ne doit pas non plus être si ingrate qu'elle soit négligée, ou qu'on ne puisse y entrer qu'avec l'intention de changer les lois ou de les éluder.

Les membres du corps conservateur devraient, pour la première fois, être nommés par la convention qui aurait fait la Constitution, dont le dépôt lui serait confié; et ensuite les remplacements seraient faits, à mesure des vacances, par les corps électoraux, sur des listes d'éligibles formées par le corps législatif et le corps exécutif.

Je me suis un peu étendu sur ce qui regarde ce corps conservateur, parce que cette institution a été imaginée depuis peu, et parce qu'elle me paraît de la plus extrême importance. C'est, suivant moi, la clef de la voute, sans laquelle l'édifice n'a aucune solidité et ne peut subsister. Je m'attends cependant qu'on me fera deux objections opposées. Les uns diront que ce corps décidant les différends et jugeant les hommes les plus importants de l'État, acquerra par cela même une puissance prodigieuse et deviendra très dangereux pour la liberté. À cela je réponds qu'il sera composé d'hommes contents de leur sort, ayant tout à perdre et rien à gagner dans les troubles, ayant passé l'âge des passions et celui des grands projets, ne disposant d'aucune force réelle, et ne faisant guère dans leurs décisions qu'en appeler à la nation et lui donner le temps et le moyen de manifester sa volonté.

D'autres personnes, au contraire, prétendront que ce corps ne sera qu'un fantôme inutile dont tout ambitieux se jouera et que la preuve en est qu'en France il n'a pu défendre un moment le dépôt qui lui était confié. Je répondrai que cet exemple ne prouve rien, parce que la liberté est toujours impossible à défendre dans une nation tellement fatiguée de ses efforts et de ses malheurs, qu'elle préfère même l'esclavage à la plus légère agitation qui pourrait résulter de la moindre résistance : et telle était la disposition des Français, lors de l'établissement de leur Sénat; aussi ils se sont vu enlever, sans le moindre murmure et presque avec plaisir, jusqu'à la liberté de la presse et la liberté individuelle. D'ailleurs, ainsi que je l'ai souvent dit, il n'y a aucune mesure qui puisse empêcher les usurpations, quand une fois toute la force active est remise dans une seule main, comme elle l'était par la Constitution française de 1799 (an 8), (car les deux seconds consuls n'étaient rien) : et j'ajoute que si les Français se fussent avisés de placer ce même corps conservateur dans leur Constitution de 1795 (fructidor an 3), dans laquelle le pouvoir exécutif était réellement partagé, il se serait maintenu avec succès entre le Directoire et le Corps législatif; il aurait empêché la lutte violente qui a eu lieu entre eux en 1797 (18 fructidor an 5); et cette nation jouirait actuellement de la liberté, qui lui a toujours échappé au moment de l'atteindre[a].

Voilà, je pense, quel serait le chemin à suivre pour résoudre le problème que nous nous sommes proposé. Ne voulant point tracer le plan complet d'une Constitution, mais seulement en poser les principales bases, je me bornerai à ces points capitaux, et je n'entrerai pas dans des détails qui peuvent varier sans inconvénients, suivant les localités et les circonstances. Je ne dis pas que les idées que je viens d'exposer soient praticables partout et en tout temps. Il peut se faire qu'il y ait des pays où l'autorité d'un seul, même la plus illimitée, soit encore nécessaire, comme l'établissement des moines a pu être utile dans certaines circonstances, bien que très mauvais et très absurde en lui-même. Mais je crois que, lorsqu'on voudra suivre les plus saines notions de la raison et de la justice, ce sera à peu près ainsi que la société devra être organisée, et qu'il ne se trouvera jamais de véritable paix ailleurs. Je livre ce système, si c'en est un, aux méditations des penseurs. Ils verront facilement quelles doivent être ses heureuses conséquences et combien il est appuyé par tout ce que nous avons dit précédemment de l'esprit et des principes des différents gouvernements, et de leurs effets sur la richesse, la puissance, les mœurs, les sentiments et les lumières des peuples. Je n'ajouterai plus qu'un mot : *Le plus grand avantage des autorités modérées et limitées étant de laisser à la volonté générale la possibilité de se former et de se faire connaître; et la manifestation de cette volonté étant le meilleur moyen de résistance à l'oppression, la liberté individuelle et la liberté de la presse sont les deux choses les plus indispensables pour le bonheur et le bon ordre de la société, et sans lesquelles toutes les combinaisons qu'on peut faire pour établir la meilleure*

a. Il faut ajouter à tout cela que la manière de nommer et de remplacer les sénateurs français était fort différente de celle que je propose. Elle a été vicieuse, dès le principe, dans leur Constitution de l'an 8 (1799), et rendue ensuite plus vicieuse encore, ainsi que les attributions de ces mêmes sénateurs, par les dispositions illégales et illégitimes qu'ils appellent les *Constitutions de l'Empire*.

distribution des pouvoirs ne sont que de vaines spéculations. Mais ceci rentre dans le sujet que nous devons traiter dans le livre suivant[a].

a. *Note de l'éditeur dans les éditions anonymes de Liège (1817) et de Paris (1819) :*

« Nous croyons devoir placer ici une remarque que les critiques et les commentateurs sont priés de nous pardonner. C'est que le livre que l'on vient de lire, comparé avec quelques-uns des précédents, montre avec évidence combien il est plus aisé de rejeter ce qui est mauvais que de trouver ce qui est bon, de critiquer que de produire, de détruire que de construire. En effet, l'auteur ici change de rôle. Il cesse de combattre les idées de Montesquieu pour proposer les siennes, et quoique le livre dont il s'agit renferme, suivant nous, de très bonnes choses, il nous semble qu'il laisse beaucoup à désirer. Les jugements de l'auteur nous paraissent, en général, très fondés et ses raisonnements très plausibles ; mais nous croyons qu'il en presse trop les conséquences, et que ses conclusions sont trop absolues et trop tranchantes. Cependant il faut convenir qu'il n'expose ici qu'une théorie abstraite, sans aucune considération de lieu ni de temps, et que lui-même indique que dans l'application, elle pourrait et devrait recevoir beaucoup de modifications suivant les circonstances. Au reste, il n'est plus en notre pouvoir de rien changer aux idées de l'auteur. Nous devons nous borner à notre rôle d'éditeur et donner ici l'ouvrage tel qu'il a été imprimé à Philadelphie en 1811. »

Commentaire de l'auteur dans l'édition Th. Desoer de 1819 et suivantes :

De toutes les libertés qu'ont prises avec mon ouvrage ceux qui l'ont imprimé sans que je m'en mêlasse, celle qui me plait le plus est la note qu'on vient de lire. Aussi, je la conserve, et je l'adopte en entier et sans restriction.

J'ajoute : 1) Que je suis très persuadé que la monarchie constitutionnelle, ou le gouvernement représentatif avec un seul chef héréditaire, est et sera encore extrêmement longtemps, malgré ses imperfections, le meilleur de tous les gouvernements possibles pour tous les peuples de l'Europe, et surtout pour la France.

2) Que toutes les nations qui ont reçu de leur monarque une charte constitutionnelle déclarant et consacrant les principaux droits des hommes en société, et qui, comme les Français, l'ont acceptée avec joie et reconnaissance, ne sont plus dans le cas des peuples qui ont à se faire une Constitution ; qu'ils en ont véritablement une, et qu'ils ne doivent plus songer qu'à l'exécuter ponctuellement et à s'y attacher tous les jours plus fortement.

La franchise avec laquelle j'ai exposé mes opinions jusqu'ici doit être un sûr garant de la sincérité de celle que j'énonce en ce moment. Je ne pense pas du tout que ce soit me contredire. Je crois fermement que je ne fais qu'établir la différence très importante que tout homme sage ne peut s'empêcher de reconnaître entre les abstractions de la théorie et les réalités de la pratique. Ce qu'il y a de certain, c'est que si je n'en étais pas très persuadé, je ne le dirais pas.

LIVRE XII

DES LOIS QUI FORMENT LA LIBERTÉ POLITIQUE DANS SON RAPPORT AVEC LE CITOYEN

La liberté politique ne saurait subsister sans la liberté individuelle et la liberté de la presse, et celles-ci sans la procédure par jurés.

Le livre précédent est intitulé par Montesquieu : *Des lois qui forment la liberté politique dans son rapport avec la Constitution.* Nous avons vu que, sous ce titre, il traite des effets que produisent sur la liberté des hommes les lois qui forment la Constitution de l'État, c'est-à-dire qui règlent la distribution des pouvoirs politiques. Ces lois sont en effet les principales de celles qui régissent les intérêts généraux de la société; et en y joignant celles qui règlent l'administration et l'économie publique, c'est-à-dire celles qui dirigent la formation et la distribution des richesses, on aurait le code complet qui gouverne les intérêts du corps politique, pris en masse, et qui influe sur le bonheur et la liberté de chacun par les effets qu'il produit sur le bonheur et la liberté de tous.

Ici, il s'agit des lois qui atteignent directement chaque citoyen dans ses intérêts privés. Ce n'est plus la liberté publique et politique qu'elles attaquent ou qu'elles protègent immédiatement; c'est la liberté individuelle et particulière. On sent que cette seconde espèce de liberté est bien nécessaire à la première et lui est intimement liée. Car il faut que chaque citoyen soit en sûreté contre l'oppression dans sa personne et dans ses biens, pour pouvoir défendre la liberté publique; et il est bien clair que si, par exemple, une autorité quelconque était en droit ou en possession d'ordonner arbitrairement des emprisonnements, des bannissements ou des amendes, il serait impossible de la contenir dans les bornes qui pourraient lui être prescrites par la Constitution, l'État en eût-il une très précise et très formelle. Aussi Montesquieu dit que, sous le rapport dont il s'agit, la *liberté* consiste dans la *sûreté*, et que la Constitution peut être libre (c'est-à-dire contenir des dispositions favorables à la liberté) et le citoyen ne l'être pas; et il ajoute avec beaucoup de raison, que dans la plupart des États (il pourrait dire dans tous), la liberté individuelle est *plus gênée, choquée ou abattue, que leur Constitution ne le demande*. La raison en est que les autorités, voulant toujours aller au-delà des droits qui leur sont concédés, ont besoin de peser sur cette espèce de liberté pour opprimer l'autre.

De même que ce sont les lois constitutionnelles principalement, et ensuite les lois administratives qui influent sur la liberté générale, ainsi ce sont les lois criminelles et subsidiairement les lois civiles qui disposent de la liberté individuelle. Le sujet que nous avons à traiter rentre presque entièrement dans celui du livre sixième, où Montesquieu s'est proposé d'examiner *les conséquences des principes des différents gouvernements, par rapport à la simplicité des lois civiles et criminelles, la forme des jugements et l'établissement des peines*. Un meilleur ordre dans la distribution et l'enchaînement de ses idées aurait réuni ce livre avec celui-ci, et même avec le vingt-neuvième qui traite *de la manière de composer les lois*, et en même temps de la manière d'apprécier leurs effets. Mais nous nous sommes assujettis à suivre l'ordre adopté par notre auteur. Chacun pour son compte fera bien de le réformer et de refondre son ouvrage avec le nôtre, pour se composer un système de principes suivi et complet.

Nous sommes convenus, au commencement de ce livre sixième, que malgré les grandes et belles vues qu'il renferme, nous n'y trouvions pas toute l'instruction que nous aurions dû en attendre. Nous sommes obligés de faire le même aveu au sujet de celui-ci. Il devrait naturellement renfermer l'exposition et l'appréciation des principales institutions les plus favorables ou les plus contraires à la sûreté de chaque citoyen et au libre exercice de ses droits naturels, civils et politiques. Or, c'est ce qu'on n'y trouve pas. Montesquieu, à son ordinaire, dans une multitude de petits chapitres décousus, parcourt tous les temps et tous les pays, et surtout les temps anciens et les contrées mal connues. Certainement il tire de tous ces faits des conséquences qui, le plus souvent, sont très justes. Mais il ne fallait pas tant de recherches et tant d'esprit pour nous apprendre que l'accusation de magie est absurde; que les fautes purement religieuses doivent être réprimées par des punitions purement religieuses aussi; que, dans les monarchies, on a souvent abusé du crime de lèse-majesté jusqu'à la barbarie et jusqu'au ridicule; qu'il est tyrannique de punir les écrits satiriques, les paroles indiscrètes, et jusqu'aux pensées, que les jugements par commissaires, l'espionnage et les délations anonymes sont des choses atroces et odieuses, etc. S'il a été obligé d'user d'adresse pour oser dire de telles vérités, et s'il lui a été impossible d'aller plus loin, il faut le plaindre ; mais il ne faut pas nous y arrêter.

Je ne trouve au milieu de tout cela qu'une seule réflexion profonde, c'est celle-ci : *Qu'il est du plus grand danger pour les républiques de multiplier les punitions pour cause de crime de lèse-majesté ou de lèse-nation. Sous prétexte de la vengeance de la république*, dit Montesquieu, *on établirait la tyrannie des vengeurs. Il n'est pas question de détruire celui qui domine, mais la domination. Il faut rentrer, le plus tôt qu'on peut, dans ce train ordinaire du gouvernement, où les lois protègent tous et ne s'arment contre personne.* Ces paroles sont admirables. La preuve tirée des faits est sans réplique. Chez les Grecs, pour n'avoir pas agi ainsi, *l'exil ou le retour des exilés furent toujours des époques qui marquèrent le changement de la Constitution*. Que d'événements modernes viendraient à l'appui, s'il en était besoin !

Mais, à côté de ces décisions si sages, j'en trouve une bien dangereuse, contraire à l'avis formel de Cicéron ; c'est qu'il y a des occasions où l'on peut faire une loi expresse contre un seul homme ; et *qu'il y a des cas où il faut mettre pour un moment un voile sur la liberté, comme l'on cache les statues des Dieux*[a]. Voilà jusqu'où l'anglomanie a conduit ce grand homme.

Quoi qu'il en soit, puisque notre auteur n'a pas jugé à propos de pénétrer plus avant dans son sujet, nous nous bornerons à répéter ici que la liberté politique ne saurait subsister sans la liberté individuelle et la liberté de la presse, et que pour le maintien de celles-ci, il faut absolument la proscription de toute détention arbitraire et l'usage de la procédure par jurés, au moins au criminel. Nous renverrons donc le lecteur à ce que nous avons dit sur ces objets dans les livres précédents, et nommément dans le quatrième, le sixième et le onzième, où nous avons fait voir comment et pourquoi ces principes sont favorisés ou contrariés par la nature et l'esprit de chaque espèce de gouvernement.

a. *Esprit des lois*, chapitre XIX du livre XII.

RÉSUMÉ DES DOUZE PREMIERS LIVRES DE *L'ESPRIT DES LOIS*

Nous avons une longue carrière à parcourir : je ne puis me dispenser de m'arrêter un moment au point où nous voici parvenus. Bien que l'*Esprit des lois* de Montesquieu soit composé de trente-un livres, les douze premiers que nous venons de commenter, renferment tout ce qui concerne directement et immédiatement l'organisation de la société et la distribution de ses pouvoirs. Nous ne trouverons plus dans les autres que des considérations économiques, philosophiques ou historiques sur les causes, les effets, les circonstances et l'enchaînement des différents états de la société dans certains temps et dans certains pays, et sur le rapport de toutes ces choses avec la nature de l'organisation sociale. Les opinions qui y seront émises, les vues qui y seront présentées, seront plus ou moins justes, plus ou moins nettes, plus ou moins profondes, suivant que les idées adoptées précédemment sur l'organisation de la société auront été plus ou moins saines. Mais, en définitif, cette organisation n'est faite que pour amener de bons résultats; elle n'est préférable à l'anarchie (entendez, si vous voulez, l'indépendance naturelle), que par les maux qu'elle évite et les biens qu'elle procure; on ne doit juger de son degré de perfection que par les effets qu'elle produit. Il est donc à propos, avant d'aller plus loin, de nous rappeler sommairement les principes que nous avons extraits des discussions précédentes : nous verrons mieux ensuite comment ils s'allient avec les diverses circonstances, et si c'est pour les avoir négligés ou suivis que sont nés, dans tous les temps, les biens et les maux de l'humanité.

Voulant parler de l'*esprit des lois*, c'est-à-dire de l'*esprit* dans lequel les lois sont ou doivent être faites, nous avons commencé par nous rendre un compte exact du sens du mot *loi*. Nous avons reconnu qu'il signifie essentiellement et primitivement, *une règle prescrite à nos actions par une autorité en qui nous reconnaissons le droit de la faire*. Ce mot est donc nécessairement relatif à l'organisation sociale, et n'a pu être inventé que dans l'état de société commencée. Cependant, par extension, nous avons ensuite appelé *lois de la nature*, les règles que paraissent suivre constamment tous les phénomènes qui se passent sous nos yeux, considérant qu'ils s'opèrent toujours comme si une autorité invincible et immuable avait ordonné à tous les êtres de suivre certains modes dans leur action les uns sur les autres. Ces *lois* ou *règles* de la nature ne sont autre chose que l'expression de la manière dont les choses arrivent inévitablement. Nous ne pouvons rien sur cet ordre universel des choses. Il faut donc nous y soumettre et y conformer nos actions et nos institutions. Ainsi, dès le début, nous trouvons que *nos lois positives doivent être conséquentes aux lois de notre nature*.

Nos diverses organisations sociales ne sont pas toutes également conformes à ce principe. Elles n'ont pas toutes une égale tendance à s'y soumettre et à s'en rapprocher. Elles paraissent avoir des formes très variées. Il est donc essentiel de les étudier séparément. Après les avoir bien examinées, nous trouvons, dès le second livre, que *les gouvernements viennent tous se ranger dans deux classes, savoir : ceux qui sont fondés sur les droits généraux des hommes, et ceux qui se prétendent fondés sur des droits particuliers*.

Montesquieu n'a pas adopté cette division. Il classe les gouvernements d'après la circonstance accidentelle du nombre des hommes qui sont les dépositaires de l'autorité, et il cherche, dans le livre troisième, quels sont les principes moteurs, ou plutôt conservateurs, de chaque espèce de gouvernement. Il établit que pour le despotisme, c'est la *crainte*, pour la monarchie, l'*honneur*, et pour la république la *vertu*. Ces assertions peuvent être plus ou moins sujettes à explication et à contestation. Mais, sans prétendre les nier absolument, nous croyons pouvoir affirmer qu'il résulte de la discussion à laquelle elles nous ont engagés que *le principe des gouvernements fondés sur les droits des hommes est la RAISON*. Nous nous bornons à cette conclusion, que tout confirmera par la suite.

Dans le livre quatrième, il est question de l'éducation. Montesquieu établit qu'elle doit être relative au principe du gouvernement, pour qu'il puisse subsister. Je pense qu'il a raison, et j'en tire cette conséquence : que les gouvernements qui s'appuient sur des idées fausses et mal démêlées ne doivent pas risquer de donner à leurs sujets une éducation bien solide ; que ceux qui ont besoin de tenir certaines classes dans l'avilissement et l'oppression ne doivent pas les laisser s'éclairer ; et qu'ainsi *il n'y a que les gouvernements fondés sur la raison qui puissent désirer que l'instruction soit saine, forte et généralement répandue*.

Si les préceptes de l'éducation doivent être relatifs au principe du gouvernement, il n'est pas douteux qu'il n'en doive être de même, à plus forte raison, des lois proprement dites; car les lois sont l'éducation des hommes faits. C'est aussi ce que dit Montesquieu dans le livre cinquième; et en conséquence, il n'y a aucun des gouvernements dont il parle auquel il ne conseille quelques mesures évidemment contraires à la justice distributive et aux sentiments naturels à l'homme. Je ne nie point que ces tristes expédients ne leur soient nécessaires pour se soutenir; mais je montre qu'au contraire *les gouvernements fondés sur la raison n'ont qu'à laisser agir la nature, et à la suivre sans la contrarier.*

Montesquieu ne destine le sixième livre qu'à examiner les conséquences des principes des divers gouvernements, par rapport à la simplicité des lois civiles et criminelles, la forme des jugements, et l'établissement des peines. En traitant ce sujet avec lui, et profitant de ce qui a été dit précédemment, j'arrive à des résultats plus généraux et plus étendus. Je trouve que la marche de l'esprit humain est progressive dans la science sociale, comme dans toutes les autres; que *la démocratie ou le despotisme* sont les premiers gouvernements imaginés par les hommes et marquent *le premier degré de civilisation*; que *l'aristocratie sous un ou plusieurs chefs*, quelque nom qu'on lui donne, a partout remplacé ces gouvernements informes et constitue *un second degré de civilisation*; et que *la représentation sous un ou plusieurs chefs* est une invention nouvelle qui forme et constate *un troisième degré de civilisation.* J'ajoute que *dans le premier état, c'est l'ignorance qui règne et la force qui domine; que, dans le second, il s'établit des opinions; c'est la religion qui a le plus d'empire; et que dans le troisième, la raison commence à prévaloir et la philosophie a plus d'influence.* J'observe, de plus, *que le motif principal des punitions, dans le premier degré de civilisation, est la vengeance humaine; dans le second, c'est la vengeance divine; et dans le troisième, c'est le désir d'empêcher le mal à venir.* Ici je n'étendrai pas davantage ces réflexions qui font place tout d'un coup à des objets d'un autre genre.

Dans le septième livre, il s'agit des conséquences des différents principes des trois gouvernements de Montesquieu, par rapport aux lois somptuaires, au luxe, et à la condition des femmes. Le mérite des lois somptuaires a été jugé par ce que nous avons dit des lois civiles en général, dans le cinquième livre. Ce qui regarde les femmes se trouvera plus à propos et mieux développé lorsqu'il sera question des mœurs et des climats. Il ne reste donc ici que le luxe qui mérite d'être examiné à fond; et le résultat de la discussion est qu'*en convenant de la nécessité où sont certains gouvernements d'encourager le luxe pour se soutenir, l'effet du luxe est toujours néanmoins d'employer le travail d'une manière inutile et nuisible.* Or, le travail, l'emploi de nos facultés, étant tout pour nous et notre seul moyen d'action, je me trompe beaucoup si cette vérité n'est pas la base de toute la science sociale et n'en décide pas toutes les questions de tout genre. Car ce qui étouffe le développement de nos forces, ou le rend inutile et même nuisible, ne saurait nous être propice.

Le huitième livre nous reporte vers d'autres objets; il y est question de la corruption des principes des trois gouvernements distingués par Montesquieu. Après avoir expliqué plus ou moins bien en quoi consiste la corruption de ces prétendus principes, il établit que chacun d'eux est relatif à une certaine étendue de territoire, et se perd si elle change. Cette décision m'amène à considérer la question sous des rapports tout différents, à faire voir les prodigieuses conséquences qui résultent pour un État d'avoir certaines limites plutôt que d'autres, et à conclure généralement que *l'étendue convenable à tout État est d'avoir une force suffisante, avec les meilleures limites possibles*, et que *la mer est la meilleure de toutes, par beaucoup de raisons de différents genres.*

Montesquieu, ayant avancé que tel gouvernement ne peut exister que dans un petit État, et tel autre que dans un grand, est obligé de leur assigner à chacun une manière particulière et exclusive de se défendre contre les agressions étrangères; et il prétend, dans le livre neuvième, que les républiques n'ont d'autre moyen de salut que de former des confédérations. J'en prends occasion de discuter les principes et les effets du gouvernement fédératif; et j'en conclus que *la fédération produit toujours plus de force, à la vérité, que la séparation absolue, mais moins que l'union intime et la fusion complète.*

Enfin, dans le livre dixième, notre auteur examine ces mêmes gouvernements, sous le rapport de la force offensive; cela l'engage dans la discussion des bases du droit des gens, et des principes et des conséquences du droit de guerre et du droit de conquête. J'avoue que sa doctrine ne me paraît pas lumineuse; et je trouve en définitif que *la perfection du droit des gens serait la fédération des nations*, et que *jusque-là le droit de guerre dérive du droit de défense naturelle, et celui de conquête de celui de guerre.*

Après avoir ainsi, dans ses dix premiers livres, considéré les divers genres de gouvernement sous tous les aspects, Montesquieu consacre le livre onzième intitulé : *Des lois qui forment la liberté politique dans son rapport avec la Constitution*, à prouver que la Constitution anglaise est la perfection et le dernier terme de la science sociale, et que c'est une folie de chercher encore le moyen d'assurer la liberté politique, puisque ce moyen est complètement trouvé.

N'étant pas de cet avis, j'ai partagé ce livre en deux chapitres. Dans le premier, je fais voir que *le problème n'est pas résolu*, et qu'*il ne saurait l'être tant qu'on donne trop de pouvoir à un seul homme* : et dans le second, je tâche de montrer *comment on peut résoudre le problème, en ne donnant jamais à un seul homme assez de pouvoir pour qu'on ne puisse pas le lui ôter sans violence, et pour que, quand il change, tout change nécessairement avec lui.*

Pour terminer, Montesquieu, dans son douzième livre, traite des *lois qui forment la liberté politique dans son rapport avec le citoyen.* Ce livre, offrant peu de choses nouvelles à en tirer, je me borne à ce résultat que *la liberté politique ne saurait subsister sans la liberté individuelle et la liberté de la presse, et celles-ci sans la procédure par jurés.*

Cet aperçu de nos douze premiers livres est nécessairement trop rapide. Il n'en donnerait pas une idée suffisante à ceux qui ne les auraient pas lus; et il ne représente qu'imparfaitement, à ceux qui les ont lus, ce qu'ils peuvent y avoir remarqué. Cependant il rappelle, au moins en masse, la série d'un petit nombre d'idées qui forment un ensemble important.

L'homme est un atome dans l'immensité des êtres. Il est doué de *sensibilité*, et, par suite, de *volonté* : son bonheur consiste dans l'accomplissement de cette volonté; et il a bien peu de puissance pour l'exécuter. C'est bien cette puissance qu'il appelle *liberté* : il a donc bien peu de liberté. Il n'a surtout pas celle d'être *autrement* et de faire que tout soit *autrement.* Il est soumis à toutes les lois de la nature, et spécialement à celles de sa propre nature. Il ne peut les changer, il ne peut qu'en tirer parti, *en s'y conformant.*

Heureusement ou malheureusement, il est dans sa nature qu'il combine les perceptions de sa sensibilité, et les analyse assez pour les revêtir de signes très détaillés; et qu'il se serve de ces signes pour multiplier ces perceptions et pour les exprimer. Il profite de cette possibilité pour communiquer avec ses semblables et se réunir à eux pour augmenter sa *puissance* ou sa *liberté*, comme on voudra l'appeler.

Dans cet état de société, les hommes ont besoin de lois pour régler leur conduite les uns envers les autres. Ces lois ont besoin d'être conformes aux lois immuables de la nature humaine, et de n'en être que des conséquences; sans quoi elles sont impuissantes, passagères, et n'engendrent que désordres. Mais les hommes ne savent pas cela d'abord. Ils n'ont pas encore assez observé leur nature intime pour connaître ces lois nécessaires. Ils n'imaginent que de se soumettre, sans réflexion comme sans réserve, à la fantaisie de tous ou à la fantaisie d'un seul, qui s'est attiré leur aveugle confiance. C'est le temps de l'ignorance ou du règne de la force : c'est celui de la démocratie ou du despotisme. Dans ce temps, les hommes punissent pour se venger du tort qu'ils croient qu'on leur a fait. C'est la base de leur code criminel : il n'est que la suite de la défense naturelle. Pour le droit des gens, ou le droit de nation à nation, il est absolument nul.

Ensuite les connaissances, les relations, les événements se multiplient et se compliquent. On n'en voit ni la théorie ni l'enchaînement; mais on cherche, on fait des spéculations, des suppositions, on crée des systèmes hasardés, même des systèmes religieux. Des opinions s'accréditent. Il s'établit jusqu'à des puissances d'opinion. On tire partie de tout cela. On s'arrange suivant les circonstances, sans jamais remonter aux principes. On procède par expédients; et de là naissent différents ordres de choses, différents modes de sociétés, qui sont toujours des aristocraties d'un genre ou d'un autre, sous un ou sous plusieurs chefs, et dans lesquelles les opinions religieuses jouent toujours un grand rôle. C'est l'époque du demi-savoir et de la puissance de l'opinion. Dans ce temps, à la vengeance humaine se joint l'idée de la vengeance divine; et c'est là le fonds du système des lois pénales. Dans ce temps aussi, il s'établit entre les nations quelques usages, que l'on honore du nom de droit des gens, mais bien improprement.

Cette période dure longtemps. Elle existe encore pour presque toute la terre. Cependant, de loin en loin, la nature, c'est-à-dire l'ordre éternel des choses dans ses rapports avec nous, a été observée. Quelques-unes de ses lois ont été reconnues. Les erreurs contraires ont été discutées. Si on ne sait pas encore toujours ce qui est, on sait déjà bien souvent ce qui n'est pas. Quelques peuples, plus éclairés ou plus entreprenants que d'autres, ou excités par les circonstances, ont tenté de se conduire d'après ces découvertes, ont essayé, avec plus ou moins de succès, de se donner une manière d'être plus conforme à la nature, à la vérité, à la raison. Voilà l'aurore du règne de cette dernière. C'est le mal, et non pas le méchant, que l'on combat. Si l'on punit, c'est uniquement pour empêcher le mal à venir. Tel est l'unique principe des lois criminelles, à cette troisième époque, qui ne fait que commencer.

Les gouvernements, nés et à naître sous cette influence, peuvent être regardés comme ayant pour principe moteur et conservateur, *la raison*.

Leur première loi est qu'ils sont faits pour les gouvernés, et non pas les gouvernés pour eux; que par conséquent ils ne peuvent exister qu'en vertu de la volonté de la majorité de ces gouvernés; qu'ils doivent changer dès que cette volonté change et que néanmoins dans aucun temps ils ne doivent retenir dans leur territoire ceux qui veulent s'en éloigner.

Il suit de là qu'il ne peut s'y établir aucune hérédité de pouvoir, ni y exister aucune classe d'hommes qui soit favorisée ou opprimée au dépens ou au profit d'une autre.

Leur seconde loi est qu'il ne doit jamais y avoir dans la société une puissance telle qu'on ne puisse pas la changer sans violence, ni telle que, lorsqu'elle change, toute la marche de la société change avec elle.

Cette loi défend de laisser la disposition de toutes les forces de la nation à un seul homme; elle empêche aussi de confier au même corps le soin de faire la Constitution, et celui d'agir en conséquence. Elle conduit aussi à conserver soigneusement la séparation des pouvoirs exécutif, législatif et conservateur ou juge des différends politiques.

La troisième loi d'un gouvernement raisonnable est d'avoir toujours pour but la conservation de l'indépendance de la nation et de la liberté de ses membres, et celle de la paix intérieure et extérieure.

Cette troisième loi lui prescrit de chercher à se donner une étendue de territoire suffisante, mais telle que la nation se soit pas composée d'éléments trop divers, et telle qu'elle ait les limites qui peuvent le moins faire naître des contestations, et dont la défense exige le moins l'emploi des troupes de terre. Par les mêmes motifs, après avoir atteint ce but, on peut se lier avec des nations voisines par des liens fédératifs; et on doit toujours tendre à rapprocher, le plus possible, les relations des nations indépendantes entre elles, de l'état d'une fédération régulière. Car c'est là le point de perfection du droit des gens, ou, si l'on veut, celui où la violence cède tout à fait à la justice, et où ce qu'on appelle communément le droit des gens commence seulement à mériter de s'appeler *droit*.

Il suit encore de cette loi que le gouvernement ne doit porter aucune atteinte à la sûreté des citoyens, ni à leur droit de manifester leurs sentiments sur toutes sortes de sujets, ni à celui de suivre leurs opinions en matière de religion.

Telles sont à peu près, je pense, les lois fondamentales de tout gouvernement vraiment raisonnable; et celles-là sont les seules réellement fondamentales, en ce sens qu'elles seules sont immuables et doivent toujours subsister. Car toutes les autres peuvent et doivent être changées quand les membres de la société le veulent, en observant toutefois les formes nécessaires. Aussi les lois dont nous parlons ne sont pas proprement des lois positives; ce sont des lois de notre nature, des déclarations de principes, des énoncés de vérités éternelles. Elles devraient se trouver à la tête de toutes nos constitutions, au lieu de ces déclarations de droits que l'on est dans l'usage d'y mettre depuis quelque temps. Ce n'est pas que je blâme cet usage. Je sais que c'est un grand pas de fait dans l'art social. Je sais qu'il fera époque à jamais dans l'histoire des sociétés humaines[a]. Je sais qu'il est très utile, puisqu'on n'ose pas le suivre quand on donne à une nation une Constitution vicieuse par les dispositions qu'elle renferme, ou par la manière dont on l'établit. Mais il n'en est pas moins vrai que cette précaution de faire précéder le code politique d'une nation de l'exposé des droits des citoyens est un effet du long oubli où l'on a laissé ces droits. C'est une suite de la longue guerre qui a eu lieu partout entre les gouvernés et les gouvernants. C'est une espèce de manifeste et de protestation contre l'oppression, en cas qu'elle vînt à renaître. Sans ce motif, il n'y aurait pas de raison pour que des associés, se réunissant librement pour régler le mode de leur association, commençassent par faire l'énumération des droits qu'ils prétendent avoir[b], car ils les ont tous. Ils peuvent faire tout ce qu'ils veulent. Ils n'ont à rendre compte à personne qu'à eux-mêmes de leurs déterminations. Ce n'est donc pas une déclaration des droits qui devrait précéder une Constitution, mais plutôt une déclaration des principes sur lesquels elle doit être fondée, et des vérités auxquelles elle doit être conforme. Alors je pense que l'on n'y mettrait guère que les deux ou trois lois de la nature dont nous venons de parler, et qui sortent également de l'observation de l'homme, et de celle de ses découvertes et de ses erreurs.

Quoi qu'il en soit, voilà le résumé succinct des vérités que nous avons extraites de l'examen des douze premiers livres de Montesquieu. Il renferme assez complètement tout ce qui concerne l'organisation de la société et la distribution de ses pouvoirs, et, par conséquent, toute la première et la plus importante partie de l'*Esprit des lois*, ou, si l'on veut, de l'esprit dans lequel doivent être faites les lois. C'est à ce point que j'ai voulu m'arrêter un moment. Notre auteur va maintenant nous faire parcourir une multitude de sujets divers, les impôts, le climat, la nature du sol, l'état des esprits et des habitudes, le commerce, la monnaie, la population, la religion, les révolutions successives de certaines lois civiles et politiques dans certains pays. Tout cela sera très curieux à examiner avec

a. La première déclaration des droits des hommes que l'on ait jamais proposé en Europe a été présentée à l'Assemblée constituante française par le général La Fayette, le 11 juillet 1789. Elle est, je crois, la meilleure qui ait été faite ; car elle se réduit à l'énoncé d'un petit nombre de principes, qui sont tous sains.

Il est remarquable que ce soit un homme qui a contribué puissamment à faire reconnaître les droits des hommes dans notre hémisphère, qui les ait ensuite proclamés le premier dans l'ancien monde. À cette époque, c'était une déclaration de guerre aux oppresseurs.

b. C'est ce même esprit de précaution timide qui a fait ensuite imaginer d'ajouter à une déclaration des droits, une déclaration des devoirs ; comme si ce n'était pas la même chose de dire : *J'ai ce droit*, ou *respectez en moi ce droit*. Cette répétition est une vraie niaiserie.

lui ; mais nous n'en pourrons juger qu'en nous rappelant ce que nous aurons reconnu des intérêts et des dispositions des différents gouvernements, et du but auquel ils doivent ou devraient tendre tous. Ainsi, c'est ce qui précède qui sert de mesure à ce qui suit, et qui nous guidera dans l'appréciation de tous ces rapports. On verra, j'ose le croire, que la manière dont nous avons considéré la société, son organisation et ses progrès, est un foyer de lumière qui, jeté au milieu de tous ces objets, en fera disparaître un jour toutes les obscurités. Hâtons-nous de réaliser, du moins en partie, cette espérance.

LIVRE XIII

DES RAPPORTS QUE LA LEVÉE DES TRIBUTS ET LA GRANDEUR DES REVENUS PUBLICS ONT AVEC LA LIBERTÉ

L'impôt est toujours un mal.

Il nuit de plusieurs manières différentes à la liberté et à la richesse.

Suivant sa nature et les circonstances, il affecte diversement différentes classes de citoyens.

Pour bien juger de ses effets, il faut savoir que le travail est la seule source de toutes nos richesses, que la propriété territoriale n'est en rien différente de toute autre propriété, et qu'un champ n'est qu'un outil comme un autre.

Montesquieu a abordé là un grand et magnifique sujet, qui à lui seul embrasse toutes les parties de la science sociale; mais j'ose dire qu'il ne l'a point traité. Il a bien vu cependant qu'il y a une énorme absurdité à croire que la grandeur des impôts est une chose bonne en elle-même, et qu'elle excite et favorise l'industrie. Il est singulier qu'il faille lui tenir compte de n'avoir pas professé une erreur si grossière. Mais tant d'hommes, éclairés d'ailleurs, ont fait cette faute; tant d'écrivains de la secte des *économistes* ont prétendu que la consommation est une source de richesses et que les causes de la *fortune publique* sont d'une nature toute différente de celles de la *fortune des particuliers*, que l'on doit savoir gré à notre auteur de ne s'être pas laissé séduire par leurs sophismes et embarrasser par les subtilités de leur mauvaise métaphysique.

Quoiqu'il ne se soit pas donné la peine de les réfuter, ce qui pourtant aurait été utile, il dit nettement que les revenus de l'État sont une portion que chaque citoyen donne de son bien pour avoir la sûreté de l'autre; qu'il faut que cette portion soit la plus petite possible; qu'il ne s'agit pas d'enlever aux hommes tout ce à quoi ils peuvent renoncer, ou tout ce qu'on peut leur arracher, mais seulement ce qui est indispensable aux besoins de l'État; et qu'enfin, si on use de toute la possibilité que les citoyens ont de faire des sacrifices, on doit au moins n'en pas exiger d'eux de tels qu'ils altèrent la reproduction au point qu'ils ne puissent plus se répéter annuellement. En effet, il faut qu'une société abuse étrangement de ses forces pour seulement demeurer stationnaire; car il y a dans la nature humaine une prodigieuse capacité d'accroître rapidement ses jouissances et ses moyens, surtout quand elle est déjà arrivée à un certain degré de lumières.

Montesquieu remarque en outre que plus il y a de liberté dans un pays, plus on peut le charger d'impôts et rendre sévères les peines fiscales, soit parce que la liberté, laissant agir l'activité et l'industrie, augmente les moyens, soit parce que plus un gouvernement est aimé, plus il peut, sans risques, être exigeant. Mais il remarque aussi que les gouvernements de l'Europe ont énormément abusé de cet avantage, ainsi que de la ressource dangereuse du crédit; que presque tous se livrent à des expédients *dont rougirait le fils de famille le plus dérangé;* qu'ainsi tous les gouvernements modernes courent à leur ruine prochaine, qu'accélère encore la manie de tenir constamment sur pied des armées innombrables.

Tout cela est vrai, mais c'est à peu près à quoi se réduit ce livre treizième. Or, ce petit nombre de vérités sans développement, entremêlées de quelques assertions douteuses ou fausses, et de quelques déclamations vagues contre les traitants, ne fait pas assez connaître quel doit être l'esprit des lois relatives à l'impôt. Cela ne suffit même pas pour remplir le titre du livre; car il faut bien d'autres données que celles-là, pour voir réellement quelle est l'influence de la liberté politique sur les besoins et les moyens de l'État, ou seulement quelle réaction a sur cette même liberté la nature des tributs et la grandeur des revenus publics. Je vais donc risquer de présenter quelques idées que je crois utiles et même nécessaires à la pleine intelligence du sujet.

1) Je montrerai pourquoi et comment l'impôt est toujours un mal. Cela est d'autant plus à propos que Montesquieu lui-même paraît avoir ignoré la meilleure partie des raisons qui motivent cette assertion, puisque, dans d'autres endroits de son ouvrage, il parle de l'excès de la consommation comme d'une chose utile et d'une source de richesses. (Voyez le livre septième).

2) J'expliquerai quels sont les inconvénients particuliers à chaque espèce d'impôt.

3) Je tâcherai de faire voir sur qui tombe réellement et définitivement la perte résultante de chaque impôt.

4) J'examinerai pourquoi les opinions ont été si divergentes, principalement sur ce dernier point, et quels sont les préjugés qui ont masqué la vérité, quoiqu'elle pût se reconnaître à des signes certains.

Toutes les fois que la société, sous une forme ou sous une autre, demande un sacrifice quelconque à quelques-uns de ses membres, c'est une masse de moyens qui est enlevée à des particuliers et dont le gouvernement s'attribue la disposition. Pour juger de ce qui en résulte, il s'agit donc uniquement de savoir quel est l'usage que le gouvernement fait de ces moyens dont il s'empare; car s'il les emploie d'une manière qu'on puisse dire *profitable*, il est manifeste que l'impôt est une cause d'accroissement dans la masse de la richesse nationale; si c'est le contraire, il faudra tirer une conclusion opposée.

Dans le livre septième, à propos du luxe, nous avons fait, sur la production et la consommation, des remarques qui vont nous donner la solution de cette question. Nous avons vu que le seul trésor des hommes est l'emploi de leurs forces, *le travail;* que *tout le bien des sociétés humaines est dans la bonne application du travail, tout le mal dans sa déperdition;* que le seul travail qui produise l'accroissement du bien-être est celui qui produit des richesses supérieures à celles que consomment ceux qui s'y livrent; et qu'au contraire tout travail qui ne produit rien est une cause d'appauvrissement, puisque tout ce que consomment ceux qui l'exécutent était le résultat de travaux productifs antérieurs et est perdu sans remplacement. D'après ces données, voyons quelle idée nous devons nous faire des dépenses des gouvernements.

D'abord, et c'est la presque totalité des dépenses publiques, tout ce qui est employé à payer les soldats, matelots, juges, administrateurs, prêtres et ministres, et surtout à alimenter le luxe des possesseurs et des favoris du pouvoir, est absolument perdu; car aucun de ces gens-là ne produit rien qui remplace ce qu'il consomme.

Ensuite il y a, à la vérité, dans tous les États, quelques sommes consacrées à provoquer et à récompenser les succès dans les arts, dans les sciences, et dans différents genres d'industrie; et celles-là, on peut les considérer comme servant indirectement à augmenter la richesse publique. Mais, en général, elles sont faibles; et, de plus, il est douteux si le plus souvent elles n'auraient pas encore mieux produit l'effet désiré, étant laissées à la disposition des consommateurs et des amateurs, qui ont un intérêt plus direct au succès, et en sont, en général, les meilleurs juges.

Enfin, il n'y a point de gouvernement qui n'emploie des fonds plus ou moins considérables à faire construire des ponts, des chaussées, des canaux, et autres ouvrages qui augmentent le produit des terres, facilitent la circulation des denrées, et accélèrent le développement de l'industrie. Il est certain que les dépenses de ce genre accroissent directement la richesse nationale, et sont réellement productives. Néanmoins on peut dire encore que, si, comme il arrive fréquemment, le gouvernement qui a payé ces constructions en profite pour établir des péages ou autres impositions qui, outre les frais de l'entretien, lui produisent l'intérêt de ses avances, il n'a rien fait que ce que des particuliers auraient pu faire aux mêmes conditions, avec les mêmes fonds, si on les leur avait laissés; et il faut même ajouter que ces particuliers auraient presque toujours atteint le même but à moins de frais.

De tout cela il résulte que la presque totalité des dépenses publiques doit être rangée dans la classe des dépenses justement nommées *stériles et improductives*, et que par conséquent tout ce qu'on paie à l'État, soit à titre d'impôt, soit à titre d'emprunts, est un résultat de travaux productifs antérieurement faits, qui doit être regardé comme presque entièrement consumé et anéanti, le jour où il entre dans le trésor national. Cela ne veut pas dire, au reste, que ce sacrifice ne soit pas nécessaire, et même indispensable. Sans doute on doit le faire, puisqu'il faut bien être défendu, gouverné, jugé, administré; sans doute il faut que chaque citoyen, sur le produit de son travail actuel ou sur les revenus de ses capitaux, qui sont le produit d'un travail plus ancien, prélève ce qui est nécessaire à l'État, comme il faut qu'il entretienne sa maison pour y loger en sûreté; mais il faut qu'il sache que c'est un sacrifice, que ce qu'il donne est incessamment perdu pour la richesse publique, comme pour la sienne propre; qu'en un mot, c'est une dépense et non pas un placement : enfin il faut que personne ne soit assez aveuglé pour croire que des frais quelconques sont une cause directe d'augmentation de fortune; et que chacun sache bien que pour les sociétés politiques comme pour toutes les autres, une régie dispendieuse est ruineuse, et que la plus économique est la meilleure.

Je crois qu'on ne peut nier cette conclusion, et qu'il demeure bien constant que les sommes absorbées par les dépenses de l'État sont une cause continuelle d'appauvrissement, et que par conséquent la grandeur des revenus nécessaires pour faire face à ces dépenses est un mal sous le rapport économique. Mais s'il est visible que la grandeur de ces revenus est nuisible à la richesse nationale, il n'est pas moins manifeste qu'elle est encore plus funeste à la liberté politique, parce qu'elle met entre les mains des gouvernants de grands moyens de corruption et d'oppression. Ce n'est donc pas, on ne saurait trop le redire, parce que les Anglais paient de grands subsides qu'ils sont libres et riches; mais c'est parce qu'ils sont libres jusqu'à un certain point qu'ils sont riches, et c'est parce qu'ils sont riches qu'ils peuvent payer de grands subsides; c'est parce qu'ils ne sont pas assez libres qu'ils en paient d'énormes, et c'est parce qu'ils en paient d'énormes qu'ils ne seront bientôt plus ni libres ni riches.

Après avoir ainsi reconnu l'effet général des impôts, si nous voulons nous rendre compte des effets particuliers de chacun d'eux, il faut entrer dans quelques détails que notre auteur a négligés. Tous les impôts imaginables, et je crois que tous ont été imaginés par les très gracieux souverains de l'Europe, peuvent se partager en six espèces principales[a], savoir: 1) l'impôt sur les terres, tel que la taille réelle, les vingtièmes, la contribution foncière en France et le *land-taxe* en Angleterre; 2) celui sur les loyers des maisons; 3) celui sur les rentes dues par l'État; 4) celui sur les personnes, comme capitation, contributions somptuaire et mobiliaire, droit de patente, jurandes, maîtrises, etc.; 5) celui sur les actes civils et sur certaines transactions sociales, comme droits de timbre et d'enregistrement, de lods et ventes, de centième denier, d'amortissement et autres, auxquels il faut joindre l'impôt annuel qu'on voudrait mettre sur les rentes constituées à un particulier par un autre; car on n'a d'autre moyen de connaître ces rentes que les dépôts publics qui conservent les actes qui les établissent; 6) et enfin celui sur les marchandises, soit par monopole et vente exclusive ou même forcée comme autrefois le sel et le tabac en France, soit au moment de la production comme les droits sur les marais salants et sur les mines, une partie de ceux sur les vins en France et de ceux sur les brasseries en Angleterre, soit au moment de la consommation, soit dans le trajet depuis le producteur jusqu'au consommateur comme les douanes tant intérieures qu'extérieures, les taxes sur les routes, les ports, les canaux et aux portes des villes, etc. Chacun de ces impôts a une ou plusieurs manières, qui lui sont propres, de blesser la justice distributive et par conséquent la liberté, ou de nuire à la prospérité publique.

Au premier coup d'œil, on voit que l'impôt sur les terres a l'inconvénient d'être très difficile à répartir avec justice et de faire mépriser la possession de toutes les terres dont la location ne surpasse pas la taxe, ou la surpasse de trop peu pour déterminer à courir les risques inévitables et à faire les avances nécessaires.

a. C'est, suivant moi, la meilleure manière de les classer, pour bien se rendre compte de leurs effets.

L'impôt sur le revenu des maisons louées a le défaut de diminuer le produit des spéculations de bâtisse, et par là de dégoûter de bâtir pour louer ; en sorte que chaque citoyen est obligé de se contenter d'habitations moins saines et moins commodes que celles qu'il aurait eues pour le même loyer[a].

L'impôt sur les rentes dues par l'État est une vraie banqueroute, si on l'établit sur des rentes déjà créées, puisque c'est une diminution de l'intérêt promis pour un capital reçu ; et il est illusoire, si on le place sur des rentes au moment de leur création ; car il eût été plus simple d'offrir un intérêt moins fort de toute la quotité de l'impôt, au lieu de promettre plus et d'en retenir une partie, et cela serait revenu au même.

L'impôt sur les personnes donne lieu à des perquisitions très désagréables pour parvenir à le graduer suivant la fortune de chacun, et ne peut jamais reposer que sur des bases très arbitraires et des connaissances très imparfaites, tant lorsqu'on prétend l'asseoir sur des richesses acquises que lorsqu'on veut le faire porter sur les moyens d'en acquérir. Dans ce dernier cas, c'est-à-dire lorsqu'il est motivé sur la supposition d'une industrie quelconque, il décourage cette industrie et oblige à la renchérir ou à l'abandonner.

L'impôt sur les actes, et en général sur les transactions sociales, gêne la circulation des biens-fonds et diminue leur valeur vénale en rendant leur translation très coûteuse, augmente les frais de justice au point que le pauvre n'ose plus défendre ses droits, fait que toutes les affaires deviennent épineuses et difficiles, occasionne des recherches inquisitoriales et des vexations de la part des agents du fisc, et oblige à faire, dans les actes, des réticences, ou même à y mettre des clauses et des évaluations illusoires, qui ouvrent la porte à beaucoup d'iniquités, et deviennent la source d'une foule de contestations et de malheurs.

a. Je ne fais pas valoir contre cet impôt l'opinion avancée par quelques économistes français, que le revenu des maisons ne doit pas être imposé, ou du moins ne doit l'être qu'à raison du produit net que donnerait, par la culture, le terrain que ces maisons occupent, tout le reste n'étant que l'intérêt du capital employé à bâtir, lequel, suivant eux, n'est pas imposable.

Cette opinion est une conséquence de celle que le travail de la culture est le seul travail productif et que le revenu des terres est le seul imposable, parce qu'il y a dans le produit de la terre une portion qui est purement gratuite et entièrement due à la nature, laquelle portion, suivant ces auteurs, est le seul fonds légitime et raisonnable de l'impôt.

J'espère faire voir bientôt que tout cela est faux ; ainsi je ne saurais m'en prévaloir ni contre cet impôt, ni contre tous ceux qui suivent et qui sont tous également réprouvés dans ce système.

À l'égard des impôts sur les marchandises, leurs inconvénients sont encore plus nombreux et plus compliqués, mais ne sont pas moins fâcheux ni moins certains.

Le monopole, ou la vente exclusivement faite par l'État, est odieux, tyrannique, contraire au droit naturel qu'a chacun d'acheter et de vendre comme il lui plaît, et nécessite une multitude de mesures violentes. C'est encore bien pis quand cette vente est forcée, c'est-à-dire quand on oblige le particulier, comme cela est arrivé quelquefois, à acheter ce dont il n'a pas besoin, sous prétexte qu'il ne peut s'en passer, et que s'il n'achète pas, c'est qu'il est approvisionné en contrebande.

L'impôt prélevé au moment de la production nécessite évidemment de la part du producteur une avance de fonds qui, étant longtemps sans lui rentrer, diminue beaucoup ses moyens de produire.

Il n'est pas moins clair que les impôts exigés, soit au moment de la consommation, soit pendant le transport, gênent ou détruisent toujours quelque branche d'industrie ou de commerce, rendent rares et coûteuses des denrées nécessaires ou utiles, troublent toutes les jouissances, dérangent le cours naturel des choses, et établissent entre les différents besoins et les moyens d'y pourvoir des proportions et des rapports qui n'existeraient pas sans ces perturbations, qui sont nécessairement variables et qui rendent incessamment précaires les spéculations et les ressources des citoyens.

Enfin, tous ces impôts sur les marchandises, quels qu'ils soient, nécessitent une infinité de précautions et de formalités gênantes. Ils donnent lieu à une multitude de difficultés ruineuses. Ils sont nécessairement très sujets à l'arbitraire. Ils obligent à ériger en crimes des actions indifférentes en elles-mêmes et à sévir par des punitions souvent cruelles. Leur perception est très dispendieuse et elle cause l'existence d'une armée d'employés et d'une armée de fraudeurs, tous hommes perdus pour la société, qui y entretiennent continuellement une véritable guerre civile, avec toutes les funestes conséquences économiques et morales qu'elle entraîne.

Quand on examine avec attention chacune de ces critiques des différents impôts, on reconnaît que toutes sont fondées. Ainsi, après avoir fait voir que tout impôt est un sacrifice, et que son produit est toujours employé d'une manière improductive et souvent funeste, nous nous trouvons avoir montré que chaque impôt a en outre une manière qui lui est propre de nuire à la liberté des citoyens et à la prospérité de la société. C'est déjà beaucoup. Cependant ce ne sont encore là que des aperçus généraux. Ils prouvent bien que l'impôt est funeste, et qu'il nuit même de plusieurs manières différentes; mais on ne voit pas encore nettement sur qui tombe précisément la perte qui en résulte, et qui la supporte réellement et définitivement. Cette dernière question est celle qui fait entrer le plus avant dans le fonds du sujet. Elle est très curieuse à éclaircir, et très importante par les nombreuses conséquences qu'on peut tirer de sa solution. Examinons-la donc sans adopter aucun système et en nous tenant scrupuleusement à l'observation des faits.

Pour l'impôt sur les terres, il est évident que c'est celui qui possède la terre au moment où l'on établit la taxe, qui la paie réellement, sans pouvoir la rejeter sur personne. Car elle ne lui donne pas le moyen d'augmenter ses produits, puisqu'elle n'ajoute rien ni à la demande de la denrée, ni à la fertilité de la terre; et elle ne le met pas à même de diminuer ses frais, puisqu'elle ne change ni le sort de ceux qu'il emploie et qu'il paie, ni son habileté dans la manière de les employer. Tout le monde convient de cette vérité. Mais ce que l'on n'a pas assez remarqué, c'est que ce propriétaire doit être considéré, moins comme étant privé d'une portion de son revenu annuel, que comme ayant perdu la portion de son capital qui produisait cette portion de revenu au taux courant de l'intérêt actuel. La preuve en est que si une terre de cinq mille francs de revenu net vaut cent mille francs, le lendemain du jour où on l'aura chargée d'un impôt perpétuel du cinquième, on n'en trouvera, toutes choses égales d'ailleurs, que quatre-vingt mille francs, si on la met en vente; et elle ne sera de même comptée que pour quatre-vingt mille francs dans l'actif d'une succession qui contiendra d'autres valeurs qui n'auront point changé. En effet, quand l'État a déclaré qu'il prend à perpétuité le cinquième des revenus de la terre, c'est comme s'il s'était déclaré propriétaire du cinquième du fonds, car nulle propriété ne vaut que par l'utilité qu'on en peut retirer. Cela est si vrai que quand, en conséquence du nouvel impôt, l'État ouvre un emprunt aux intérêts duquel est affecté le revenu dont il s'est emparé, l'opération est consommée; il a réellement touché le capital qu'il s'est approprié, et il l'a mangé tout d'un coup, au lieu d'en dépenser annuellement le revenu. C'est comme quand M. Pitt s'est fait livrer tout d'un coup par les propriétaires le capital de l'impôt territorial dont ils étaient chargés. Ils se sont trouvés libérés, et lui a mangé son fonds.

Il suit de là que quand toutes les terres ont changé de main depuis l'établissement de l'impôt, il n'est plus réellement payé par personne. Les acquéreurs n'ayant acquis que ce qui restait, ils n'ont rien perdu; les héritiers n'ayant recueilli que ce qu'ils ont trouvé, le surplus est pour eux comme si leur prédécesseur l'avait dépensé ou perdu, comme effectivement il l'a perdu.

Il suit de là encore que quand l'État renonce, en tout ou en partie, à un impôt territorial anciennement établi à perpétuité, il fait purement et simplement présent aux propriétaires actuels du capital du revenu qu'il cesse de percevoir. C'est à leur égard un don absolument gratuit, auquel ils n'ont pas plus de droit que tout autre citoyen. Car aucun d'eux n'avait compté sur ce capital dans les transactions par lesquelles il est devenu propriétaire.

Il n'en serait pas absolument de même si l'impôt n'avait été établi originairement que pour un nombre d'années déterminé. Alors il n'y aurait eu réellement d'enlevé au propriétaire que la portion de capital correspondant à ce nombre d'annuités. Aussi l'État n'aurait-il pu emprunter que cette valeur aux prêteurs à qui il aurait donné l'impôt en paiement; et les terres n'auraient été considérées dans les transactions que comme détériorées de cette quantité. Dans ce cas, quand l'impôt cesse, comme quand les coupons de l'emprunt qui y correspond sont épuisés, c'est de part et d'autre une dette qui s'éteint. Du reste le principe est le même que dans le cas de l'impôt et de la rente perpétuels.

Il est donc toujours vrai que, quand on met un impôt sur les terres, on enlève à l'instant à ceux qui les possèdent actuellement, une valeur égale au capital de cet impôt, et que quand elles ont toutes changé de main depuis qu'il est établi, il n'est plus réellement payé par personne. Cette observation est singulière et importante.

Il en est absolument de même de l'impôt sur le revenu des maisons. Ceux qui les possèdent au moment où on l'établit supportent la perte en entier, car ils n'ont aucun moyen de s'en dédommager; mais ceux qui les achètent ensuite ne les paient qu'en conséquence des charges dont elles sont grevées; ceux qui en héritent ne les comptent de même que pour la valeur qui leur reste; et quant à ceux qui en bâtissent postérieurement, ils font leur calcul d'après les choses telles qu'elles sont établies. S'il ne restait plus assez de marge pour que la spéculation fût utile, ils ne la feraient pas, jusqu'à ce que, par l'effet de la rareté, les loyers fussent augmentés: comme au contraire, si elle était encore trop avantageuse, il s'y jetterait bientôt assez de fonds pour que cet emploi ne fût plus préférable à tout autre. Concluons encore que les propriétaires sur qui tombe l'impôt en perdent en entier le capital; et que quand tous sont morts ou expropriés, l'impôt n'est plus payé que par des gens qui n'ont plus à s'en plaindre.

On en peut dire tout autant de l'impôt qu'un gouvernement se permet quelquefois de mettre sur des rentes qu'il doit pour des capitaux fournis antérieurement. Certainement le malheureux créancier à qui on fait cette retenue en souffre tout le dommage, ne pouvant le rejeter sur personne;

mais de plus il perd le capital de la retenue ordonnée. La preuve en est que s'il vend sa rente, il en trouve d'autant moins qu'elle est plus grevée, si d'ailleurs le taux général de l'intérêt de l'argent n'a pas varié. D'où il suit que les possesseurs subséquents de cette même rente ne paient plus rien; car ils l'ont reçue en cet état et pour la valeur qui lui reste, en vertu d'acquisitions faites librement, ou de successions acceptées volontairement.

L'effet de l'impôt sur les personnes n'est déjà plus le même. Il faut distinguer entre celui qui est censé porter sur les richesses acquises et celui qui a pour motif des moyens d'en acquérir, c'est-à-dire une industrie quelconque. Dans le premier cas, c'est bien toujours la personne imposée qui supporte la perte qui en résulte, car elle ne peut la rejeter sur aucune autre : mais comme pour chacun la taxe cesse avec sa vie, et que tout le monde y est soumis successivement à proportion de sa fortune présumée, le premier imposé ne perd que les redevances qu'il paie, et non pas le capital, et ne libère pas ceux qui viennent après lui. Ainsi, à quelque époque que l'impôt cesse, ce n'est pas un pur gain que font ceux qui y sont soumis: c'est une charge pesant réellement sur eux, qui cesse de se prolonger.

À l'égard de l'impôt personnel qui a pour motif une industrie quelconque, il est également vrai que celui qui paie le premier n'en perd pas le capital et ne libère pas ceux qui y seront soumis après lui : mais il donne lieu à des considérations d'un autre genre. L'homme qui exerce une industrie au moment où elle vient à être grevée par un nouvel impôt personnel, tel que l'établissement ou l'accroissement des droits de patentes, de maîtrises, de jurandes ou autres semblables, cet homme, dis-je, n'a que deux partis à prendre, ou de renoncer à son état, ou de payer ledit impôt et de supporter la perte qui en résulte, si malgré cela il voit qu'il y ait encore des bénéfices à faire dans sa profession. Dans le premier cas, il souffre certainement, mais il ne paie pas l'impôt : ainsi je ne m'en occuperai pas actuellement. Dans le second, c'est lui assurément qui paie l'imposition, puisque n'augmentant pas la demande et ne diminuant pas les frais, elle ne lui donne aucun moyen immédiat d'accroître sa recette ou d'atténuer ses dépenses. Mais on ne met jamais tout d'un coup un impôt assez lourd pour que tous les hommes d'un même état soient inévitablement obligés de le quitter; car toutes les professions industrielles étant nécessaires à la société, l'extinction absolue d'une seule produirait un désordre général. Ainsi lors de l'établissement d'un impôt de l'espèce de ceux dont nous parlons, il n'y a que les hommes qui sont déjà assez riches pour ne plus se soucier d'un bénéfice qui est diminué, ou ceux qui exerçaient leur profession avec assez peu de succès pour qu'il ne leur reste plus de profit après l'impôt payé, qui renoncent à leur état; les autres le continuent, et ceux-là, comme nous l'avons dit, paient réellement l'impôt; au moins jusqu'à ce que, débarrassés de la concurrence de beaucoup de leurs confrères, ils puissent se prévaloir de cette circonstance pour se faire payer par les consommateurs plus cher qu'ils ne faisaient auparavant.

Voilà pour ceux qui exerçaient la profession au moment de l'établissement de l'impôt. Quant à ceux qui l'embrassent après qu'il est établi, le cas est différent : ils trouvent la loi faite. On peut dire qu'ils s'engagent à cette condition. L'impôt est pour eux au nombre des frais qu'exige la profession, comme l'obligation de louer tel emplacement ou d'acheter tel outil. Ils ne prennent cette profession que parce qu'ils calculent que, malgré ces frais, c'est encore le meilleur emploi qu'ils puissent faire de la portion des capitaux et de l'industrie qu'ils possèdent. Ainsi ils avancent bien l'impôt, mais cet impôt ne leur enlève réellement rien. Ceux à qui il fait un tort réel sont les consommateurs qui, sans cette charge, leur auraient fait avec moins de dépense le sort dont ils se contentent, et qui était le meilleur qu'ils fussent à portée de se procurer dans l'état actuel de la société. Il suit de là que si on ôte l'impôt, ces hommes font réellement un profit sur lequel ils n'ont pas compté. Ils se trouvent transportés gratuitement et fortuitement dans une classe de la société plus favorisée de la fortune que celle où ils étaient placés, tandis que pour ceux qui étaient en exercice antérieurement à l'impôt, ce n'est qu'un retour à leur premier état. On voit que l'impôt personnel basé sur l'industrie a des effets bien divers; mais son effet général est de diminuer les jouissances des consommateurs, puisque leurs fournisseurs ne leur donnent pas des marchandises pour la partie de leur argent qui passe au trésor public. Je ne puis entrer dans plus de détails : mais on ne saurait trop s'habituer à juger ces différents ricochets de l'impôt, et à les suivre par la pensée dans toutes leurs modifications. Passons à l'impôt sur les papiers, les actes, les registres et autres monuments des transactions sociales.

Celui-là exige encore une distinction. La portion de cet impôt qui tourne en accroissement des frais de justice, et qui en fait partie, est certainement payé par les plaideurs sur qui les jugements font tomber ces frais; et il est difficile de dire à quelle classe de la société il est le plus nuisible. Cependant il est aisé de voir qu'il grève particulièrement le genre de propriété qui est le plus sujet à contestation. Or, comme ce sont les biens-fonds, l'établissement d'un tel impôt diminue certainement leur valeur vénale. D'où il suit que ceux qui les ont achetés depuis que l'impôt existe, en sont un peu dédommagés d'avance par le moindre prix de leur acquisition, et que ceux qui les possédaient auparavant supportent la perte tout entière, s'ils plaident, et supportent même une perte sans plaider et sans payer l'impôt, puisque la valeur de leur propriété est diminuée. Par conséquent, si l'impôt cesse, ce n'est que restitution pour ces derniers, et il y a une portion de gain gratuit pour les autres : car ils se trouvent dans une meilleure position que celle sur laquelle ils avaient compté, et d'après laquelle ils avaient fait leurs spéculations.

Tout cela est encore plus vrai, et est vrai sans restriction de la portion de l'impôt sur les transactions qui regardent les achats et les ventes, comme les lods et ventes, centièmes deniers et autres. Le capital de cette portion de l'impôt est totalement payé par celui qui possède le bien au moment où il est ainsi grevé. Car celui qui le lui achète postérieurement ne le lui achète qu'en conséquence et ne paie réellement rien. Tout ce que l'on peut dire, c'est que, si cet impôt sur les actes de vente de certains biens est accompagné d'autres impôts sur d'autres actes qui grèvent d'autres genres de propriétés, d'autres emplois de capitaux, il arrive que ces biens ne sont pas les seuls qui soient détériorés, et que par là une partie de leur perte est prévenue par celle des autres ; car le prix de chaque espèce de revenu est relatif à celui de toutes les autres*. Ainsi, si toutes ces pertes pouvaient se balancer exactement, la perte totale résultante de l'impôt serait exactement et très proportionnellement distribuée. C'est tout ce qu'on peut demander, car il faut bien qu'elle existe, puisque l'impôt est toujours une somme de moyens arrachés aux gouvernés, pour être mise à la disposition des gouvernants.

L'impôt sur les marchandises a encore des effets plus compliqués et plus variés. Pour les bien démêler, observons d'abord que toute marchandise, au moment où elle est livrée à celui qui doit la consommer, a un prix naturel et nécessaire. Ce prix est composé de la valeur de tout ce qui a été nécessaire à la subsistance de ceux qui ont produit, fabriqué et voituré cette marchandise, pendant le temps qu'ils y ont employé. Je dis que ce prix est naturel, parce qu'il est fondé sur la nature des choses, indépendamment de toute convention ; et qu'il est nécessaire, parce que, si les gens qui font un travail quelconque n'en retirent pas leur subsistance, ils l'abandonnent ou se livrent à d'autres occupations, et ce travail n'est plus exécuté. Mais ce prix naturel et nécessaire n'a presque rien de commun avec le prix vénal ou conventionnel de la marchandise, c'est-à-dire avec le prix auquel elle est fixée par l'effet d'une vente libre de part et d'autre. Car une chose peut avoir coûté très peu de peines et de soins, elle peut avoir été trouvée ou volée par celui qui la met en vente ; ainsi il peut la donner à très bon marché

* Le membre de phrase : « car le prix de chaque espèce… » ne figure pas dans les éditions anonymes de Liège (1817) et de Paris (1819).

sans y perdre : mais elle peut en même temps lui être si utile, qu'il ne veuille s'en défaire que pour un très grand prix ; et si beaucoup de gens la désirent, il en trouvera ce prix et fera un gain énorme. Au contraire, il se peut qu'une chose ait coûté au vendeur des peines infinies, que non seulement elle ne lui soit pas nécessaire, mais même qu'il ait un besoin pressant de s'en défaire, et que pourtant personne n'ait envie de l'acheter. Dans ce cas, il sera obligé de la donner pour presque rien, et il fera une très grande perte. Le prix naturel est donc composé des sacrifices antérieurs faits par le vendeur ; et le prix conventionnel est fixé par l'offre des acheteurs. Ces deux choses en elles-mêmes sont étrangères l'une à l'autre. Seulement quand le prix conventionnel d'un travail est constamment au-dessous de son prix naturel et nécessaire, on cesse de s'y livrer. Alors le résultat de ce travail devenant plus rare, on fait plus de sacrifices pour se le procurer, s'il est toujours désiré ; et ainsi, pour peu qu'il soit réellement utile, le prix conventionnel ou vénal remonte au niveau du prix que la nature a attaché à ce travail, et qui est nécessaire pour qu'il continue à être exécuté. C'est de cette manière que se forment tous les prix dans l'état de société.

Il suit de là que ceux qui ne savent faire qu'un travail dont le prix conventionnel est inférieur à la valeur naturelle, se détruisent ou se dispersent*; que ceux qui exécutent un travail, ou, en d'autres termes, exercent une industrie quelconque dont le prix conventionnel est strictement égal à la valeur naturelle, c'est-à-dire ceux dont les profits balancent à peu près les besoins urgents, végètent et subsistent misérablement ; enfin que ceux qui possèdent un talent dont le prix conventionnel est supérieur au nécessaire absolu, jouissent, prospèrent, et par suite multiplient : car la fécondité de toute race vivante, même parmi les végétaux, est telle qu'il n'y a que le défaut d'aliments pour les germes éclos, qui arrête l'accroissement du nombre des individus. C'est là la cause de l'état rétrograde, stationnaire ou progressif de la population dans la race humaine. Les fléaux passagers, tels que les famines et les pestes, y font peu. Travail improductif ou productif à un degré insuffisant, c'est-à-dire luxe (dans lequel il faut comprendre la guerre), et maladresse (par laquelle il faut entendre l'ignorance de tout genre), voilà le poison qui infecte profondément les sources de la vie, et qui tue constamment la reproduction. Cette vérité confirme celles que nous avons établies au septième livre, ou plutôt elle leur est identique. La dépopulation des pays sauvages et la faible

* *Variante des éditions anonymes de Liège (1817) et de Paris (1819) :* « Ainsi donc ceux qui ne savent faire qu'un travail dont le prix conventionnel est inférieur à la valeur naturelle, se ruinent ou renoncent à leur état. »

population des pays civilisés, où une énorme inégalité des fortunes a introduit un grand luxe d'un côté, et par suite une grande misère de l'autre, en sont des preuves continuelles et irrécusables.

Maintenant il est aisé de voir que l'impôt sur les marchandises affecte très diversement les prix et a différentes limites, suivant la manière dont il est levé, et suivant la nature des denrées sur lesquelles il porte. Par exemple, dans le cas du monopole ou de la vente exclusive faite par l'État, il est clair que l'impôt est payé directement, immédiatement et sans ressource, par le consommateur, et qu'il a la plus grande extension dont il soit susceptible. Mais cette vente, fût-elle forcée, ne peut encore, ni pour le prix, ni pour la quantité, surpasser un certain terme qui est celui de la possibilité de la payer. Elle s'arrête alors qu'il serait inutile de l'exiger, ou qu'il en coûterait plus qu'elle ne rapporterait. C'est le point où était la gabelle en France, et c'est le maximum de l'exaction possible.

Si la vente exclusive n'est pas forcée, elle varie suivant la nature de la marchandise. S'il s'agit d'une denrée qui ne soit pas nécessaire, à mesure que le prix monte, la consommation diminue; car il n'y a qu'une certaine somme de moyens dans toute la société, qui soit destinée à procurer un certain genre de jouissances. Il peut même arriver qu'en élevant peu le prix, le profit diminue beaucoup, parce que beaucoup de gens renoncent tout à fait à ce genre de jouissance, ou même parviennent à le remplacer par un autre. Toutefois l'impôt est toujours payé effectivement par ceux qui s'obstinent à consommer.

Si au contraire la vente faite exclusivement par l'État, mais de gré à gré, porte sur une marchandise de première nécessité, elle équivaut à la vente forcée. Car la consommation diminue bien à mesure que le prix s'élève, c'est-à-dire qu'on souffre et qu'on meurt*; mais comme enfin elle est nécessaire, elle s'élève toujours autant que le moyen de la payer; et elle est payée par ceux qui consomment.

Si de ces remèdes *héroïques*, employés par les gouvernements pour purger les sujets de leurs richesses surabondantes, nous passons à des minoratifs plus doux, nous leur trouverons des effets analogues avec un moindre degré d'énergie. Le plus efficace de ceux-ci est l'impôt mis sur une marchandise au moment de sa production; car aucune partie n'en échappe, pas même celle consommée par le producteur lui-même, ni même celle qui pourrait s'avarier ou se perdre en magasin, avant d'être employée. Tel est l'impôt sur le sel levé dans le marais salant, celui sur le vin à

* Le membre de phrase : « c'est-à-dire qu'on souffre et qu'on meurt » ne figure pas dans les éditions anonymes de Liège (1817) et de Paris (1819).

l'instant de la récolte ou avant la première vente, et celui sur la bière dans la brasserie. On peut encore ranger dans la même classe l'impôt sur le sucre ou le café, ou telles autres denrées, exigé au moment où elles arrivent du pays qui les produit; car ce n'est que de ce moment qu'elles existent pour le pays qui ne peut pas les produire, et qui doit les consommer.

Cet impôt levé au moment de la production, s'il est établi sur une marchandise peu nécessaire, est aussi limité que le goût que l'on a pour elle. Aussi quand on a voulu tirer grand parti du tabac en faveur du roi de France, on s'est étudié à en donner le besoin au peuple. Car la société est bien instituée pour satisfaire plus aisément les besoins que nous a donnés la nature, et auxquels nous ne pouvons nous soustraire; mais les gouvernements constitués dans la vue des intérêts des gouvernants, semblent se destiner à nous créer des besoins, pour nous en refuser une partie et nous faire payer l'autre. Ce sont des fabriques de privations, au lieu de jouissances. Je ne connais pas d'industrie qui ait plus besoin d'être surveillée que celle-là; et c'est elle qui prétend surveiller les autres.

Lorsque ce même impôt, au moment de la production, est établi sur une denrée plus nécessaire, il est susceptible d'une plus grande extension. Cependant, si pour la produire, cette denrée coûte beaucoup de peines et de frais, l'extension de l'impôt est encore arrêtée assez promptement, non plus par le manque du désir de se procurer la denrée, mais par l'impossibilité de la payer; car il faut toujours qu'il arrive aux producteurs une assez grande portion du prix, pour qu'il puisse ne pas périr : alors il en reste moins pour l'État.

Mais où l'impôt déploie toute sa force, c'est quand la denrée est bien nécessaire et qu'elle coûte bien peu, comme par exemple le sel. Là, tout est profit jusqu'au dernier écu des consommateurs. Aussi le sel s'est-il toujours attiré une attention particulière de la part des grands ministres et des grands princes. Les mines très riches font encore le même effet jusqu'à un certain point. Mais, en général, les gouvernements s'en sont emparés[a], ce qui simplifie l'opération et équivaut au procédé de la vente exclusive. L'air et l'eau, si on avait pu s'en rendre maître, auraient encore été l'objet de spéculations très fructueuses, ou du moins de prélèvements très forts;

a. C'est pour elles que de savants publicistes ont établi la maxime délicate que, quand un particulier prend possession d'un champ, par droit de premier occupant ou par une acquisition légale, il n'acquiert la propriété du terrain que jusqu'à une certaine profondeur. Il résulte de ce lumineux principe que le dessous du sol appartient au prince toutes les fois qu'il vaut mieux que la superficie.

mais la nature les a trop disséminés[a]. Je ne doute pas qu'en Arabie un gouvernement *régulier* ne tirât un bon parti de l'eau, et tel que personne n'y boirait sans sa permission. Quant à l'air, l'impôt sur les fenêtres est un moyen assez ingénieux de *l'utiliser*, comme on dit.

Le vin n'est point un présent gratuit de la nature. Il coûte beaucoup de peines, de soins et de frais; et malgré le besoin et le vif désir que l'on a de s'en procurer, on serait étonné qu'il pût supporter les énormes charges dont il est grevé en France, au moment de sa production, si l'on ne faisait pas attention qu'une partie de ce fardeau tombe directement sur la terre plantée en vignes, et opère seulement une grande diminution dans le prix du bail qu'on en donnerait. Alors il n'a que l'effet de l'impôt foncier, qui est, comme nous l'avons vu, d'enlever au propriétaire du sol une partie de son capital, sans influer sur le prix de la denrée, ni entamer le salaire du producteur. Ainsi le capitaliste est appauvri, mais rien n'est dérangé dans l'économie de la société.

Le blé pourrait être, comme le vin, l'objet d'un impôt très lourd, levé au moment de la production, indépendamment même de la dîme qu'ils supportent l'un et l'autre presque partout. Une partie de l'impôt tomberait de même en diminution de la vente de la terre, sans toucher au salaire de la production, et sans par conséquent accroître le prix de la denrée. Si les gouvernements se sont abstenus de cet impôt, je suis persuadé qu'ils ont été arrêtés moins par un respect superstitieux pour la nourriture principale du pauvre, qu'ils ont chargée d'ailleurs de bien d'autres manières, que par la difficulté de surveiller l'entrée de toutes les granges, difficulté qui est en effet plus grande encore que de celle de pénétrer dans toutes les caves. Du reste, il y a similitude complète.

Observons en finissant qu'un impôt ainsi levé, au moment de la production, sur une durée d'un usage indispensable pour tout le monde, équivaut à une véritable capitation; mais de toutes les capitations, c'est la plus cruelle pour le pauvre : car ce sont les pauvres qui consomment en plus grande quantité les denrées de première nécessité, parce que pour eux elles ne sont suppléées par rien; et elles font la presque totalité de leur dépense, car ils ne peuvent guère pourvoir qu'à leurs besoins les plus pressants.

a. Montesquieu fait l'honneur à l'empereur Anastase de le citer, pour avoir eu l'heureuse idée de mettre un impôt sur l'air qu'on respire, *pro haustu aeris*. Mais il ne faut pas trop flatter cet habile politique. Il paraît qu'il n'a pas réussi plus qu'un autre à se rendre effectivement maître de cette marchandise; que l'air figure ici plutôt comme motif que comme moyen, et qu'il faut prendre *pro haustu aeris* dans un sens métaphorique, *pour le bonheur de respirer et de vivre sous l'empire de ce grand prince*. Cela ne saurait, en effet, trop se payer; et c'est l'objet que remplit la capitation.

Ainsi une pareille capitation se trouve répartie en proportion de la misère et non pas de la richesse, en raison directe des besoins et en raison inverse des moyens. D'après cela, on peut apprécier les impôts de ce genre : mais ils sont très productifs et affectent peu *la bonne compagnie ;* cela détermine en leur faveur.

À l'égard des impôts qu'on lève sur les diverses marchandises, soit au moment de la consommation, soit dans leurs différentes stations, comme sur les chemins, dans les ports, dans les marchés, aux portes des villes, dans les boutiques, etc., leurs effets sont déjà indiqués par ceux que nous venons de voir résulter de la vente exclusive et de la taxe, au moment de la production. Ceux-ci sont du même genre; seulement ils sont ordinairement moins généraux et moins absolus, parce qu'ils sont plus variés et qu'il est rare qu'ils embrassent une aussi grande étendue de pays. En effet, la plupart de ces taxes sont des mesures locales. Un péage n'affecte que les denrées qui passent sur le chemin ou le canal sur lequel il est établi. Les entrées des villes n'influent que sur les consommations qui se font dans leur intérieur. Un impôt levé dans un marché ou dans une boutique n'atteint pas ce qui se vend dans la campagne ou dans des foires extraordinaires. Ainsi ils dérangent le prix et les industries plus irrégulièrement, mais toujours ils les dérangent dans le point où ils portent; car dès qu'une marchandise est chargée, il faut nécessairement que le sort du producteur ou celui du consommateur soit détérioré.

C'est ici que se retrouvent, relativement au produit et aux effets de l'impôt, les conséquences des deux importantes conditions : l'une que la marchandise soit de première nécessité ou seulement d'agrément et de luxe, l'autre que son prix conventionnel et vénal soit supérieur à son prix naturel et nécessaire, ou lui soit seulement égal. Nous savons qu'il est impossible qu'il lui soit inférieur.

Si la marchandise imposée est de première nécessité, on ne peut s'en passer; elle sera toujours achetée, tant qu'on en aura le moyen; et si son prix conventionnel n'est qu'égal à son prix naturel, le producteur ne peut rien céder. Ainsi toute la perte tombera sur le consommateur; d'où l'on doit conclure que c'est le consommateur qui souffre et s'éteint, si la vente et le produit de l'impôt diminuent. Il faut remarquer que dans les vieilles sociétés, établies sur un territoire circonscrit dès longtemps, et ne pouvant conquérir que des territoires déjà occupés, c'est le cas de presque toutes les marchandises de première nécessité. Car, par l'effet du long combat des intérêts contraires du producteur et du consommateur, chacun est casé dans l'économie de l'ordre social suivant son degré de capacité. Ceux qui ont quelque talent assez distingué pour qu'ils puissent le faire payer au-delà du nécessaire se livrent à ces industries préférées. Il n'y a que ceux qui ne peuvent y réussir qui se vouent aux productions indispensables, parce que celles-là sont toujours demandées; mais aussi elles ne sont payées qu'autant qu'il est strictement nécessaire, parce qu'il y a toujours des gens inférieurs à d'autres, qui n'ont autre chose à faire qu'à s'y adonner. Il y a plus : il faut que cela soit ainsi. Car ces denrées de première nécessité sont les besoins urgents de tous, et surtout des plus pauvres dans toutes les classes qui les consomment sans les produire et qui sont employés à d'autres travaux. Ainsi ces pauvres ne peuvent subsister qu'à proportion de la facilité qu'ils ont de se procurer ces denrées. C'est donc bien en vain qu'on fait des phrases vagues sur la dignité et l'utilité de l'agriculture ou de telle autre profession indispensable. Plus elle est indispensable, plus il est inévitable que ceux qui y concourent, faute d'autre capacité, soient réduits au strict nécessaire. Il n'y a d'autre manière directe d'améliorer le sort de ces hommes, les derniers en rang dans la société par leur défaut de talent, que de leur laisser toujours la liberté d'aller exercer ce faible talent ailleurs, où il leur serait plus fructueux. C'est pour cela que l'expatriation doit toujours être permise à tout homme. Il est déjà assez malheureux d'être réduit à cette ressource. Beaucoup d'autres mesures politiques peuvent concourir encore indirectement à défendre l'extrême faiblesse contre le joug de fer de la nécessité; mais ce n'est pas ici le lieu de nous en occuper, nous ne parlons que de l'impôt. Au reste, ces hommes que nous plaignons avec justice, souffrent encore moins dans l'état de société, même imparfaite, qu'ils ne feraient dans l'état de sauvagerie. Sans entrer dans les détails, la preuve en est que sur un même terrain il végète plus d'animaux de notre espèce, même serfs de glèbe, et, le dirai-je, même tout à fait esclaves, que sauvages. Or, l'homme ne s'éteint que par l'excès de la souffrance. Il faut sentir les proportions de tout et ne rien s'exagérer, même dans ce qui afflige et dans ce qu'on blâme. Observons que le voisinage de pays déserts, mais fertiles, est un prodigieux moyen de remédier à ces maux. C'est le cas des États-Unis en Amérique et de la Russie en Europe. Les diverses manières de tirer parti de cette heureuse circonstance montrent la différence des deux gouvernements, ou plutôt celle des deux nations, dont l'une est incapable de se gouverner comme l'autre, et le sera encore bien longtemps.

Si la marchandise imposée n'est pas de première nécessité, et si pourtant son prix conventionnel n'est qu'égal à son prix nécessaire, c'est une preuve que le consommateur tient bien faiblement à cette jouissance. Alors l'impôt survenant, le producteur n'a autre chose à faire qu'à renoncer à son industrie et à tâcher de trouver son salaire dans quelque autre profession, où il va accroître la misère par sa concurrence, et où il a encore du désavantage, parce que cette profession n'était pas la sienne. Ainsi il s'éteint, au moins en très grande partie. Pour le consommateur, il ne perd rien qu'une jouissance à laquelle il était peu attaché apparemment, parce qu'il la remplace facilement par une autre : mais le produit de l'impôt devient nul.

Si au contraire la marchandise ou l'industrie peu nécessaire, qui vient à être frappée par un impôt, a un prix conventionnel très supérieur à son prix nécessaire, et c'est le cas de toutes les choses de luxe, il y a de la marge pour le fisc sans réduire personne précisément à la misère. La même somme totale se dépense pour cette jouissance, à moins que le goût qui la fait rechercher ne diminue, et c'est le producteur qui est obligé de céder presque en entier ce que l'impôt emporte de cette somme totale ; mais comme il gagnait plus que le nécessaire, il n'est pas encore au-dessous. Cependant on doit dire que cela n'est vrai qu'en général. Car dans ce métier, supposé communément avantageux, il y a des individus qui, faute d'habileté ou de réputation, ou victimes de quelques circonstances imprévues, n'y trouvent qu'un nécessaire exigu. Ceux-là, l'impôt survenant, sont obligés de renoncer à leur état, ce qui est toujours une grande souffrance. Car les hommes ne sont pas des points mathématiques ; et leurs déplacements ne s'opèrent pas sans opérer des frottements qui produisent déchirement. Toutefois, c'est ainsi qu'on peut se représenter avec assez de justesse les effets directs des divers impôts partiels et locaux qu'on lève sur les marchandises dans leur trajet du producteur au consommateur.

Mais outre ces effets directs, ces impôts en ont d'indirects, étrangers aux premiers ou qui s'y mêlent et les compliquent. Ainsi un impôt onéreux sur une denrée importante, levé à l'entrée d'une ville, d'une part diminue les loyers des maisons de cette ville et rend son séjour moins désirable ; et de l'autre, diminue le loyer des terres qui produisent la denrée imposée, en en rendant le débit moins considérable ou moins avantageux. Voilà donc des capitalistes, quand même ils seraient absents et ne feraient ni ne consommeraient rien, atteints dans leurs capitaux, comme par un impôt foncier, tandis qu'on ne croit toucher que le consommateur ou le producteur. Cela est si vrai que ces propriétaires, si on le leur proposait, feraient des sacrifices plus ou moins grands pour rembourser une partie du fonds de l'impôt, ou fournir directement une partie de son produit annuel. On l'a vu mille fois.

Il y a plus. Dans toutes nos considérations économiques, nous ne devons jamais regarder comme véritables consommateurs d'une denrée que ceux qui effectivement la consomment pour leur satisfaction personnelle et l'emploient à leur propre usage. Ce n'est jamais que de ceux-là que nous parlons, sous le nom de consommateurs. Cependant il s'en faut bien qu'ils soient les seuls acheteurs de cette denrée. Souvent la plupart de ceux qui se la procurent, ne la recherchent que comme matière première d'autres productions, et comme moyen dans leur industrie. Alors l'effet de l'impôt qui frappe cette denrée reflue sur toutes ces productions et toutes ces industries. C'est ce qui arrive surtout aux denrées d'une utilité très générale ou d'une nécessité indispensable. Elles font partie des frais de beaucoup de producteurs divers.

Enfin, il faut encore observer que les impôts dont nous parlons ne chargent jamais uniquement une seule marchandise. On les met en même temps sur beaucoup d'espèces de denrées, c'est-à-dire sur beaucoup d'espèces de productions et de consommations : sur chacune, suivant sa nature, ils font quelqu'un des effets que nous venons d'expliquer, de manière que tous ces différents effets se heurtent, se balancent et se résistent réciproquement. Car les frais nouveaux dont est grevée une industrie font qu'on est moins prompt à s'y livrer, de préférence à une autre qui vient d'éprouver un tort du même genre. Le fardeau qui pèse sur un genre de consommation est cause qu'on ne peut pas la faire servir de remplacement à celle à laquelle on voudrait renoncer. D'où il suit que, s'il était possible de prévoir assez complètement tous ces ricochets pour équilibrer tous les poids, en sorte qu'en les plaçant tous à la fois ils fissent partout une pression égale, nulle proportion ne serait changée par eux. Ils ne feraient tous ensemble que l'effet général, inhérent à tout impôt, savoir que le producteur ait moins d'argent pour son travail et le consommateur moins de jouissances pour son argent. On doit regarder les impôts comme bons, quand à ce mal général et inévitable il ne se joint pas de maux particuliers qui soient trop fâcheux.

Telles sont à peu près les principales observations que j'aurais voulu trouver dans cette partie de l'*Esprit des lois* qui traite des rapports de la levée des tributs et de la grandeur des revenus publics avec la liberté. Car, on ne saurait trop le redire, la liberté, c'est le bonheur ; la science économique est une partie considérable de la science sociale ; elle en est même le but, puisque l'on ne désire que la société soit bien organisée qu'afin que les jouissances[a] y soient plus multipliées, plus complètes, plus paisibles ; et tant que ce but n'est pas bien connu, on tombe dans une foule d'erreurs dont notre célèbre auteur ne s'est pas toujours garanti. La question de savoir par

a. Entendez aussi les jouissances morales ; mais elles résultent en très grande partie du bon ordre des choses. La vertu en est un effet comme une cause.

qui l'impôt est réellement payé est surtout remarquable, parce qu'elle tient à tout le mécanisme de la société, et que ses vrais ressorts sont méconnus ou dévoilés, suivant qu'elle est bien ou mal résolue. Si l'on trouve que je m'y suis trop arrêté, l'importance du sujet est mon excuse. Il s'en faut bien encore que j'aie donné tous les développements, que j'aie fait toutes les applications, et que j'aie tiré toutes les conséquences qui auraient été nécessaires pour le bien éclaircir. C'est un soin que je laisse à la sagacité du lecteur; et je suis persuadé que plus il prendra cette peine, plus il trouvera solides et féconds les principes que nous avons posés. Mais s'ils sont vrais, comme je le pense, et même d'une vérité si frappante que je crois pouvoir me borner à les énoncer et à les livrer à leurs propres forces, sans autre appui que leur évidence, comment se fait-il que des opinions contraires aient été si généralement adoptées? C'est un point que je demande encore la permission de traiter, dût-on trouver que j'abuse du droit des commentateurs de faire naître les discussions les unes des autres avec une persévérance insupportable.

Les anciens économistes français[1] étaient des hommes éclairés, estimables, qui ont rendu de grands services; mais de très mauvais métaphysiciens, comme ont été tous les métaphysiciens, jusqu'à ce que les physiologistes s'en soient mêlés. Dans ce genre

Les bons *esprits ne sont que de nos jours*,

encore sont-ils rares. Les philosophes, appelés exclusivement *économistes*, n'avaient donc pas assez observé la nature de l'homme et spécialement sa nature intellectuelle : ils n'avaient pas vu que dans nos facultés et dans l'emploi qu'en fait notre volonté, consistent tous nos trésors; et que cet emploi, le *travail*, est la seule richesse qui ait par elle-même une valeur primitive, naturelle et nécessaire, qu'elle communique à toutes les choses auxquelles elle est appliquée et qui n'en sauraient avoir d'autre : en conséquence ils ont imaginé qu'il pouvait y avoir des travaux, même utiles, qui pourtant ne produisent aucune valeur, qui méritassent d'être appelés réellement improductifs. Ensuite, plus frappés de la force végétative de la nature, qui semble faire des créations en faveur de l'agriculture qui la met en jeu, que des autres forces physiques à l'aide desquelles s'exécutent tous nos autres travaux, ils se sont persuadés qu'il y avait là un véritable don gratuit de la part de la terre et que le travail qui le provoque mérite seul le nom de productif, sans faire attention qu'il y a aussi loin d'une botte de chanvre à une chemise que d'un paquet de chènevis à une botte de chanvre

1. Les physiocrates.

et que la différence est tout à fait du même genre, savoir le travail employé à la transmutation.

Cette fausse idée d'une sorte de vertu magique attribuée à la terre a conduit ces philosophes à plusieurs conséquences encore plus fausses; je veux dire, à la persuasion qu'il n'y a de vrais citoyens dans un État que les propriétaires du sol, et qu'eux seuls forment proprement toute la société; à l'admiration du système féodal, entièrement fondé sur les prétendus droits du propriétaire d'une immense étendue de terrain qui en inféode et sous-inféode les diverses parties, ce qui établit une hiérarchie depuis le dernier tenancier et même le serf de glèbe, jusqu'à ce premier et suzerain seigneur qui ne laisse à personne vivant dans son territoire d'autres droits que ceux qu'il a concédés; et enfin à l'opinion erronée que, tout venant de la terre, la terre seule doit être imposée; et que même, quand on établit d'autres impôts que l'impôt territorial, il arrive nécessairement, par la force des choses, qu'ils retombent toujours en définitif sur le propriétaire foncier, et même avec surcharge. Comme ces conséquences ne sont pas complètement rigoureuses, plusieurs membres de la secte en ont rejeté quelques-unes, mais tous ont admis celle qui nous occupe, la doctrine relative à l'impôt.

Le préjugé d'une production gratuite de la part de la terre a si bien tout embrouillé, et a jeté de si profondes racines dans les esprits, qu'il est devenu très difficile de s'en débarrasser entièrement. Le savant et judicieux Écossais, Adam Smith, a bien vu que le travail est notre seul trésor, et que tout ce qui compose la masse des richesses d'un particulier ou d'une société, n'est autre chose que du travail accumulé, parce qu'il n'a pas été consommé aussitôt que produit. Il a reconnu que tout travail qui ajoute à cette masse de richesses plus que n'en consomme celui qui l'exécute, doit être appelé productif, et qu'il n'est improductif que dans le cas contraire; et il a réfuté parfaitement ceux qui ne donnent le nom de productif qu'au travail de la culture. En conséquence, il a rejeté leur opinion que tous les impôts retombent nécessairement sur les propriétaires de terres. Cependant il croit voir encore dans la *rente de la terre* autre chose que ce qu'il appelle les *profits d'un capital*. Il la regarde comme un produit de la nature. Il dit expressément, *liv. 2, chap.* V [des *Recherches sur la nature et les causes de la richesse des nations*], que *c'est l'œuvre de la nature qui reste, après qu'on a fait la déduction ou la balance de tout ce qu'on peut regarder comme l'œuvre de l'homme*. Aussi, dans la portion des richesses accumulées, qu'il appelle *le capital fixe* d'une nation, il comprend les améliorations faites à la terre; mais il ne va pas, comme il le devrait, jusqu'à y comprendre la terre elle même pour la valeur qu'elle a dans le commerce. Il dit bien qu'*une ferme* AMÉLIORÉE *peut être regardée sous le même point de vue que ces machines utiles qui facilitent le travail;* mais il n'ose dire nettement, ce qui est pourtant vrai, qu'un champ est un outil comme un autre et que son fermage est tout à fait la même chose que le loyer d'une machine ou l'intérêt d'une somme prêtée.

M. Say, ancien membre du Tribunat français, qui est sans contredit l'auteur du meilleur livre d'économie politique qui ait encore été fait[a], et qui a écrit longtemps après Smith, voit bien comme lui que l'emploi de nos facultés est la source de toutes nos richesses, et que lui seul est la cause de la *valeur nécessaire* de tout ce qui en a une, parce que cette valeur n'est que la représentation de tout ce qui a été nécessaire à la satisfaction des *besoins* de celui qui a créé une chose, pendant le temps qu'il y a employé ses *moyens*. Il va beaucoup plus loin. Il voit nettement qu'étant incapables de créer un atome de matière, nous n'opérons jamais que des transmutations et des transformations, et que ce que nous appelons produire, c'est, dans tous les cas imaginables, donner une utilité plus grande, par rapport à nous, aux éléments que nous combinons et manipulons, à l'aide des forces de la nature que nous mettons en jeu par l'emploi des nôtres; comme ce que nous appelons consommer, c'est toujours diminuer ou détruire cette utilité, en nous en servant. Ce lumineux principe est également applicable aux industries agricole, manufacturière et commerçante. Cultiver, c'est, par le moyen d'un outil appelé *un champ*, convertir des graines, de l'air, de la terre, de l'eau, et d'autres principes, en une moisson abondante[b]. Manufacturer, c'est, à l'aide de quelques instruments, changer du chanvre en toile et en vêtements. Commercer, c'est, avec des machines, telles que des vaisseaux et des chariots, approcher du consommateur des choses utiles qui en sont loin et y ajouter le prix de tout ce qu'il en coûterait pour les aller chercher, tandis que l'on porte à ceux qui les cèdent d'autres choses qu'ils désirent et qui ont également le tort pour eux de n'être pas à leur portée. Au contraire, consommer des aliments, c'est les convertir en fumier;

a. Observez qu'ayant écrit ceci il y a treize ans, je n'ai pu citer que la première édition [du *Traité d'économie politique*, Paris, an 11-1803] de M. Say, et que la seconde édition de cet excellent ouvrage [Paris, 1814] est encore supérieure à la première.

b. L'agriculture est surtout un art chimique. Un laboureur fait du blé, dont il a besoin, comme un chimiste fait du gaz inflammable, dont il a besoin aussi. Le premier laboure, herse, fume, sème, arrose s'il y a lieu, pour mettre en contact d'une manière convenable les éléments qui doivent agir, comme l'autre dispose ses appareils, de la limaille de fer, de l'eau et de l'acide sulfurique, dans la même vue. Puis tous deux laissent agir les affinités; et tous deux ont atteint leur but si ce qu'ils produisent a plus de valeur vénale (preuve irréfutable de plus d'utilité) que n'en avait ce qu'ils ont employé et consommé pendant l'opération.

consommer un habit, c'est le changer en lambeaux; consommer de l'eau, c'est la boire, la salir, ou seulement la reporter à la rivière.

Avec un coup d'œil si juste et si ferme, il est impossible de ne pas voir les choses telles qu'elles sont. Aussi M. Say prononce sans hésiter, *liv. 1, chap.* V, qu'*un fonds de terre n'est qu'une machine*. Néanmoins, entraîné par l'autorité de ses prédécesseurs, qu'il a si souvent corrigés et surpassés, ou peut-être dominé seulement par l'empire de l'habitude et de je ne sais quel prestige, M. Say lui-même revient ensuite à se laisser éblouir par l'illusion qu'il a détruite le plus complètement possible. Il s'obstine à regarder un fonds de terre comme un bien d'une nature tout à fait particulière, son service productif comme autre chose que l'utilité d'un outil, et son fermage comme différent du loyer d'un capital prêté. Enfin, *liv. 4, chap.* XVI, il prononce encore plus formellement que Smith, et même en le discutant, que *c'est de l'action de la terre que naît le profit qu'elle donne à son propriétaire*. Cette seule faute est la cause de ce qu'il y a encore de louche dans tout ce qu'il dit sur les capitaux, les revenus et les impôts [1].

En effet, avec cette prévention, il est impossible de se rendre compte des progrès de la société et de la formation de nos richesses. On est obligé, comme M. Say, de reconnaître comme parties intégrantes de la valeur de toutes les choses qui en ont une, 1) des profits de travail ou salaires; 2) des profits de capitaux, qui semblent une chose différente des premiers; 3) des profits de fonds de terre, qui paraissent encore un élément d'un tout autre genre. On ne sait comment déterminer le prix naturel et nécessaire de chaque chose. Il y en a toujours une portion dont on ne voit pas la cause. Encore moins peut-on voir l'effet qu'y produit l'impôt, et l'influence de tout cela sur la vie des hommes, l'étendue de la population et la puissance des États. Tout est embrouillé et sophistiqué dès le principe, et on ne peut plus se faire, sur tous ces objets, que des opinions arbitraires et incohérentes.

Au contraire, supprimez ce préjugé: persuadez-vous bien que ce que vous appelez un terrain (c'est-à-dire un cube de terre et de pierre, ayant une de ses faces à la superficie de notre globe) est une masse de matière tout

1. S'il existe, dans le champ de l'économie politique, une très large identité de vues entre Destutt de Tracy et Jean-Baptiste Say, on sait qu'ils divergent sur l'analyse de la valeur. Au chapitre II de la seconde partie de son *Cours complet d'économie politique pratique* (Paris, 1828-1833), Say répond à Tracy: « Dans tous les cas je prendrai la liberté de représenter à l'estimable auteur qui a substitué tant d'idées justes aux brillantes erreurs de Montesquieu, que le travail n'est pas la *seule* richesse *qui ait par elle-même une valeur primitive et nécessaire*. C'est ici le travail de l'homme dont il est question; or, le travail de la terre, celui des animaux et des machines, ont une valeur aussi, puisqu'on y met un prix, qu'on l'achète ».

comme une autre, à la différence près qu'elle ne saurait changer de place en totalité. Cette différence, il est vrai, fait que comme propriété, c'est la plus difficile de toutes à conserver et à défendre, parce qu'on ne peut ni la serrer, ni la cacher, ni l'emporter avec soi comme tout ce qui est *meuble*. Mais enfin quand la société est assez éclairée pour la reconnaître et assez forte pour la protéger, c'est une propriété comme une autre. Cette propriété peut être telle que sa possession ne soit bonne à rien; dans ce cas, elle n'a aucun prix dans aucun pays du monde; on ne saurait trouver ni à la vendre, ni à la louer. Elle peut au contraire être utile de beaucoup de manières différentes. Elle peut servir à devenir la base de maisons, d'habitations, de magasins ou d'ateliers. On peut en tirer des combustibles utiles, des matériaux nécessaires aux constructions, des engrais bons pour fertiliser d'autres terres. On peut y trouver des sources propres à des irrigations, des métaux précieux, des diamants ou d'autres pierres et minéraux d'un grand prix. Elle peut surtout être susceptible de recevoir des graines qui donneront un grand produit. Dans tous ces cas, elle a une grande valeur. Vous me direz qu'alors la valeur de ce terrain n'a aucune proportion avec le travail de celui qui le premier l'a été chercher, l'a examiné et se l'est approprié. Cela est vrai. Mais il en est de même pour celui qui, tout d'un coup, trouvant un très gros diamant, fait un gain énorme; tandis que celui qui, après de longues recherches, n'en rencontre qu'un très petit, est fort mal récompensé. Cependant cela n'empêche pas que le prix naturel du diamant ne soit le travail de l'homme qui l'a cherché et trouvé, et que son prix vénal ne soit celui qu'en fait offrir le désir de le posséder. Cela prouve seulement que dans tous les genres il y a des travaux bien ingrats, et d'autres bien fructueux. Il en est ainsi de la terre. Son prix naturel est peu de chose, tant qu'il ne faut pas aller bien loin pour trouver un sol tout prêt à être cultivé et qui n'appartienne à personne; il est plus grand, quand cette culture exige des ouvrages ou des déplacements coûteux. Quant à son prix vénal, il varie comme celui de toutes choses et par les mêmes causes. Un très mauvais terrain se vend très cher, quand beaucoup de personnes ont envie de l'acquérir. Au contraire, nos États-Unis d'Amérique vendent de fort bonnes terres à très bas prix dans nos provinces de l'ouest; et dans certaines parties de la Russie, le gouvernement en offre pour rien, et donne même encore quelques provisions et quelques bestiaux à ceux qui les acceptent, à condition de s'y fixer et de les faire fructifier par leur travail. Quoi qu'il en soit, un terrain est un outil comme un autre, susceptible d'être employé à différents usages, comme nous venons de le voir. Quand il n'est propre à rien, il ne vaut rien. Quand il peut servir, il a une valeur. Quand il n'appartient à personne, il ne coûte que la peine de se l'approprier. Quand il appartient à quelqu'un, il faut donner une autre chose utile pour l'obtenir. Dans tous les cas, il équivaut exactement et sans aucune différence au *capital* (pour m'exprimer comme les auteurs) qu'on peut se procurer en le cédant; et peut, comme ce capital, être donné ou prêté, vendu ou loué[a], ou employé immédiatement par son possesseur. Mais il ne saurait jamais y avoir d'autre parti à tirer de ce terrain bon ou mauvais que d'en faire un de ces cinq usages.

Quand on est bien pénétré de ces idées, c'est la chose du monde la plus claire que la formation de toutes nos richesses. Il n'est plus question de mille distinctions superflues, qui ne font que tout embrouiller. Il n'y a dans le monde que du travail. Quand l'emploi des forces d'un homme ne produit que sa subsistance, il ne reste rien. Mais toutes les choses utiles quelconques qui sont à notre disposition, jusques et compris les plus intellectuelles, comme nos connaissances, ne sont que du travail, dont le résultat subsiste après que ceux qui l'ont exécuté ont vécu. C'est ce travail et les consommations nécessaires de ceux qui l'ont fait, qui constituent le prix naturel de toutes choses. Pour leur prix vénal, il consiste dans la somme d'autres choses utiles qu'on est disposé à donner pour les acheter. Mais ces autres choses utiles sont encore du travail accumulé. Ainsi quiconque possède du travail accumulé peut commander du travail actuel à ses semblables ou obtenir d'eux celui qu'ils ont déjà fait, en leur cédant quelque chose que ce soit de ce qu'il possède, soit à toujours, ce qui s'appelle *vendre*, soit pour un temps, ce qui s'appelle *louer*. Si ce qu'il reçoit pour un temps de loyer quelconque fournit à sa subsistance pendant ce temps, on dit qu'il vit de son *revenu*. Dans le cas contraire, il faut qu'il mange son *fonds*, ou qu'il fasse un *travail* qui lui soit profitable. Mais ceux qui font des ouvrages utiles sont le plus souvent obligés, pour les exécuter, d'acheter ou de louer d'autres choses; alors ces dépenses font partie du prix nécessaire de ce qu'ils produisent. S'ils ne les retrouvaient pas lors de la vente, ils ne pourraient subsister; et ce serait une preuve que ce qu'ils auraient détruit était autant ou plus utile que ce qu'ils auraient produit. Au contraire, quiconque produit et trouve dans ce travail une valeur supérieure à celle de tout ce qu'il a consommé, acheté, loué, pour arriver à ce

a. On s'exprime très ridiculement en disant que quand je cède mon argent pour un temps, moyennant un loyer appelé *intérêt*, je le *prête*. Dans ce cas, je le *loue*. Je ne le prête réellement que quand j'en cède l'usage sans rétribution. Il y a entre ces deux actions la même différence qu'entre *donner* ou *vendre*. Cette inexactitude de langage a fait dire et croire bien des sottises, ou ces sottises ont été cause de cette inexactitude de langage. Car tout est action et réaction. Faire une science, c'est en faire la langue, et faire la langue d'une science, c'est faire la science elle-même.

résultat, a évidemment augmenté la masse des valeurs, et par conséquent fait du bien. Car la somme de toutes les choses utiles que nous possédons, ou plutôt la somme de leur utilité, est la même chose que la somme de nos moyens de pourvoir à nos besoins, de multiplier nos jouissances, de diminuer nos souffrances. À quoi on peut ajouter que, l'existence des hommes en masse n'ayant pas d'autres limites que la possibilité de l'entretenir, leur nombre s'accroît toujours en proportion de cette possibilité. D'où l'on peut conclure que le bonheur et la puissance d'une société s'accroissent en même temps et par le même moyen, et que ce moyen est de multiplier le travail productif d'une utilité quelconque, de le rendre le plus productif possible, et de diminuer, autant que cela se peut, les consommations superflues et le nombre des gens qui ne font que consommer. Ceux-là sont les frelons de la ruche.

Je me bornerai à ce petit nombre d'idées principales que je crois de la plus grande importance, et dont il est aisé de faire bien des applications et de tirer bien des conséquences. Il eût mieux valu sans doute les exposer didactiquement et d'une manière élémentaire[a], que de les présenter, comme j'ai fait, incidemment et seulement à propos des erreurs que je voulais réfuter. Mais je n'en avais pas le choix. D'ailleurs, telles que les voilà, je me flatte encore qu'elles paraîtront plus claires que celles que les écrivains économistes y ont substituées si péniblement; et que l'on trouvera qu'elles rendent intelligible et plausible tout ce que nous avons dit du luxe, du travail, des valeurs, des richesses, de la population, de la production, de la consommation, et des effets de l'impôt sur tout cela. Pourquoi Montesquieu ne s'est-il pas livré à ces recherches? L'esprit des lois est-il donc autre chose que ce que doivent être les lois? Et, pour le connaître, ne faut-il pas voir quels sont les motifs qui doivent déterminer le législateur? Il a fait beaucoup; un seul homme ne peut pas tout faire.

a. C'est ce que j'ai tâché de faire dans le quatrième volume de mon *Idéologie*, qui est un traité de l'économie politique. [*Note ne figurant pas dans les éditions anonymes de Liège (1817) et de Paris (1819).*]

LIVRE XIV

DES LOIS DANS LE RAPPORT QU'ELLES ONT AVEC LA NATURE DU CLIMAT

LIVRE XV

COMMENT LES LOIS DE L'*ESCLAVAGE CIVIL* ONT DU RAPPORT AVEC LA NATURE DU CLIMAT

LIVRE XVI

COMMENT LES LOIS DE L'*ESCLAVAGE DOMESTIQUE* ONT DU RAPPORT AVEC LA NATURE DU CLIMAT

LIVRE XVII

COMMENT LES LOIS DE LA *SERVITUDE POLITIQUE* ONT DU RAPPORT AVEC LA NATURE DU CLIMAT

Certains climats ont différents inconvénients pour l'homme. Les institutions et les habitudes peuvent y remédier jusqu'à un certain point. Les bonnes lois sont celles qui atteignent ce but.

Je réunis ces quatre livres, parce qu'ils ont tous rapport au même sujet; et je m'y arrêterai peu, parce que je ne vois pas beaucoup d'instruction à en tirer et qu'ils ne m'offrent aucune question importante à discuter. Je me bornerai donc à un petit nombre de réflexions.

J'observerai d'abord que, pour se faire une idée juste de l'influence du climat, il faut entendre par ce mot l'ensemble de toutes les circonstances qui forment la Constitution physique d'un pays. Or, c'est ce que Montesquieu n'a point fait. Il paraît ne songer jamais qu'au degré de latitude et au degré de chaleur; et ce n'est pas dans cela seul que consiste la différence des climats.

Je remarque ensuite que, s'il n'est pas douteux que le climat influe sur toutes les espèces vivantes, même végétales, et par conséquent sur l'espèce humaine, il est pourtant vrai qu'il influe moins sur l'homme que sur aucun autre animal. La preuve en est que l'homme seul s'accommode de toutes les positions, de toutes les régions, de tous les régimes; et la raison s'en trouve dans l'étendue de ses facultés intellectuelles qui, en lui donnant d'autres besoins, le rend moins dépendant des besoins purement physiques, et dans la multitude d'arts par lesquels il pourvoit à ses divers besoins. À quoi il faut ajouter que, plus ces facultés sont développées, plus ces arts sont multipliés et perfectionnés, c'est-à-dire que plus l'homme est civilisé, plus l'empire du climat sur lui diminue. Je crois donc que Montesquieu n'a pas vu toutes les causes de cet empire, et que pourtant il s'en est exagéré les effets : j'oserai même dire qu'il a cherché à les prouver par beaucoup d'anecdotes douteuses et d'historiettes fausses ou frivoles, dont quelques-unes vont jusqu'au ridicule.

Après ces préliminaires, il considère l'influence du climat comme cause de l'usage des esclaves, ce qu'il appelle *l'esclavage civil*; de l'esclavage des femmes, qu'il nomme *l'esclavage domestique*; de l'oppression des citoyens à laquelle il donne le nom de *servitude politique*. Ce sont en effet trois choses bien importantes dans l'économie sociale.

Mais premièrement, après avoir peint très énergiquement l'usage des esclaves comme une chose abominable, inique, atroce, qui corrompt encore plus les oppresseurs que les opprimés, et sur laquelle il est impossible de faire aucune loi raisonnable, il convient lui-même qu'aucun climat ne nécessite ni ne peut nécessiter absolument cet excès de dépravation. En effet, il a existé dans les marais glacé de la Germanie et on peut s'en préserver dans la Zone-Torride[1]. Il ne faut donc pas l'attribuer au climat, mais à la férocité et à la stupidité des hommes[2].

1. Zone des tropiques.

2. Rappelons que Destutt de Tracy, comme La Fayette, s'est toujours prononcé contre l'esclavage, notamment dès la Constituante dans sa brochure *Opinion de M. de Tracy sur les affaires de Saint-Domingue en septembre 1791* (*Œuvres complètes*, *I*, p. 60-76).

Secondement, quant à la servitude politique, nous voyons des peuples horriblement asservis dans les mêmes contrées de la Grèce, de l'Italie, de l'Afrique, où il en existait autrefois de très libres, ou du moins de très amoureux de la liberté, quoiqu'ils ne sussent pas bien en quoi elle consiste et comment se l'assurer. C'est donc plus la Constitution de la société que la Constitution du climat qui en décide.

À l'égard des femmes, il est trop vrai que le malheur d'être nubiles dès l'enfance et d'être flétries dès leur jeunesse, doit faire qu'elles ne peuvent être aimées en même temps pour leurs charmes et pour leurs mérites, qu'elles doivent en général avoir peu des qualités du cœur et de l'esprit, et que par conséquent elles doivent être facilement les jouets et les victimes des hommes, et rarement leurs compagnes et leurs amies. C'est là sans doute un grand obstacle à la vraie moralité et à la vraie civilisation ; car si l'homme se corrompt quand il opprime son semblable, il se pervertit encore plus profondément quand il asservit l'objet de ses désirs les plus vifs. Ce développement précoce, qui empêche les êtres de venir à leur perfection, et cette fureur pour les plaisirs des sens qui les éteint prématurément, et qui, pendant qu'elle dure, égare la raison, sont donc de très grands maux ; et on ne peut nier qu'ils existent dans certains pays, quoiqu'il faille bien se garder de croire tout ce que dit Montesquieu sur ce dernier point. Mais enfin, toutes choses réduites à leur juste valeur, qu'en résulte-t-il ? Qu'il y a des inconvénients attachés à certains climats. À quoi il faut ajouter que les conséquences qu'on en voit souvent résulter sont loin d'être inévitables ; que les institutions et les habitudes peuvent beaucoup y remédier, et qu'enfin la raison est toujours la raison et doit partout être notre guide. De tout cela, je ne vois pas d'autre conclusion à tirer que de répéter après Montesquieu que *les mauvais législateurs sont ceux qui favorisent les vices du climat et que les bons sont ceux qui s'y opposent.*

LIVRE XVIII

DES LOIS DANS LE RAPPORT QU'ELLES ONT AVEC LA NATURE DU TERRAIN

Les progrès de la richesse et de la civilisation multiplient les chances d'inégalité parmi les hommes : et l'inégalité est la cause de la servitude, et la source de tous les maux et de tous les vices.

Il y a loin de la nature du terrain à la chevelure de Clodion et aux débauches de Childéric; et il est difficile de voir la série d'idées qui a pu conduire notre auteur d'un de ces objets à l'autre, et encore plus difficile de dire précisément quel est le sujet de ce livre.

Je trouve d'abord une preuve de la justesse du reproche que j'ai osé faire à Montesquieu à propos du livre onzième, de ne s'être pas fait une idée précise du sens du mot *liberté*. Il dit dans celui-ci, *chapitre II : La liberté, c'est-à-dire le gouvernement dont on jouit, etc.* Il faut convenir que c'est là une singulière liberté, si ce gouvernement est oppresseur, comme il y en a beaucoup.

Ensuite il dit, *chapitre IV*, que la stérilité des terres rend les hommes *courageux et propres à la guerre*, tandis que leur fertilité donne *un certain amour pour la conservation de la vie;* et *chapitre Ier*, pour prouver que cette même fertilité dispose à l'esprit de dépendance, il a dit : *La stérilité du terrain de l'Attique y établit le gouvernement populaire ; et la fertilité celui de Lacédémone, le gouvernement aristocratique : car, dans ces temps-là, on ne voulait point dans la Grèce du gouvernement d'un seul. Or le gouvernement aristocratique a plus de rapport avec le gouvernement d'un seul**.

* La phrase : « Or le gouvernement aristocratique... » ne figure pas dans les éditions anonymes de Liège (1817) et de Paris (1819).

Il suivrait de ces beaux principes et des raisonnements dont on les appuie, que les Spartiates n'avaient ni courage ni amour de la liberté. Cela est difficile à croire.

Si donc il est vrai, comme le dit Montesquieu, que *le gouvernement d'un seul se trouve plus souvent dans les pays fertiles, et le gouvernement de plusieurs dans les pays qui ne le sont pas; ce qui est quelquefois un dédommagement* (ce sont ses paroles), il faut en chercher une meilleure raison; je pense qu'elle n'est pas difficile à trouver.

La fertilité du sol n'ôte aux hommes ni la force, ni le courage, ni l'amour de la liberté; mais elle leur donne plus de moyens de pourvoir à leurs besoins. Ils se multiplient; et étant plus nombreux, ils deviennent plus facilement plus éclairés et plus riches. Jusque-là, il n'y a que des avantages; mais voici l'inconvénient. Ayant plus de moyens d'acquérir des connaissances et des richesses, il est inévitable que les uns y réussissent moins, et les autres beaucoup mieux; et qu'il s'établisse entre eux de plus grandes inégalités de talent et de fortune. Or, l'inégalité, sous quelque forme qu'elle se présente, est le grand malheur des hommes. L'habitude de l'inégalité amène l'esprit de servilité, beaucoup d'autres vices, et un mauvais emploi de la masse des moyens, comme nous l'avons vu en parlant du luxe, livre septième.

Voilà, je pense, la véritable explication de l'asservissement ordinaire, non pas des peuples *riches*, mais des peuples *parmi lesquels il y a de grandes richesses*. Cette distinction est très essentielle. Car il est bien à remarquer que le peuple est presque toujours plus riche dans les nations que l'on appelle *pauvres*, que dans celles que l'on appelle *riches :* et quand nos pédants nous disent qu'une nation est amollie par le luxe et les richesses, il faut toujours entendre que les quatre-vingt-dix-neuf centièmes de cette nation sont languissants et abrutis par la misère. Ainsi, quand ils vous parlent de mollesse et de corruption, entendez *inégalités*, et vous avez la clé de tout ce qui en résulte.

Ces considérations expliquent aussi, non pas pourquoi les peuples pauvres, ignorants, agrestes, sont libres; car ils ne le sont réellement pas (nous avons vu, livre onzième, que pour établir la vraie liberté politique et se l'assurer, il faut des moyens et des lumières que ces peuples n'ont pas, et que peut-être même il était impossible de la constituer solidement avant l'invention de l'imprimerie, qui établit des communications faciles entre les co-associés) : mais cela explique pourquoi ces peuples aiment cette liberté, la cherchent, et ont l'esprit d'indépendance. La raison en est que, ces peuples ayant peu de moyens, ces moyens sont assez également répartis parmi eux. Ils ne sont point habitués à *l'inégalité*. Ils restent à peu près indépendants plutôt que libres, tant qu'une force majeure étrangère ne les écrase pas, ce qui arrive dès qu'elle y a intérêt; ou tant que la superstition, qui est une grande cause d'inégalité au profit des fripons qui s'en emparent, ne les subjugue pas, ce qui arrive presque toujours.

Tel est, en général, le cas des montagnards, qui ne sont pas plus braves que d'autres, malgré les récits ridicules que l'on en fait, et que leurs montagnes défendent fort mal, quoiqu'en disent des auteurs très peu versés dans l'art militaire, mais qui ordinairement sont tous assez également pauvres.

Vous trouvez aussi là l'explication des effets que Montesquieu attribue avec raison à l'usage de la monnaie, qui, à la vérité, favorise l'inégalité, en facilitant l'accumulation des richesses dans les mêmes mains. Mais il n'y a point de nation un peu développée qui n'ait une monnaie : ainsi toutes les nations qui n'en ont pas sont dans la classe des nations très pauvres et très brutes.

Pour les peuples des îles, nous avons dit suffisamment, dans le livre huitième, la principale cause qui favorise leur liberté et les empêche d'en perdre le goût. Elle est d'un autre genre et a lieu dans tous les degrés de leur civilisation : cette cause est l'avantage qu'ils ont d'être dispensés du besoin de tenir une armée de terre toujours sur pied.

À l'égard de la simplicité des lois, autre avantage des peuples dont l'industrie est peu avancée, nous en avons déjà fait la remarque dans le livre sixième : je ne m'y arrêterai pas. Je négligerai de même toutes les discussions relatives au droit des gens chez les Tartares, aux lois saliques et ripuaires, aux rois Francs, etc. Il y a, ce me semble, peu de lumières à en retirer.

Tels sont à peu près tous les sujets divers que Montesquieu a effleurés dans ce livre. Au fait, ce n'était pas précisément de la nature du terrain qu'il voulait parler; car la fertilité des terres n'est pas la seule cause de la richesse des hommes : l'industrie et le commerce y contribuent au moins autant; et ce sont les effets de la richesse et de la civilisation dont notre auteur rend compte sans peut-être le voir nettement. En généralisant ainsi la question, elle est mieux posée. Des observations auxquelles elle donne lieu, voici, suivant moi, ce qu'on peut conclure relativement à l'esprit des lois : c'est que plus la société se perfectionne, plus les moyens de jouissance et de puissance s'accroissent parmi les hommes, mais aussi plus les chances d'inégalité se multiplient entre eux; et que dans tous les degrés de civilisation, les lois doivent tendre à diminuer, autant que possible, *l'inégalité*, parce qu'elle est l'écueil de la liberté et la source de tous les maux et de tous les vices. Tout prouve ce grand principe, et tout y ramène.

LIVRE XIX

DES LOIS DANS LE RAPPORT QU'ELLES ONT AVEC LES PRINCIPES QUI FORMENT L'ESPRIT GÉNÉRAL, LES MŒURS ET LES MANIÈRES D'UNE NATION

Pour les meilleures lois, il est nécessaire que les esprits y soient préparés. C'est pour cela qu'il faut que le pouvoir législatif soit exercé par des députés librement élus pour un temps limité sur toutes les parties du territoire.

Il y a bien de l'esprit dans ce livre. Le portrait des Français est une jolie plaisanterie; celui des Anglais est très bien fait pour prouver que ce qui est, doit être, et quelquefois pour rendre raison de ce qui n'est pas. Mais tout cela n'est-il point plus éblouissant que solide, et entremêlé d'assertions insoutenables?

Il ne faut pas tout corriger, sans doute. Pourquoi? de peur de faire pis. Mais s'ensuit-il que *la vanité est un bon ressort pour un gouvernement, et qu'à force de se rendre l'esprit frivole, on augmente sans cesse les branches de son commerce*? Les nations les plus commerçantes ne sont pas les plus légères. Surtout doit-on établir en thèse générale que *tous les vices moraux ne sont pas des vices politiques*? J'ose dire que cela est faux, si la politique est la science du bonheur des hommes. Si elle est l'art de les dépraver pour les opprimer, je n'ai rien à objecter; je ne m'occupe pas de cette politique.

Est-il donc *très singulier*, comme le dit l'auteur, qu'un peuple comme les Chinois, asservi jusque dans ses manières, et toujours occupé de démonstrations cérémonieuses, soit *très fourbe*? Et pour expliquer un fait si simple, peut-on se permettre d'affirmer qu'*à la Chine il est permis de tromper*? Pour moi, j'ose assurer qu'on a trompé partout et que jamais les lois n'y ont autorisé nulle part, pas même à Lacédémone, malgré les prétendus vols permis.

J'ose encore affirmer que ce n'est pas la détestable manière d'écrire des Chinois qui a pu établir parmi eux *l'émulation, la fuite de l'oisiveté et l'estime pour le savoir*. Elle a sans doute contribué à leur respect pour les rites, en les rendant incapables d'apprendre rien autre chose, c'est-à-dire qu'elle a aidé à les asservir en les abrutissant[1]. Mais si c'est en cela *que le gouvernement chinois triompha*, comme le dit notre auteur, ce n'était pas à lui à chanter ce triomphe. Un philosophe doit accorder ses éloges avec plus de discernement.

N'y a-t-il pas aussi un peu d'irréflexion à louer sans restriction Rhadamante de ce *qu'il expédiait tous les procès avec célérité, déférant seulement le serment sur chaque chef*? Je crois que nous savons assez mal, malgré le secours de Platon, ce que faisait Rhadamante; mais nous savons très bien, et nous l'avons vu dans le livre sixième, que les lois peuvent plus facilement être simples, suivant que la société est moins avancée et que les intérêts sont moins compliqués; et nous sommes assurés de même que, moins on sait écrire, plus on est obligé d'employer la preuve testimoniale et l'affirmation par serment. Il ne faut donc pas toujours prendre l'ignorance pour l'innocence et la rusticité pour la vertu.

Une autre assertion singulière est celle-ci : *une nation libre peut avoir un libérateur; une nation subjuguée ne peut avoir qu'un autre oppresseur.* Il s'ensuivrait qu'une nation, une fois opprimée, ne peut jamais cesser de l'être; et d'ailleurs il est difficile de comprendre ce que c'est que le *libérateur* d'une nation déjà *libre*.

Ces distractions n'empêchent pas que notre auteur n'ait grande raison, quand il dit que *c'est une très mauvaise politique de changer par les lois ce qui doit être changé par les manières*. C'est pour cela que, contre son avis, j'ai désapprouvé les lois somptuaires. Voyez le livre septième.

À l'égard du fameux mot de Solon, dont les défenseurs de toutes les institutions reconnues mauvaises ont toujours invoqué l'autorité, j'ai dit, livre onzième, à quoi on doit le réduire et ce qu'on peut en penser. J'ai même, à cette occasion, expliqué comment des institutions, *mauvaises en elles-mêmes*, peuvent avoir une *bonté relative*, et pourquoi au contraire de

1. Au chapitre V de sa *Grammaire*, Destutt de Tracy a dénoncé les effets de l'écriture hiéroglyphique : « De là, il résulte abrutissement de la masse du peuple, peu de progrès parmi les lettrés, point de communication entre eux ni avec les étrangers, perte prompte des connaissances acquises ou reçues, respect respectueux pour l'antiquité, etc. » (*Éléments, II*, Extrait raisonné, p. 238).

très bonnes lois peuvent être inadmissibles dans une situation donnée. Ainsi je pense complètement comme notre auteur, *que pour les meilleures lois, il est nécessaire que les esprits y soient préparés*. Je professe sincèrement ce principe, qui me paraît excellent, et le seul bon qu'on trouve dans ce dix-neuvième livre. J'en tire cette conséquence, qu'il est très essentiel que le pouvoir législatif soit exercé par des députés librement élus, pour un temps limité, sur toutes les parties du territoire d'une nation. Car c'est cette manière qui donne le plus la certitude que les lois seront bien assorties à l'esprit général qui règne dans cette nation.

LIVRE XX

DES LOIS DANS LE RAPPORT QU'ELLES ONT AVEC LE COMMERCE CONSIDÉRÉ DANS SA NATURE ET SES DISTINCTIONS

LIVRE XXI

DES LOIS DANS LE RAPPORT QU'ELLES ONT AVEC LE COMMERCE CONSIDÉRÉ DANS LES RÉVOLUTIONS QU'IL A EUES DANS LE MONDE

Les négociants sont les agents du commerce. L'argent en est l'instrument. Mais ce n'est pas là le commerce. Le commerce consiste dans l'échange. Il est la société tout entière. Il est l'attribut de l'homme. Il est la source de tout bien. Sa principale utilité est de développer l'industrie. C'est lui qui a civilisé le monde, c'est lui qui a affaibli l'esprit de dévastation. Les prétendues balances de commerce sont des illusions ou des minuties.

De même que j'ai joint ensemble les quatre livres qui traitent de la nature du climat, je réunis actuellement ces deux-ci qui ont rapport au commerce. Mais j'avoue que je ne sais comment aborder les questions qui y sont, non pas traitées, mais tranchées. Je ne puis ni voir la connexion qu'elles ont entre elles, ni trouver dans les unes les éléments de la solution des autres, comme cela devrait être, si elles étaient bien éclaircies et bien liées. Cela me rappelle ces paroles d'un homme qui avait un excellent esprit : *Mon père*, dit-il, *mon frère aîné et moi, nous avions trois manières de travailler tout à fait différentes. Mon père cassait tous les fils et les renouait facilement; mon frère les cassait aussi et ne les renouait pas toujours. Pour moi, je tâche de ne les pas rompre, car je ne serai jamais sûr de les bien renouer.* Je veux croire que Montesquieu est comme le père, et qu'il ne laisse jamais échapper le fil de ses idées, quoiqu'on n'en voie pas toujours l'enchaînement. Mais pour moi, qui ne veux pas être comme le frère aîné, je n'ai d'autre moyen que de m'efforcer de faire comme le second. Je vais donc tâcher de pénétrer assez avant dans le fond du sujet, pour y trouver un point fixe d'où je puisse partir et auquel je puisse tout rattacher.

On se fait en général du commerce une idée très fausse, parce qu'elle n'est pas assez étendue. Il est à peu près dans le même cas que ce que l'on appelle les figures de rhétorique. Nous ne remarquons ordinairement celles-ci que chez les rhéteurs et dans les discours d'apparat, en sorte qu'elles nous paraissent une invention très recherchée et fort extraordinaire; et nous ne nous apercevons pas qu'elles nous sont si naturelles que nous en faisons tous une quantité prodigieuse dans nos moindres discours, sans y penser. De même, nous ne reconnaissons communément le commerce que chez les négociants qui en font une espèce de science occulte et un métier particulier; nous n'y voyons que le mouvement d'argent qu'il produit et qui n'en est pas le but; et nous ne faisons pas attention que nous commerçons tous incessamment et continuellement, et que la totalité du commerce pourrait s'effectuer sans argent et sans négociants. Car les négociants de profession sont les agents de certains commerces : l'argent en est le véhicule et l'instrument; mais ce n'est pas là proprement le commerce. Le commerce consiste essentiellement dans *l'échange*. Tout échange est un acte de commerce; et notre vie tout entière est une suite perpétuelle d'échanges et de services réciproques. Nous serions tous très malheureux qu'il n'en fût pas ainsi; car nous serions réduits chacun à nos propres forces, sans pouvoir nous aider jamais de celles des autres. En considérant le commerce sous ce point de vue, qui est le vrai, on y voit ce qu'on n'y avait jamais remarqué. On trouve qu'il n'est pas seulement le fondement et la base de la société, mais qu'il en est, pour ainsi dire, l'essence, qu'il est la société elle-même. Car la société n'est autre chose qu'un échange continuel de secours mutuels; et cet échange produit le concours des forces de tous, pour la plus grande satisfaction des besoins de chacun.

Il est donc ridicule de mettre en doute que le commerce soit un bien, et plus ridicule encore de croire qu'il puisse jamais être un mal absolu, ou seulement n'être utile qu'à une des parties contractantes. Il est toujours utile à un homme de pouvoir se procurer ce dont il a besoin, au moyen de ce dont il n'a que faire. Cette faculté ne peut jamais être un mal en elle-même;

et quand deux hommes se donnent réciproquement et librement une chose qu'ils estiment moins, pour recevoir une chose qu'ils estiment plus, puisqu'ils la désirent, il est impossible qu'ils n'y trouvent pas tous deux leur avantage. Or c'est là tout le commerce. Il est bien vrai que l'un des deux peut faire ce que nous appelons un mauvais marché, et l'autre en faire un bon ; c'est-à-dire que l'un, pour ce qu'il sacrifie, ne reçoit pas autant de la chose qu'il désire qu'il aurait pu s'en procurer, et que l'autre en reçoit plus qu'il n'aurait dû l'espérer. Il se peut encore que l'un des deux, ou même tous deux, aient tort de désirer la chose qu'ils se procurent. Mais ces cas sont rares; ils ne font pas l'essence du commerce, ils en sont des accidents, causés par certaines circonstances que nous examinerons par la suite et dont nous verrons les effets. Il n'en est pas moins vrai que dans tout acte de commerce, dans tout échange libre, les deux contractants se sont satisfaits, sans quoi ils n'auraient pas contracté; et par conséquent cet échange est en soi un bien pour tous deux.

Smith, si je ne me trompe, a remarqué le premier que *l'homme seul fait des échanges* proprement dit[a]. Cela est vrai* .On voit bien certains animaux exécuter des travaux qui concourent à un but commun et qui paraissent concertés jusqu'à un certain point, ou se battre pour la possession de ce qu'ils désirent, ou supplier pour l'obtenir; mais rien n'annonce qu'ils fassent réellement des échanges. La raison en est, je pense, qu'ils n'ont ni une idée assez nette de la propriété pour croire qu'ils puissent avoir un droit sur ce qu'ils ne tiennent pas actuellement, ni un langage assez développé pour pouvoir faire des conventions expresses; et ces deux inconvénients viennent, je crois, de ce qu'ils ne peuvent assez abstraire leurs idées, ni pour les généraliser, ni pour les exprimer séparément, en détail, et sous la forme d'une proposition. D'où il résulte que les idées dont ils sont susceptibles sont toutes particulières, confuses avec leurs attributs, et se manifestent en masse par des espèces d'interjections qui ne peuvent rien expliquer explicitement. L'homme, au contraire, qui a tous les moyens qui leur manquent, est naturellement porté à s'en servir pour faire des conventions avec ses semblables. Quoi qu'il en soit, il est

a. Voyez l'admirable chapitre II du premier livre de son *Traité des richesses* [*Recherches sur la nature et les causes de la richesse des nations*]. Je regrette qu'en remarquant ce fait, il n'en ait pas recherché plus curieusement la cause ; ce n'était pas à l'auteur de la *Théorie des sentiments moraux* à regarder comme inutile de scruter les opérations de l'intelligence. Ses succès et ses fautes devaient également contribuer à lui faire penser le contraire.

* La phrase : « Cela est vrai » ne figure pas dans les éditions anonymes de Liège (1817) et de Paris (1819).

certain qu'il fait des échanges et que les animaux n'en font pas. Aussi n'ont-ils pas de véritable société; car *le commerce est toute la société*, comme *le travail est toute la richesse*.

C'est encore Smith qui a aperçu cette seconde vérité que, nos forces étant notre seule propriété originaire, *l'emploi de nos forces est notre seule richesse primitive*. Elle l'a conduit à en voir une troisième, bien importante; c'est que cette richesse s'accroît d'une manière incalculable par l'effet de la *division du travail;* c'est-à-dire qu'à mesure que chacun de nous s'applique plus exclusivement à un seul genre de travail, ce travail devient incomparablement plus rapide, plus parfait, plus productif; en un mot, il augmente infiniment plus la masse de nos jouissances.

Comme on fait beaucoup de chemin quand on est dans une bonne route, Smith a encore été plus loin; il a observé que cette distribution du travail, si importante et si désirable, *ne devenait possible que par les échanges, et à proportion de leur nombre et de leur facilité*. Car tant que chacun ne peut profiter en rien du travail d'un autre, il faut qu'il pourvoie lui-même à tous ses besoins, et par conséquent qu'il fasse tous les métiers. Quand ensuite les échanges commencent, un seul métier ne suffirait pas pour faire vivre un homme; il faut encore qu'il en fasse plusieurs. C'est le cas de bien des ouvriers dans les campagnes. Mais quand enfin le commerce s'anime et se perfectionne, non seulement un seul métier, mais souvent la moindre partie d'un métier suffit pour occuper un homme tout entier, parce qu'il trouve toujours à placer le produit de son travail, quoique très considérable et d'une seule espèce. Il me semble que l'on n'a jamais tenu assez de compte à Smith de cette dernière vue. Cependant elle est très belle; et c'est là qu'il a trouvé la principale utilité du commerce, celle qu'il ne faut jamais perdre de vue, celle que l'on doit toujours et dans tous les cas regarder comme la plus essentielle de ses propriétés et le premier de ses avantages. Arrêtons-nous y un moment: et puisque c'est le commerce qui nous occupe actuellement, remarquons bien qu'à l'instant où les échangent commencent, commence aussi la société, et avec elle la possibilité que chacun a de se livrer exclusivement au genre d'occupation dans lequel il peut le mieux réussir, tant par ses dispositions naturelles que par les circonstances dans lesquelles il se trouve.

Lors de ce commencement, le commerce se fait directement et sans intermédiaire. Tout homme qui a quelque chose à vendre est obligé de chercher un acheteur; et tout homme qui a quelque chose à acheter est obligé de chercher un vendeur: en un mot, quiconque veut faire un échange doit prendre lui-même la peine de chercher avec qui le faire. Bientôt, par l'effet même de cette *division du travail*, que le commerce provoque si puissamment, il se forme une classe d'hommes dont l'unique profession est d'éviter cette peine aux échangistes, et par là de faciliter beaucoup les échanges. Ces hommes sont connus sous le nom général de commerçants. Ensuite ils se subdivisent encore; et on distingue parmi eux des négociants, des marchands, des détaillants, des courtiers, des commissionnaires et autres agents du commerce, qui tous le servent en remplissant chacun une fonction différente. Considérons-les tous en masse : cela suffit pour notre objet.

Les commerçants sont là toujours prêts à acheter quand quelqu'un veut vendre; et à vendre quand quelqu'un veut acheter. Ils font venir dans un endroit les denrées d'un autre, et réciproquement. Ainsi, par leurs soins, chacun trouve tout de suite, à portée de soi, tout ce qu'il désire et tout ce qu'il ne pourrait souvent se procurer qu'avec beaucoup de peine et de temps. Leur travail est donc utile. Puisqu'il est utile, il doit leur procurer un salaire. Aussi se le procurent-ils facilement. On aime mieux vendre à meilleur marché chez soi que d'aller loin porter ses denrées. On aime mieux acheter plus cher à sa porte que de se déplacer pour chercher ce qu'on désire. Les négociants achètent donc à bon marché et revendent cher. Voilà leur récompense. Ils peuvent la restreindre d'autant plus que les communications sont plus sûres et plus faciles, leurs frais et leurs risques étant moins grands. Quand les négociants sont rares, ils exagèrent leurs profits; quand ils sont nombreux, ils se contentent de moins, afin d'avoir la préférence. En cela, ils sont comme les autres travailleurs. Quel que soit leur salaire, il est certain qu'il est pris sur les échangistes; mais il est pour ces échangistes d'une moindre valeur que les peines qu'il leur épargne. Ainsi ils gagnent, au moins en général, à faire ce sacrifice. La preuve en est qu'ils préfèrent presque toujours se servir de cet intermédiaire. L'existence de ces entremetteurs est donc utile.

L'explication de l'utilité des commerçants m'amène à expliquer l'utilité de l'argent; car il sert le commerce comme instrument, précisément de la même manière qu'ils le servent comme agents. On peut faire le commerce sans cet instrument et sans ces agents; mais ils le rendent plus facile. L'argent est une marchandise comme une autre, propre à différents usages, ayant, comme toutes les autres, sa valeur naturelle, qui est la valeur du travail nécessaire pour l'extraire de la terre et le façonner, et sa valeur vénale, qui est celles des choses que l'on offre pour se le procurer, ainsi que nous l'avons expliqué dans nos observations sur le livre treizième. Mais cette marchandise a cela de particulier qu'elle est inaltérable, en sorte qu'on peut la garder sans craindre ni déchet ni avaries; qu'elle est toute de même qualité quand elle est pure, en sorte qu'on peut toujours la comparer à elle-même sans incertitude de valeur; qu'elle est susceptible de divisions très multipliées, très justes, très constantes, de manière qu'elle se prête très commodément aux divisions de toutes les autres, depuis les plus précieuses jusqu'aux plus communes, depuis les plus petites masses jusqu'aux plus grandes. Voilà bien des avantages pour devenir le terme commun de comparaison de toutes les valeurs. C'est aussi ce qui arrive : et une fois que cela est ainsi, l'argent ne peut plus changer de valeur fréquemment et démesurément comme une autre marchandise, pour être trop recherchée dans un temps et pas assez dans un autre. Il ne peut varier de prix que faiblement et à la longue, suivant qu'il est un peu plus ou un peu moins rare. C'est là encore un autre avantage très important pour être gardé. Ainsi, quiconque possède une chose dont il n'a pas besoin, n'est plus obligé d'attendre, pour s'en défaire, qu'il trouve à la troquer précisément contre celle qui lui est nécessaire. Pourvu qu'il en trouve de l'argent, il le prend, parce qu'il est sûr avec cet argent de se procurer tout ce qu'il voudra, quand il le jugera à propos, surtout lorsqu'il existe des commerçants toujours prêts à vendre de tout. Du reste, l'argent n'est pas plus la totalité de nos richesses que les commerçants ne sont la totalité de nos échangistes. L'un est un outil, les autres sont des ouvriers qui servent au commerce, mais qui ne constituent pas le commerce. Il faut de cet outil et de ces ouvriers, autant et pas plus qu'il n'est nécessaire, pour que le commerce se fasse. Quand il y a plus d'argent dans un pays qu'il n'en faut pour la circulation, il faut l'envoyer au dehors, ou en faire des meubles de différentes espèces; quand il y a trop de négociants pour la quantité des affaires qu'on peut y faire, il faut qu'ils s'expatrient, ou qu'ils prennent un autre état.

Les propriétés du commerce étant ainsi bien senties, et les fonctions des commerçants bien entendues, il est aisé de voir que, si les commerçants ne sont pas indispensables, puisque le commerce peut avoir lieu jusqu'à un certain point sans eux, ils sont très utiles puisqu'ils le facilitent prodigieusement. Mais il ne paraît pas aussi aisé d'abord de décider si leur travail est réellement *productif*, et s'ils méritent d'être rangés dans la classe productrice. Aussi des écrivains, qui n'ont voulu voir de *production* réelle que dans le travail qui nous procure les matières premières, et qui, en conséquence, ont refusé le nom de *producteurs* à ceux qui emploient ces matières (les artisans), ont par suite refusé le même titre à ceux qui les transportent (les négociants). Cependant c'est là une erreur où l'on tombe uniquement parce que l'on ne sait pas soi-même ce que l'on veut dire par le mot de *production*.

M. Say, nous l'avons déjà dit, a fait disparaître toute cette logomachie par une seule observation bien juste, en remarquant que nous ne créons jamais un seul atome de matière, que nous n'opérons jamais que des transformations, et que ce que nous appelons produire n'est jamais que donner un degré d'utilité de plus, par rapport à nous, à ce qui existait déjà. On pourrait dire de même, et avec autant de justesse, de nos productions intellectuelles, qu'elles ne sont jamais que des transformations des impressions que nous recevons de tout ce qui existe; impressions que nous élaborons, dont nous formons toutes nos idées, dont nous tirons toutes les vérités que nous apercevons, toutes les combinaisons que nous imaginons.

En effet, pour ne point sortir de l'ordre physique, les hommes qui tirent du sein de la terre et des eaux, par les travaux de la pêche, de la chasse, des mines, des carrières et de la culture, toutes les matières premières dont nous nous servons, ne font par leurs peines que commencer à disposer ces animaux, ces minéraux, ces végétaux, à nous être utiles. Le métal vaut mieux pour nous que le minéral, une riche moisson mieux que la semence et le fumier dont elle provient. Un animal pris ou tué est plus près de nous servir qu'un animal qui s'enfuit; et un animal apprivoisé, plus qu'un animal farouche. Ces premiers travailleurs ont donc été utiles, ils ont été producteurs d'utilité; et c'est la seule manière d'être producteur.

Viennent ensuite d'autres travailleurs: ce sont les artisans, qui façonnent encore ces matières. Si le métal vaut mieux que le minéral, une pioche, une bêche ou un autre ustensile, valent mieux qu'un bloc de fonte. Si le chanvre vaut mieux que le chènevis qui l'a produit, la toile vaut mieux que le chanvre, le drap mieux que la toison, la farine mieux que le blé, et le pain mieux que la farine, etc. Ces nouveaux travailleurs sont donc encore des producteurs tout comme les autres, et de la même manière. Cela est si vrai, que souvent on ne peut pas les distinguer les uns des autres. Je demande que l'on me dise si celui qui avec de l'eau salée fait du sel est un agriculteur ou un artisan; pourquoi celui qui tue un daim appartiendrait plus à l'industrie agricole que celui qui l'écorche pour me faire des gants; et quel est le producteur du laboureur, du semeur, du moissonneur, ou même de celui qui a fait les fossés nécessaires pour rendre le champ productif.

Mais il ne suffit pas que les matières aient reçu leurs dernières façons pour que je puisse m'en servir; il faut encore qu'elles soient près de moi. Peu m'importe qu'il y ait du sucre aux Indes, de la porcelaine à la Chine, du café en Arabie; il faut qu'on me l'apporte. C'est ce que font les négociants; ils sont donc aussi producteurs d'utilité. Cette utilité est si grande que, sans celle-là, les autres s'évanouissent. Elle est si palpable que, dans les endroits où une chose surabonde, elle n'a aucune valeur et qu'elle en prend une très grande quand elle est transportée dans ceux où elle manque: il faut donc ou renoncer à savoir ce qu'on veut dire, ou confesser que les négociants sont des producteurs comme tous les autres et convenir que *tout travail est productif, lorsqu'il produit des richesses supérieures à celles que consomment ceux qui s'y livrent.* C'est là la seule manière raisonnable d'entendre le mot *production*. Voyez le livre treizième.

Il est vrai que par l'effet de l'industrie, que l'on nomme assez mal *agricole*, les matières changent le plus souvent de *nature;* que l'industrie *manufacturière* n'en change ordinairement que la *forme* (encore cela n'est pas vrai des arts chimiques, et ils le sont presque tous plus ou moins); et que l'industrie *commerçante* ne fait que les changer de lieu. Mais qu'est-ce que cela fait, si ce dernier changement est utile à tous les autres? Si c'est une dernière façon nécessaire pour faire valoir toutes les autres? Et si cette dernière façon est si fructueuse qu'elle produit un accroissement de valeur très supérieur aux frais qu'elle coûte?

On dira que cet accroissement de valeur souvent n'a pas lieu, et que souvent la marchandise est perdue, ou détériorée, ou arrive à contretemps; et que le travail du commerçant se trouve infructueux. Mais il en est de même du travail de l'agriculteur et du manufacturier, quand ils sont mal entendus ou contrariés par des accidents. On dira encore que souvent le commerçant ne fait que nous apporter des objets de consommation inutiles, que nous aurions été heureux d'ignorer; que nous y prenons goût; que nous nous ruinons pour nous les procurer, et qu'ainsi il nous appauvrit au lieu de nous enrichir. Mais il en est de même souvent de l'agriculture et des arts. Si je fais d'une vaste campagne un champ de rose, si j'emploie beaucoup de monde à les cultiver et à les recueillir, beaucoup de monde encore à les distiller, et qu'il ne résulte de tout cela que la satisfaction très passagère de quelques belles dames qui se parfument en dépensant des sommes considérables, au moyen desquelles on aurait pu exécuter des ouvrages très durables et très utiles; certainement il y a perte de richesse: mais la perte n'est pas dans la production, elle est dans la consommation. Si on avait exporté cette essence de roses, on aurait pu avoir en retour beaucoup de choses de première nécessité. Dans tous les cas, il y a similitude complète entre le travail du commerçant et celui de l'agriculteur ou du manufacturier. L'un n'est ni plus ni moins *essentiellement productif* que l'autre. Tous ne réussissant pas, sont en pure perte; tous réussissant, produisent accroissement de jouissance, si on consomme; accroissement de richesse, si on ne consomme pas. Au reste, peu importe le nom que l'on donne à l'industrie des commerçants, pourvu que ce nom ne conduise pas à de fausses conséquences, et que l'on voie bien ce que c'est que le commerce, dont les commerçants ne sont que les agents. Il me semble que nous nous en sommes rendu compte assez nettement pour pouvoir poser quelques principes certains et nous décider sur les différentes questions qui peuvent naître d'après des vues générales et constantes. Revenons donc à notre auteur; et essayons d'examiner quelques-unes de ses opinions.

Montesquieu, qui s'est épargné la peine que nous venons de prendre, semble ne voir dans le commerce que les relations des nations entre elles et leur manière d'influer les unes sur les autres. Il ne dit pas un mot du commerce qui se fait dans l'intérieur d'un pays; et il paraît supposer qu'il serait nul et d'aucun effet, et qu'il ne mériterait aucune considération, s'il ne devait pas donner le moyen de faire des profits sur les étrangers. Il pense en cela, comme bien des écrivains et bien des hommes d'État trop admirés. Cependant, même dans cette supposition, le commerce intérieur demanderait encore toute notre attention; et, dans tous les cas, il est toujours de beaucoup le plus important, surtout pour une grande nation. En effet, de même que tant qu'il n'y a pas du tout d'échanges entre les hommes d'un même canton, ils sont tous étrangers les uns aux autres et tous misérables, au lieu qu'en s'entraidant, ils augmentent prodigieusement leur puissance et leurs jouissances; de même dans un grand pays, si chacune de ses parties demeure isolée et sans communication, elles sont toutes dans le dénuement et dans une inaction forcée; au lieu qu'en formant des liaisons entre elles, chacune profite de l'industrie de toutes et y trouve l'emploi et le développement de ses propres ressources. Prenons pour exemple la France, parce que c'est une contrée très vaste et très connue. Supposons la nation française seule dans le monde, ou environnée de déserts impossibles à traverser. Elle a des portions de son territoire très fertiles en grains, d'autres plus humides qui ne sont bonnes qu'aux pâturages, d'autres formées de coteaux arides qui ne sont bons qu'à la culture des vignes, d'autres enfin plus montagneuses qui ne peuvent guère produire que des bois. Si chacun de ces pays est réduit à lui-même, qu'arrive-t-il ? Il est clair que dans le pays à blé, il peut encore subsister un peuple assez nombreux, parce que du moins il a le moyen de satisfaire largement au premier de tous les besoins, la nourriture. Cependant ce besoin n'est pas le seul; il faut le vêtement, le couvert, etc. Ce peuple sera donc obligé de sacrifier en bois, en pâturages, en mauvaises vignes, beaucoup de ces bonnes terres, dont une bien moindre quantité aurait suffi pour lui procurer, par voie d'échange, ce qui lui manque et dont le reste aurait encore nourri beaucoup d'autres hommes. Ainsi, ce peuple ne sera déjà pas si nombreux que s'il avait eu du commerce; et cependant il manquera de bien des choses. Cela est encore bien plus vrai de celui qui habite les coteaux propres aux vignes. Celui-là, si même il en a l'industrie, ne fera du vin que pour son usage, n'ayant où le vendre. Il s'épuisera dans des travaux ingrats pour faire produire à ces côtes arides quelques mauvais grains, ne sachant où en acheter. Il manquera de tout le reste. Sa population, quoique encore agricole, sera misérable et rare. Dans le pays de marais et de prairies, trop humide pour le blé, trop froid pour le riz, ce sera bien pis. Il faudra nécessairement renoncer à cultiver, se réduire à être pasteur, et même ne nourrir d'animaux qu'autant on en peut manger. Pour le pays de bois, il n'y a de moyen d'y vivre que la chasse, à mesure et autant qu'on y trouve des animaux sauvages, sans songer seulement à conserver leurs peaux. Car qu'en ferait-on? Voilà pourtant l'état de la France si vous supprimez toute correspondance entre ses parties. Une moitié est sauvage, et l'autre mal pourvue.

Supposez au contraire cette correspondance active et facile, quoique toujours sans relation extérieure. Alors la production propre à chaque canton ne sera plus arrêtée par le défaut de débouchés et par la nécessité de se livrer, en dépit des localités, à des travaux très ingrats, mais nécessaires faute d'échanges, pour pourvoir par soi-même, tant bien que mal, à tous ses besoins ou du moins aux plus pressants. Le pays de bonne terre produira du blé autant que possible et en enverra au pays de vignobles, qui produira des vins tout autant qu'il trouvera à en vendre. Tous deux approvisionneront le pays de pâturages, où les animaux se multiplieront à proportion du débit, et les hommes à proportion des subsistances que leur procurera ce débit; et ces trois pays réunis alimenteront, jusque dans les montagnes les plus âpres, des habitants industrieux qui leur fourniront des bois et des métaux. On multipliera les lins et les chanvres dans le nord, pour envoyer des toiles dans le midi, qui multipliera ses soieries et ses huiles pour les payer. Les moindres avantages locaux seront mis à profit. Une commune toute en cailloux fournira des pierres à fusil à toutes les autres, qui n'en ont pas et qui en ont besoin; et ses habitants vivront des produits de ces échanges. Une autre toute en rochers enverra des meules de moulins dans plusieurs provinces. Un petit pays de sable va produire de la garance pour toutes les teintures. Quelques champs d'une certaine argile donneront de la terre pour toutes les poteries. Les habitants des côtes ne mettront pas de bornes à leurs pêches, pouvant envoyer dans l'intérieur leurs poissons salés. Il en sera de même du sel marin, des alcalis des plantes marines, des gommes des arbres résineux. On verra naître partout de nouvelles industries, non seulement par l'échange des marchandises, mais encore par la communication des lumières. Car si nul pays ne produit tout, nul n'invente tout. Quand des communications sont établies, ce qui est connu dans un endroit l'est partout; et on a bien plutôt fait d'apprendre ou même de perfectionner que d'inventer. D'ailleurs, c'est le commerce lui-même qui inspire l'envie d'inventer; c'est même sa grande étendue qui seule rend possibles bien des industries. Cependant ces nouveaux arts occupent une foule d'hommes qui ne vivent de leur travail, que parce que celui de leurs voisins étant devenu plus fructueux, peut suffire à les payer. Voilà donc cette même France, tout à l'heure si indigente, remplie d'une population nombreuse et bien approvisionnée, et par conséquent devenue heureuse et riche, sans qu'elle ait fait le moindre profit sur aucun étranger. Tout cela est dû au meilleur emploi des avantages de chaque localité et des facultés de chaque individu ; et remarquez que pour cela il est indifférent que ce pays soit riche ou pauvre en or et en argent. Car, si ces métaux précieux y sont rares, il en faudra une très petite quantité pour payer une grande quantité de marchandises ; s'il y en a beaucoup, il en faudra davantage. Voilà toute la différence. Dans les deux cas, la circulation se fera de même. Tels sont les miracles du commerce intérieur.

Je conviens que j'ai pris pour exemple un pays très vaste et très favorisé de la nature. Mais les mêmes causes produiraient les mêmes effets dans tous, proportion gardée de leur étendue et de leurs avantages, excepté toutefois dans ceux qui seraient absolument incapables de fournir les denrées de première nécessité en quantité suffisante. Pour ceux-là, il est certain que le commerce étranger est indispensable pour qu'ils soient habités, puisque lui seul peut les approvisionner de ces denrées nécessaires à la vie. Ils sont dans le cas des parties montagneuses ou marécageuses de la France dont nous venons de parler, qui ne doivent leur population qu'à leurs communications avec les parties fertiles. Pour tous les autres pays, le commerce étranger n'est qu'accessoire et de surérogation.

Je ne prétends pourtant pas nier l'utilité du commerce extérieur. Ce que nous venons de dire nous montre même quel est son plus grand avantage. En effet, puisque le commerce intérieur produit tant de bien par cela seul qu'il anime l'industrie, et puisqu'il n'anime si puissamment l'industrie que parce qu'il accroît la possibilité du débit, ou, comme l'on dit, parce qu'il augmente *l'étendue du marché* pour les productions de chaque partie du pays, il est manifeste que le commerce extérieur, en agrandissant encore prodigieusement le marché, augmente de même l'industrie et les produits. La France elle-même, quoique plus en état peut-être qu'aucun pays de se passer de tous les autres, serait cependant privée de beaucoup de jouissances si elle ne tirait pas des denrées des quatre parties du monde ; et plusieurs de ses fabriques actuelles, même des plus nécessaires, ont un besoin indispensable de matières premières qui viennent des extrémités de la terre. On peut même ajouter que certaines provinces, quoique faisant partie du même corps politique, ont souvent moins de facilité à communiquer entre elles qu'avec certains pays étrangers. Ainsi il est plus aisé de faire arriver les vins de Bordeaux en Angleterre, les draps de Languedoc en Turquie, ceux de Sedan en Allemagne, que dans beaucoup de parties de la France ; et réciproquement, beaucoup de choses peuvent souvent être tirées plus commodément de l'étranger que de son propre pays ; et alors c'est une grande maladresse de s'en priver. Le commerce étranger sert donc aussi l'industrie ; et ce que nous venons de voir des effets du commerce intérieur nous prouve combien est précieuse cette propriété de développer l'industrie. Que penser donc de ceux qui ne tiennent aucun compte de cet avantage, qui ne font aucune attention au commerce intérieur, et qui ne voient dans le commerce extérieur qu'un moyen d'attraper quelques écus aux nations étrangères ? On peut dire, sans hésiter, qu'ils n'ont pas les premières notions de la manière dont se forment et se distribuent les richesses des nations. Il faut convenir que c'est le cas où se trouve notre auteur, malgré toutes ses lumières.

Aussi, après quelques phrases vagues sur les effets moraux du commerce (et nous en parlerons plus loin), il établit tout de suite qu'il y a deux espèces de commerce : le commerce de luxe et celui d'économie ; et, fidèle à son système de faire tout dériver de trois ou quatre formes de gouvernement qu'il a jugé à propos de distinguer, il ne manque pas d'ajouter que l'un de ces deux commerces est plus convenable à la monarchie, et l'autre à la république ; et il trouve beaucoup de raisons pour que cela soit ainsi. Le vrai est qu'il n'y a jamais eu et qu'il n'y aura jamais de commerce de luxe. Qui dit *luxe*, dit consommation, et même consommation excessive. Le commerce, l'industrie commerciale, fait partie de la production. Ces deux choses n'ont rien de commun. Si l'on entend par commerce de luxe que les uns dépensent ce que les autres gagnent, gagner est une chose et manger en est une autre toute différente[a]. Si commerce de luxe veut dire le commerce des choses servant au luxe, rien n'empêche que les républicains hollandais n'apportent de la porcelaine de la Chine, des schalls de Cachemire, des diamants de Golconde, quoique ce soient des courtisans français ou allemands qui aient la sottise de les acheter. Dans tous les cas, M. Say a bien raison de dire : *Tout cela ne signifie absolument rien*. Il en faut dire autant des raisonnements par lesquels Montesquieu croit prouver *qu'un commerce toujours désavantageux peut être utile;* ou que *la faculté accordée aux négociants de faire ce qu'ils veulent serait la servitude du commerce;* ou que *l'acquisition que l'on peut faire de la noblesse à prix d'argent encourage beaucoup les négociants;* ou que *les*

[a] Nous l'avons déjà dit, livre VII. Un joaillier n'a point de luxe, quoiqu'il dépense beaucoup en pierreries ; ce sont ceux qui se parent de ces bijoux qui ont du luxe.

mines d'Allemagne et de Hongrie font valoir la culture des terres, tandis que le travail de celles du Mexique et du Pérou la détruit, et autres maximes de la même force. De tout cela on est obligé de conclure encore avec M. Say que *quand un auteur parlant de ces choses se forme une vue si peu nette de leur vraie nature, si par hasard il vient à rencontrer une vérité utile, et s'il lui arrive de donner un bon conseil, c'est fort heureux.* Achevons donc d'expliquer nettement, s'il se peut, les effets du commerce extérieur. Jusqu'à présent, cela n'a jamais été fait suffisamment; et si nous y réussissons, ce ne sera point par bonheur, mais bien par les déductions les plus rigoureuses que cette connaissance nous conduira à beaucoup de vérités utiles trop méconnues.

Nous avons vu que, de même que le commerce d'homme à homme constitue seul la société et est la cause première de toute industrie et de toute aisance, de même le commerce de canton à canton et de province à province dans l'intérieur du même corps politique donne un nouvel essor à cette industrie et produit un nouvel accroissement de bien-être, de population et de moyens; et que le commerce extérieur augmente encore tous ces biens, que le commerce intérieur a fait naître, et contribue à mettre en valeur tous les dons de la nature, en rendant le travail des hommes plus fructueux et plus productif[a]. Cette propriété est le plus grand de tous les avantages du commerce extérieur; et, quoique vraiment incalculable, cet avantage peut pourtant être représenté par des nombres qui en donneront une idée approximative. Imaginons vingt hommes travaillant séparément et sans s'aider: ils feront de l'ouvrage comme *vingt;* et si nous les supposons tous égaux en capacité, ils auront des jouissances chacun comme *un*. S'ils se réunissent et s'entraident, par cela seul ils feront de l'ouvrage comme *quarante*, et peut-être comme *quatre-vingts;* et par conséquent ils jouiront chacun comme *deux* ou comme *quatre*. S'ils profitent de cet avantage, du loisir qu'il leur procure, de l'esprit qu'il leur donne, pour découvrir de nouvelles ressources, pour inventer de nouveaux moyens, pour se procurer de nouvelles matières premières, ils pourront produire comme *cent soixante*, comme *trois cent vingt*, et jouir comme *huit* ou comme *seize* : enfin leur industrie se perfectionnant indéfiniment, car il

a. N'oublions jamais que *travail productif* est celui dont il résulte des valeurs supérieures à celles que consomment ceux qui s'y livrent. Le travail des soldats, des gouvernants, des avocats, des médecins, peut être utile; mais il n'est pas productif, puisqu'il n'en reste rien. Celui d'un agriculteur ou d'un manufacturier qui dépenserait dix mille francs pour en produire cinq n'est point productif non plus et ne saurait être utile, à moins qu'il ne le soit comme expérience.

est impossible d'en assigner le terme, ils arriveront peut-être, s'ils sont très intelligents ou très favorisés de la nature, jusqu'à produire comme *mille*, et même comme *deux mille*, et par suite à jouir chacun comme *cinquante* ou comme *cent*, si l'égalité subsiste entre eux; ou à vivre cent ou deux cents sur le même terrain où ils n'étaient que vingt et à avoir encore des jouissances comme *dix* au lieu d'*un*, le tout sans avoir gagné la moindre chose sur aucun étranger.

Ces évaluations ne sont pas forcées, elles sont même au-dessous de la vérité. Il y a plus que cette différence entre l'isolement sauvage et la société créée et perfectionnée par l'invention des échanges, surtout si cette société était assez bien ordonnée pour que l'égalité s'y maintînt, ou que du moins l'inégalité s'y introduisît le moins possible et que par suite beaucoup de moyens ne devinssent pas inutiles ou nuisibles. (Voyez l'article du luxe, livre septième). Le plus grand avantage du commerce extérieur, on ne saurait trop le répéter, est donc certainement de contribuer à cet heureux phénomène en augmentant l'étendue du marché; et c'est celui auquel on n'a presque jamais pensé et que l'on a toujours été prêt à sacrifier à l'appât d'un gain sordide et à l'apparence du moindre profit à faire sur l'étranger. Je dis à l'apparence; je ne prétends pas insinuer par là que ce profit soit toujours illusoire; c'est ce que nous verrons: je soutiens seulement que c'est à tort qu'il a été l'objet unique de la plupart des politiques, et qu'il n'est rien en comparaison de l'avantage qu'a le commerce de créer la société et de développer l'industrie, avantage qui appartient éminemment au commerce intérieur, auquel contribue subsidiairement le commerce extérieur, ce qui constitue à mes yeux son plus grand mérite. Au reste, puisqu'on a attaché une importance très exagérée au profit direct qu'une nation peut faire sur les nations étrangères par le moyen de son commerce avec elles, il convient d'examiner plus en détail ce profit, pour voir nettement en quoi il consiste, et jusqu'à quel point on peut le connaître.

Le commerce extérieur peut être profitable, ou plutôt les négociants qui le font peuvent augmenter directement la masse des richesses nationales par les gains qu'ils font sur les étrangers avec lesquels ils trafiquent; et cet effet, ils peuvent le produire de plusieurs manières différentes.

Premièrement, ils peuvent n'être que les voituriers et les commissionnaires des étrangers. Dans cette supposition, ils sont plutôt artisans que commerçants. En cette qualité, ils reçoivent des salaires. Ils vivent de ces salaires, quand même leur pays ne produirait rien. C'est une somme de richesses qu'ils y importent. S'ils la consument tout entière à leur subsistance annuelle, elle se borne à entretenir dans le pays une portion de population qui n'y existerait pas sans elle. S'ils ne l'emploient pas en totalité, et s'ils font quelques économies, ces économies sont autant d'ajouté à la masse permanente des richesses nationales.

Secondement, ils peuvent aller acheter dans un pays étranger des denrées qui y sont à bon marché et les revendre dans un autre où elles sont chères. La différence suffit pour payer la subsistance de ceux qu'ils emploient et la leur, en un mot, tous les frais, et leur donner un bénéfice. Ce bénéfice, soit en argent, soit en denrées, et même toute la partie de leurs frais gagnée par les nationaux, est une masse de moyens qu'ils ont ajoutés à ceux de leur patrie, puisque tout cela est payé par des étrangers. Si cette masse de moyens n'est pas totalement consommée annuellement, ce qui en reste économisé est autant d'ajouté au fonds de la richesse nationale. Ce second cas est celui du commerce de transport.

Troisièmement, les commerçants prennent chez eux des denrées qui n'ont qu'un vil prix dans le grand marché de l'Europe et de toutes les nations civilisées; ils les portent au loin, et ils rapportent dans leur pays d'autres denrées qui ont une grande valeur chez toutes ces nations. La différence dans ce cas couvre les frais et bien au-delà. Ces frais, fussent-ils payés à des étrangers, il y a bénéfice. C'est cette opération que l'on fait, quand on va chez des sauvages troquer des grains de verre et autres bagatelles contre de la poudre d'or, de l'ivoire, des fourrures, et autres choses précieuses. Certainement alors on a augmenté la masse des richesses de la société dont on fait partie. Il n'est pas nécessaire, pour en être sûr, de savoir si ces richesses importées sont consommées dans le sein de cette société, ou réexportées, gaspillées ou mises à profit. C'est là une autre question. C'est celle de la consommation; elle est étrangère à celle de la production. Ces richesses peuvent être perdues de nouveau, mais elles sont acquises; c'est tout ce qu'il nous faut pour le moment.

Quatrièmement, les négociants peuvent aller chez des étrangers acheter des matières premières, les faire fabriquer chez eux, et les reporter avec profit à ces mêmes étrangers ou à d'autres. C'est ce que font des marchands français qui tirent d'Espagne des cuirs bruts qu'ils y renvoient tannés et des laines qu'ils y renvoient en draps. Leur bénéfice, et même le salaire de tous leurs agents, est un profit pour leur patrie; car l'objet unique de ce commerce étant de fournir les étrangers, toute l'industrie qu'il met en œuvre est exclusivement payée par eux. Les artisans qu'il emploie sont à la solde de ces étrangers, comme les voituriers et les matelots qui leur conduisent la marchandise. Aussi ce commerce est-il, de beaucoup, celui de tous qui fait entrer le plus de richesses dans le pays; mais il est à remarquer que cet effet, il le produit bien moins par les bénéfices du négociant, qui peuvent être très peu de chose, que par la grande masse d'industrie qu'il développe et qu'il met en mouvement. Car le développement de l'industrie est toujours, dans toutes les suppositions et sous tous les rapports, ce qu'il y a de plus utile à une société d'hommes.

Enfin le cinquième genre de commerce extérieur est celui qui consiste à exporter toutes les denrées et marchandises dont on n'a pas besoin, que, sans ce commerce, on n'aurait aucun intérêt à produire et qu'assurément on ne produirait pas; et à importer toutes celles dont on manque absolument, ou qu'on ne pourrait se procurer chez soi que beaucoup plus chèrement. C'est ce commerce qui a lieu le plus ordinairement entre les nations. Les autres, dont nous venons de parler, ne sont, pour ainsi dire, que des cas particuliers et d'exception. C'est celui-ci qui compose la presque totalité du commerce extérieur de la plupart des peuples. C'est lui qui secourt puissamment le commerce intérieur, en aggrandissant le marché et qui l'aide à atteindre ce but si important d'augmenter les facultés des citoyens en développant leur industrie, et de les approvisionner de tous les moyens de jouissance que cette industrie les met en état d'acquérir. Cet objet est si capital, cet intérêt est si majeur, qu'il absorbe tous les autres et qu'il faut ne compter pour rien, parmi les avantages de ce commerce, le bénéfice que peuvent y faire les négociants qui en sont les agents.

Il faut pourtant que ce bénéfice ait lieu pour que les négociants prennent la peine de faire le service; et, s'il n'avait pas lieu, ce serait une preuve que leur service n'est ni utile, ni agréable, et que leurs opérations sont sans objet. Elles cesseraient. Ce bénéfice a donc lieu. Mais, premièrement, il est nécessairement pris en partie sur les nationaux, et il est impossible de déterminer la part qu'ils ont dans les sacrifices que les agents de l'échange exigent des échangistes. Secondement, il est nécessairement partagé par les négociants étrangers avec lesquels ceux du pays correspondent; et il est bien vraisemblable qu'en général les uns et les autres respectivement gagnent à peu près ce que les vendeurs et les acheteurs de leurs pays *sacrifient*. Ainsi ce n'est point une conquête sur l'étranger. Troisièmement enfin, et il faut encore le répéter, ce bénéfice est une misère, en comparaison des autres avantages de ces transactions et de l'immense masse de richesses qu'elles mettent en mouvement et qu'elles font naître; et j'ose affirmer, contre l'opinion vulgaire, qu'il ne mérite aucune attention de la part du politique philosophe. Ainsi on ne doit point compter ce commerce, de beaucoup le plus utile et le plus considérable de tous, au nombre de ceux qui augmentent *directement* la masse des richesses nationales, précisément parce qu'il est celui qui les augmente le plus *indirectement*.

Voilà, je pense, les principales espèces de commerce qu'une nation peut faire à l'étranger. Cette classification n'est pas très rigoureuse, il ne faut pas y attacher trop d'importance. Elle a son inconvénient, comme toutes les classifications; c'est que les êtres réels se plient difficilement à ces manières générales et abstraites de les considérer. Il n'y a peut-être pas une seule opération commerciale effective et réellement existante qui puisse être rangée exclusivement et uniquement dans une de ces cinq classes, et qui n'appartienne pas aux autres par quelques-unes de ses parties. Néanmoins, cette analyse des effets les plus marquants du commerce extérieur commence à répandre sur cette matière quelques lumières et nous met à même d'examiner ce que nous devons penser de ce que l'on appelle communément la *balance du commerce*.

Il faut convenir que ces deux mots n'offrent pas toujours un sens bien net; et peut-être même que si ceux qui les ont le plus employés avaient creusé davantage dans le fond du sujet, ils auraient trouvé qu'ils n'ont aucun sens. Cependant, sans trop se rendre compte ni de la cause du fait, ni de la manière dont il arrive, ni de la possibilité qu'il arrive, quand on croit qu'une nation envoie plus de *valeurs* à l'étranger qu'elle n'en reçoit, on dit généralement que la balance lui est défavorable; et, dans le cas contraire, on dit qu'elle est en sa faveur. Voilà ce qu'on entend à peu près par cette balance du commerce que l'on a tant envie de faire pencher de son côté.

Mais premièrement, il est manifeste que, pour que cette idée de balance ne soit pas tout à fait chimérique, il ne faut pas borner le mot *valeurs* à ne représenter que les espèces monnayées ou même les métaux précieux; car l'or et l'argent sont bien loin d'être notre seule richesse ou même la principale partie de nos richesses; et il est très clair que quand je donne pour cinq cents francs d'argent et que je reçois pour six cents francs de marchandises, je gagne cent francs, et que, par conséquent, une nation pourrait faire beaucoup de profits sur une autre, à laquelle pourtant elle enverrait plus d'argent qu'elle n'en recevrait d'elle. Cette seule raison, quand il n'y en aurait pas beaucoup d'autres, suffirait pour prouver que le cours du change, dont on tire tant de conséquences téméraires, est un indice très insignifiant de l'état de la balance. Car il ne peut tout au plus qu'indiquer que l'on verse plus d'argent d'un côté que de l'autre; et encore il ne le fait que d'une manière très peu sûre. Or, se décider sur ce seul symptôme, c'est juger du tout par une partie, et par une partie très mal connue.

Secondement, il n'est pas moins évident que, même en admettant la double supposition qu'une nation civilisée peut recevoir d'une autre nation civilisée aussi, plus ou moins de valeurs qu'elle ne lui en livre, et qu'on peut le savoir, pour juger de la balance du commerce pour ou contre cette première nation, il faut au moins bien réunir toutes les branches de son commerce extérieur et ne pas se décider d'après l'examen d'une partie séparée et isolée. Car il se pourrait que cette nation ne perdît avec une autre que pour gagner davantage avec une troisième, ou n'achetât très cher une denrée dans un endroit que pour en vendre une autre encore plus cher en retour, ou pour s'en procurer d'autres à très grand marché. C'est donc de l'ensemble, et uniquement de l'ensemble, que l'on peut juger, si toutefois on peut en juger.

Mais pour en juger, il faut le connaître. Or, est-il bien certain qu'on puisse le connaître, même à *peu* près, ou plutôt à *beaucoup* près? Prenons d'abord la *quantité* des marchandises, qui est la circonstance la plus facile à constater. Quelque rigoureux que soit devenu le régime des douanes dans beaucoup de pays, il n'y a aucun gouvernement qui puisse se flatter de connaître exactement par ses employés la quantité de toutes les marchandises qui passent les frontières, soit pour entrer, soit pour sortir. Les produits de la contrebande sont toujours considérables et impossibles à savoir au juste. Les déclarations des marchandises qui passent sans fraude sont toujours infidèles. Celles qui ne paient rien, soit en entrant, soit en sortant (et il y en a toujours beaucoup), sont déclarées très négligemment, ou même ne le sont point du tout. Ainsi, on est déjà bien loin de son compte, même pour la quantité, qui est pourtant ce qu'il y a de moins difficile à vérifier.

C'est bien pis pour la *qualité*. Cependant elle influe bien davantage sur les valeurs. Nos richesses sont si multipliées et si diversifiées, nous avons porté tant de recherche et de variété dans la préparation et la confection des produits de la nature et des arts, qu'il y a souvent la différence d'un à cent, d'un à mille, entre les valeurs de deux choses à peu près du même genre, ou qui passent aux barrières sous les mêmes dénominations générales; et ajoutez que ce sont toujours les plus précieuses qui sont dissimulées ou même totalement cachées, parce qu'en général elles sont peu volumineuses. Il est donc vraiment impossible d'avoir une connaissance, même approximative, de la valeur des marchandises exportées ou importées par le commerce; et c'est s'abuser absolument que d'accorder quelque confiance, à cet égard, à des déclarations grossières et à des relevés de registres nécessairement imparfaits et incomplets.

Ce n'est pas tout. Quand on connaîtrait exactement la quantité et la qualité, et par suite la valeur de toutes les marchandises importées et exportées dans le cours d'une année, il faudrait encore savoir combien il en a coûté pendant cette même année à tous les négociants du pays pour opérer ces transports, c'est-à-dire tout ce qu'ils ont dépensé en commis, en agents, en vaisseaux, en agrès, en nourriture et en paiement d'équipages et de rouliers, jusqu'à ce que chaque chose soit arrivée à sa dernière destination. En un mot, il faudrait connaître la masse de tous leurs frais. Car ces frais sont des sommes avec lesquelles ils paient du travail, et avec lesquelles ils pourraient le payer pour produire des choses utiles, qui augmenteraient le total de la richesse nationale. Ces sommes doivent donc être déduites de la valeur des richesses importées. Or, ce dernier article est encore plus impossible à connaître que les autres. On n'a nul moyen, nul élément pour s'en faire une idée, même approximative. Les intéressés mêmes ne le savent pas, ou du moins ne sauraient pas dire quelles de ces dépenses doivent être attribuées au seul commerce extérieur ou imputées au commerce intérieur, et quelles sont gagnées par l'étranger ou par le compatriote. Elles se perdent, elles se fondent dans la circulation générale. Voilà donc encore un inconnu important.

Enfin, on pourrait bien aussi critiquer avec raison la fixation des valeurs des marchandises, faite à l'endroit où est la douane. Ce n'est pas là où elles ont été achetées, ce n'est pas là qu'elles seront employées. Or, c'est dans ces deux endroits que leur valeur réelle est constatée et réalisée. Plusieurs de ces denrées ont été ou seront avariées avant ou après le moment où vous les mettez à prix à votre bureau de douane. D'autres gagneront beaucoup à être rendues à leur destination, ou seulement par le seul effet du temps qui les bonifie. Quelle nouvelle source d'incertitudes !

Si, avec tant de *desiderata*, quelqu'un peut se persuader de savoir quelque chose de la balance dont il s'agit, c'est un intrépide faiseur de chiffres. Mais il y a bien plus. Quand on le saurait, quand on supposerait, ce qui est impossible, que l'on sait réellement de science certaine que, dans le cours d'une ou de plusieurs années, il est entré effectivement dans un pays une somme de valeur plus grande que celle qui en est sortie, à quoi cela mènerait-il ? Premièrement, cette différence ne saurait être considérable, car elle ne peut consister que dans le gain définitif de tous les négociants de ce pays employés au commerce étranger. Or, c'est bien peu de chose presque partout, en comparaison de la masse totale. Cela ne peut faire un objet important que dans quelques petits États, où une forte portion de la population subsiste du commerce de transport par mer. Secondement, on n'en peut rien inférer pour l'accroissement ou la diminution de la richesse nationale. Car si cette nation, supposée avoir plus importé qu'exporté pendant un temps, a, pendant ce même temps, consommé tout ce qu'elle a importé, elle est réellement appauvrie de la valeur de tout ce qu'elle a exporté et dont il ne lui reste rien, quoiqu'elle ait gagné dans les échanges ; si au contraire elle a beaucoup emmagasiné, ou, ce qui revient au même, si elle a fait chez elle de grands ouvrages utiles et durables, elle peut avoir accru la somme de ses moyens, c'est-à-dire augmenté son fonds, s'être enrichie, quoique dans le même temps elle ait fait quelques pertes à l'extérieur.

Concluons donc avec Smith qu'il n'y a de véritable balance que celle entre la production et la consommation de tout genre. C'est celle-là qui est la vraie mesure de l'appauvrissement ou de l'amélioration. C'est elle qui, par des progrès lents, trop souvent contrariés, a amené graduellement les peuplades humaines de leur misère primitive à un état plus heureux. C'est elle qui, grâce à l'activité, à l'intelligence des hommes et à l'énergie de leurs facultés, serait partout et toujours en faveur de l'humanité, si ceux qui gouvernent les sociétés ne les égaraient et ne les désolaient pas incessamment. L'état de cette balance n'est pas aisé à constater immédiatement par un calcul direct. Il faudrait faire, pour ainsi dire, le bilan d'une nation à deux époques données, et pouvoir faire entrer dans son actif et dans son passif, non seulement ses richesses matérielles et ses dettes positives, mais les vérités et les erreurs dont elle est imbue, les bons et les mauvais sentiments dont elle est animée, les habitudes utiles ou nuisibles auxquelles elle est livrée, et les institutions funestes ou bienfaisantes qu'elle s'est données. On sent qu'un tel état de compte est impossible à dresser. Mais les effets de cette balance, qui est la seule réelle, sont très sensibles à l'œil de l'observateur philosophe. Pour celle du commerce proprement dite, c'est une pure illusion ou une misérable vétille, bonne uniquement à faire briller quelques subalternes trompeurs ou trompés aux yeux de quelques supérieurs ignorants ou prévenus.

Il y a pourtant un résultat précieux et certain à recueillir des états, même très imparfaits, des importations et des exportations. D'abord il faut bien se mettre dans l'esprit que les unes sont toujours à peu près égales aux autres et que la légère différence qui peut exister accidentellement entre elles, en supposant même qu'on puisse l'apercevoir, est peu importante. Mais ensuite lorsque l'on voit que les unes et les autres sont très considérables, par rapport au nombre d'hommes dont la nation est composée, on peut être assuré que cette nation a beaucoup de capacité, beaucoup de richesses, et que par conséquent chacun de ses membres a beaucoup de jouissances, si toutefois ces richesses sont bien réparties entre eux. Car tout ce qu'ils ont exporté, ils avaient trouvé le moyen de se le procurer; et tout ce qu'ils ont importé en retour est autant de moyens de jouissances dont ils peuvent user sans s'appauvrir, pourvu qu'ils n'altèrent pas leurs fonds. Ainsi, quand on voit la valeur de ces exportations et importations augmenter graduellement et constamment dans un pays, pendant un certain nombre d'années, on peut conclure avec assurance, ou que le nombre de ses habitants est augmenté, ou que chacun d'eux a plus d'aisance, si une inégalité trop choquante ne s'y est pas établie, ou même que ces deux marches progressives existent; car elles ont presque toujours lieu en même temps. Dans le cas opposé, on peut se tenir pour certain des résultats contraires. On sent bien qu'il ne faut pas comprendre dans la masse des richesses circulantes dont je parle celles qui ne feraient que passer par la voie du commerce de simple transport : elles n'indiqueraient que la grandeur de ce commerce, et non pas celle de la production. Mais avec cette précaution, notre conclusion est très sûre, ainsi que toutes les conséquences qu'on en peut tirer. C'est à peu près là tout ce que peuvent nous apprendre les registres des douanes; mais ce fait est important, et ils nous l'apprennent avec certitude, sans qu'il soit besoin pour cela de les compulser bien minutieusement.

Telles sont les principales réflexions qui m'ont été suggérées par les deux livres de l'*Esprit des lois* qui nous occupent actuellement. Il serait peut-être à propos de placer encore ici quelques remarques sur les effets moraux du commerce. Mais c'est un trop vaste sujet, si on veut entrer dans les détails; et si on n'en prend que les sommités, il est aisé de voir que le commerce, l'échange, étant la société elle-même, il est l'unique lien entre les hommes, la source de tous leurs sentiments moraux, et la première et la plus puissante cause du développement de leur sensibilité mutuelle et de leur bienveillance réciproque. Nous lui devons tout ce que nous avons de bon et d'aimant. Il commence par réunir tous les hommes d'une même peuplade; il lie ensuite ces sociétés entre elles, et il finit par unir toutes les parties de l'univers. Il n'étend, ne provoque et ne propage pas moins les lumières que les relations. Il est l'auteur de tous les biens. Sans doute il cause des guerres, comme il occasionne des procès; et c'est surtout grâce aux fausses vues des prétendus adeptes qui lui sont si nuisibles. Mais il n'en est pas moins vrai que, plus l'esprit de commerce s'accroît, plus celui de ravage diminue; et que les hommes les moins querelleurs sont toujours ceux qui ont des moyens paisibles de faire des gains légitimes et qui possèdent des richesses vulnérables. Quant à la prétendue avidité que le commerce proprement dit inspire à ceux qui en font leur état spécial, c'est un reproche vague qu'il faut rejeter parmi les déclamations les plus insipides et les plus insignifiantes. L'avidité consiste à ravir le bien d'autrui par violence ou par souplesse, comme dans les deux nobles métiers de conquérant et de courtisan. Mais les négociants, comme tous les autres hommes industrieux, ne cherchent leur bénéfice que dans leur talent, en vertu de conventions libres et en réclamant la foi et les lois. Application, probité, modération, leur sont nécessaires pour réussir, et par conséquent ils contractent les meilleures de toutes les habitudes morales. Si l'occupation continuelle de se procurer un gain les rend quelquefois un peu âpres pour leurs intérêts, on peut dire que l'on désirerait dans son ami quelque chose de plus libéral et de plus tendre; mais on ne peut pas exiger la perfection des hommes pris en masse; et un peuple qui serait, en général, modelé sur ceux que nous venons de peindre, serait le plus vertueux de tous les peuples. C'est le désordre qui est le grand ennemi de l'homme : partout où il y a ordre, il y a bonheur. J'aime et j'admire ceux qui font du bien : mais que seulement personne ne fasse du mal, et vous verrez comme tout ira. Ajoutez que l'homme laborieux fait plus de bien à l'humanité, même en n'en faisant pas à dessein, que n'en peut jamais faire l'oisif le plus philanthrope avec tout son zèle. Je crois devoir me borner à ce peu de mots sur ce sujet.

Qu'il me soit seulement permis d'ajouter encore que, si le commerce intérieur est toujours un bien, le commerce extérieur en lui-même et livré à lui-même ne peut jamais être un mal. Sans doute, si dans l'intention de fournir plus abondamment un article de commerce à des négociants étrangers qui le demandent, un gouvernement gêne ou prohibe la production d'une autre denrée utile ou nécessaire au bien-être des habitants, comme cela est arrivé quelquefois en Russie et ailleurs; sans doute, dis-je, dans ce cas il vaudrait mieux n'avoir point de relations à l'extérieur. Mais ce n'est pas là la faute du commerce, c'est celle de l'autorité. De même en Pologne, où un petit nombre d'hommes est propriétaire non seulement de tout le sol, mais encore de toutes les personnes qui le cultivent, quand ces propriétaires ramassent tout le blé que leurs serfs s'épuisent à produire, pour le vendre à l'étranger et acheter en retour des objets de luxe qu'ils consomment, tout le monde n'en est que plus misérable. Il vaudrait mieux que ces magnats ne trouvassent pas à vendre leurs grains. Ils essaieraient peut-être d'en nourrir des hommes auxquels ils tâcheraient d'apprendre petit à petit à fabriquer au moins une partie des choses qu'ils désirent. Mais, encore une fois, ce n'est pas là la faute du commerce. On peut même ajouter qu'encore dans ce cas, par son effet lent et inévitable d'appauvrir les prodigues en leur offrant des jouissances, et d'éclairer les malheureux en faisant pénétrer parmi eux quelques hommes moins abrutis, il tend nécessairement à amener un ordre des choses moins détestable. On peut en dire autant des guerres absurdes et ruineuses que l'on fait trop souvent pour conserver l'empire et le monopole exclusif de quelques colonies lointaines. Ce n'est point encore là le commerce, mais la manie de la domination et la démence de l'avidité, ou, comme disait Mirabeau du papier-monnaie forcé, et comme on pourrait dire de bien d'autres choses, *c'est une orgie de l'autorité en délire*. Voilà, ce me semble, une partie de ce que notre auteur aurait dû développer avec toute l'éloquence et la profondeur de vues dont il était doué, au lieu de tant de choses insignifiantes ou fausses qu'il a laissé échapper de sa plume, au milieu de beaucoup d'autres qui sont admirables*. Mais suivons-le vers d'autres objets.

* *Variante des éditions anonymes de Liège (1817) et de Paris (1819) :* « admissibles ».

LIVRE XXII

DES LOIS DANS LE RAPPORT QU'ELLES ONT AVEC L'USAGE DE LA MONNAIE

L'argent a une valeur naturelle; c'est pour cela qu'il peut être la mesure de toutes les autres valeurs, ce que ne peut pas être le papier qui n'est que signe. Quand l'argent est frappé d'une empreinte qui en atteste la quantité et la qualité, il est monnaie. Deux métaux ne peuvent pas être tous deux monnaie fondamentale.

Le possesseur de l'argent peut le consommer ou le garder, le donner ou le prêter, le louer ou le vendre comme toute autre richesse.

Le service des changeurs et banquiers consiste à convertir une monnaie dans une autre, à la transporter d'une ville dans une autre, à escompter les lettres non encore échues. Les grandes compagnies qu'ils forment à cet effet sont toujours dangereuses; leurs succès sont peu importants.

Les dettes publiques font hausser l'intérêt de l'argent.

Les monnaies sont un sujet bien savant aux yeux de certains hommes qui se croient bien habiles et qui s'imaginent qu'il y a des choses très fines à dire sur l'argent, sur son usage, sur sa circulation, et sur les moyens de la faciliter, et même d'y suppléer. Pour moi, j'avoue que je ne vois point là de mystères si occultes et je suis même convaincu que, dans ce genre comme dans tous les autres, tout ce qui approche de la subtilité ne fait qu'éloigner de la droite raison. Je me bornerai donc à un petit nombre d'observations, d'autant que je crois fermement avoir dit dans le livre précédent, à propos du commerce, la plus grande partie de ce qu'il y a de plus essentiel à remarquer sur les propriétés et les effets de l'argent monnayé.

La société consiste essentiellement dans le commerce, et le commerce dans l'échange. Toutes les marchandises, nous l'avons vu, ont une valeur naturelle et nécessaire, celle du travail indispensable pour les produire, et une valeur vénale, celle des autres marchandises que l'on trouve à troquer contre celles-là. Toutes ces valeurs diverses sont successivement mesures les unes des autres; mais elles sont variables et fragiles, et par conséquent difficiles à apprécier, à fixer, à conserver. Parmi ces denrées ayant toutes une valeur, il s'en trouve une homogène, inaltérable, divisible, facile à transporter; elle devient naturellement la mesure de toutes les autres. C'est l'argent. Pour en constater la qualité et la quantité avec le plus grand scrupule (c'est le titre et le poids), l'autorité publique y imprime une marque. Il devient la monnaie. Voilà tout le mystère.

Cette courte explication de la nature de la monnaie nous montre d'abord qu'il ne peut y avoir qu'un métal qui soit réellement monnaie, c'est-à-dire à la valeur duquel on rapporte toutes les autres valeurs; car, dans tout calcul, il ne peut y avoir qu'une unité de mesure. Ce métal, c'est l'argent, parce que c'est celui qui se prête le mieux au plus grand nombre des subdivisions dont on a besoin dans les échanges. L'or vient le secourir pour le paiement de plus grandes sommes; mais ce n'est que subsidiairement, ce n'est qu'en rapportant la valeur de l'or à celle de l'argent. La proportion est à peu près en Europe de quinze ou seize à un. Mais elle varie comme toutes les autres proportions, suivant les demandes. À la Chine, elle n'est ordinairement que de douze ou treize à un, ce qui fait qu'il y a du profit à y porter de l'argent, parce que pour douze onces d'argent, vous y avez une once d'or qui, à votre retour en Europe, vous vaut quinze onces d'argent: vous en avez donc gagné trois. Les autorités politiques peuvent bien cependant frapper de la monnaie d'or et en fixer la proportion avec celle d'argent, c'est-à-dire statuer que toutes les fois qu'il n'y aura pas de stipulations contraires, on recevra indifféremment une once d'or ou quinze ou seize onces d'argent. C'est comme elles établissent que, dans les actions judiciaires, quand il y a des sommes qui doivent porter un intérêt qui n'a pu être déterminé par les parties, cet intérêt sera de tant pour cent. Mais elles ne peuvent, ou du moins elles ne doivent pas plus empêcher les particuliers de régler entre eux la quantité d'or qu'ils veulent donner ou recevoir pour une certaine quantité d'argent, que de déterminer de gré à gré le taux de l'intérêt de la somme qu'ils prêtent ou qu'ils empruntent. C'est ainsi que ces deux choses se font toujours dans le commerce, même en dépit de toute loi contraire, parce que, sans cela, les affaires ne se feraient pas. Quant à la monnaie de cuivre, ce n'est point une véritable monnaie, c'en est une fausse. Si elle contenait la quantité de cuivre suffisante pour qu'elle valût réellement la quantité d'argent à laquelle on la fait correspondre, elle serait cinq ou six fois plus pesante qu'elle n'est, ce qui la rendrait fort incommode: encore cette proportion varierait-elle journellement comme celle de l'or. Ainsi la monnaie de cuivre ne vaut que la quantité d'argent qu'on est convenu de donner en troc. Aussi elle ne doit servir que pour de petits appoints, dans lesquels cette exagération de valeur est de peu d'importance. Mais quand on autorise, comme cela est arrivé quelquefois, à payer de grosses sommes en monnaie de cuivre, c'est un véritable vol, parce que celui qui les reçoit ne peut jamais trouver, de gré à gré, à réaliser ces grandes masses en argent pour leur valeur nominale, mais seulement pour leur valeur réelle, qui est cinq ou six fois moindre.

Secondement, on voit que quand on a frappé pour la première fois de l'argent en monnaie, il a été fort inutile d'inventer des noms de monnaies nominales, telles que livres, sous, deniers, etc. Il aurait été bien plus clair de dire tout simplement, une pièce d'une once, d'un gros, d'un grain, qu'une pièce de trois livres, de trente, de vingt-quatre, de douze, de quinze sous. On aurait su toujours quel poids d'argent on voulait pour chaque chose. Mais une fois que ces dénominations arbitraires ont été admises, et qu'on s'en est servi dans toutes les obligations contractées, il faut bien se garder d'y rien changer. Car, quand j'ai reçu trente mille livres, et que j'ai promis de les rendre dans tel temps, si, dans l'intervalle, le gouvernement vient à dire que la quantité d'argent qu'on appelait trois livres s'appellera six livres, ou, ce qui est la même chose, s'il fait des écus de six livres qui ne contiennent pas plus d'argent que n'en contenaient les écus de trois, moi qui paie avec ces nouveaux écus, je ne rends réellement que la moitié de l'argent que j'ai reçu. Tranchons le mot, c'est voler; et c'est, il le faut avouer, ce que presque tous les gouvernements ont fait si souvent avec tant d'audace et si peu de mesure que, par exemple, ce que l'on appelle actuellement en France *une livre*, et qui était réellement autrefois une livre d'argent de douze onces, en est à peine la quatre-vingt-unième partie aujourd'hui que le marc, composé de huit onces, vaut cinquante-quatre de ces livres. Donc, à différentes fois, on a volé les quatre-vingt quatre-vingt-unièmes de ce qu'on devait; et, s'il existe encore une rente perpétuelle d'*une livre*, constituée dans ces temps anciens, pour vingt livres reçues, on l'acquitte aujourd'hui avec la quatre-vingt-unième partie de ce qu'on a promis originairement et de ce qu'on devait loyalement. Il est vrai que quand un gouvernement a diminué de moitié la valeur réelle de sa monnaie, le lendemain, s'il veut acheter des marchandises, on lui demande moitié plus de valeur nominale pour avoir la même valeur réelle, et d'un autre côté on lui paie la même quantité nominale de tribut qui est imposée, c'est-à-dire qu'on lui paie moitié moins de valeur réelle, et qu'ainsi il est appauvri de moitié. Mais il augmente les impôts et, par provision, il s'est libéré; cela s'appelle une opération de finance. On ne fait plus guère aujourd'hui de ces sortes d'iniquités; mais on en fait d'équivalentes, comme par exemple quand on force à prendre du papier pour de l'argent, comme font maintenant presque tous les gouvernements de l'Europe.

Il est clair, d'après ce que nous avons dit, que l'argent n'est la mesure des valeurs des autres choses que parce qu'il a une valeur lui-même. C'est se tromper étrangement de dire qu'il en est le signe. Il n'est point signe, il est équivalent. Cette erreur a mené à une autre; c'est de croire que du papier pouvait, en vertu d'un ordre de l'autorité, équivaloir à de l'argent. Le papier n'a de valeur réelle que son prix de fabrication et de valeur vénale que son prix dans la boutique comme papier. Quand je tiens une promesse, une obligation quelconque d'un homme solvable, de me payer à vue cent onces d'argent, ce papier n'a que la valeur réelle d'une feuille de papier. Il n'a point celle des cent onces d'argent qu'il me promet. Il n'est pour moi que le signe que je recevrai ces cent onces d'argent quand je voudrai. Si ce signe est très certain, je ne suis point en peine de le réaliser. Je pourrai même, sans prendre cette peine, le passer de gré à gré à un autre qui sera aussi tranquille que moi et qui même aimera mieux ce signe que la réalité, parce qu'il est moins lourd et plus transportable. Nous n'avons ni l'un ni l'autre aucune valeur. Toutefois nous sommes aussi sûrs d'en avoir quand nous voudrons, que nous sommes sûrs avec de l'argent d'avoir à dîner quand nous aurons faim. Mais qu'on vienne d'autorité nous dire : voilà un papier sur lequel est écrit *Bon pour cent onces d'argent*, je vous ordonne de le prendre et de le donner pour cette valeur, j'ordonne aux autres de le recevoir et je vous défends à tous de jamais exiger qu'on le réalise. Il est clair que je ne tiens qu'un morceau de papier, qu'il n'est point pour moi le signe que je recevrai la valeur qu'il annonce; qu'il est même très certain que je ne la recevrai pas, que je ne trouverai jamais personne qui, volontairement et librement, le prenne pour cette valeur; qu'il n'y a que la présence actuelle des supplices incessamment menaçants qui puisse y contraindre, et que, dans toutes les transactions faites de gré à gré et qui pourront échapper à la vue de l'autorité opprimante, ce papier sera compté pour rien, ou pour la faible portion de sa valeur nominale que, d'après certaines circonstances, on peut croire qu'il procurera un jour. Ainsi on n'osera pas me dire : vos cent onces d'argent en papier n'en valent qu'une; mais on m'en fera donner dix mille en papier, pour la même chose qu'on m'aurait vendue cent en argent. Tel est le sort inévitable de tous les papiers forcés; car, s'ils sont bons, il n'est pas nécessaire de forcer à les recevoir; et, s'ils sont mauvais, les rendre forcés fait qu'on s'en méfie encore plus.

De ce que l'argent a une valeur qui lui est propre comme tout ce qui est utile, de ce qu'il est une richesse comme une autre, il s'ensuit encore que celui qui le possède peut en disposer comme de toute autre chose; qu'il a le droit de le consommer ou de le garder, de le donner ou de le prêter, de le louer ou de le vendre, suivant sa volonté, comme nous l'avons dit livre treizième. Le vendre, c'est s'en servir pour acheter autre chose ; le louer, c'est en céder l'usage pour un temps, moyennant une rétribution qu'on appelle *intérêt*. Il n'y a pas plus de raison à obliger le possesseur de l'argent à le louer, moyennant une rétribution plus faible que celle qu'il en peut trouver, qu'à le contraindre à en donner pour une autre marchandise plus qu'on ne lui en demande, ou qu'à forcer le possesseur de l'autre marchandise à la donner pour moins d'argent qu'on ne lui en offre. Toutes les fois que l'autorité commet une de ces atteintes au droit de propriété, elle trouble toutes les relations sociales. Il faut qu'elle emploie des moyens de rigueur odieux, et encore on y échappe par des subterfuges, des contre-lettres, etc., toutes choses qui favorisent le fripon et exposent l'honnête homme. Il faut être bien borné, ou avoir renoncé à sa raison, comme certains théologiens, pour ne pas voir cela[a].

Quant au *change*, qui consiste essentiellement dans la conversion de la monnaie d'un pays en celle d'un autre, il ne s'agit pour le particulier que de savoir si la quantité de monnaie qu'il demande contient exactement autant d'argent pur que celle qu'il donne, et de payer le droit de commission à celui qui lui rend ce service ; et, pour le changeur ou banquier, il ne s'agit que d'embrouiller ou d'obscurcir cette équation, afin d'y introduire quelque inégalité à son profit, pour augmenter son salaire connu. Il y a en outre cette circonstance que, dans certains moments, beaucoup d'habitants d'une ville ayant des dettes à payer aux habitants d'une autre ville, viennent en foule apporter leur argent aux banquiers, pour leur demander des lettres ou billets payables dans cette autre ville. Cela gêne ces banquiers s'ils n'y ont pas des fonds suffisants. Ils peuvent même être obligés d'y en faire voiturer, ce qui entraîne des risques et des frais. D'où il arrive que, pour cent onces d'argent que vous leur portez, vous vous contentez de la lettre qu'ils vous donnent et qui porte l'obligation d'en payer quatre-vingt-dix-huit, ou même quatre-vingt-dix-sept. Ainsi on perd deux ou trois pour cent. Dans le cas contraire, la même chose arrivant dans l'autre ville, si on leur apporte quatre-vingt-dix-sept ou quatre-vingt-dix-huit onces d'argent, ils peuvent en faire toucher cent dans cette ville, sans y perdre. Mais ils s'arrangent toujours pour faire supporter aux particuliers plus que la perte

a. Je voudrais que tout docteur, de quelque communion qu'il soit, qui me condamne à louer à son fermier mon argent pour la moitié du prix qu'il m'en offre, fût obligé de louer à ce même fermier les terres de son bénéfice pour la moitié du prix que ce fermier est disposé à en donner : car il y a parité absolue. Son champ est un capital comme mon argent. Avec ce champ, il peut acheter mon argent, comme avec mon argent je peux acheter ce champ ; et il importe fort peu au fermier que ce soit le champ ou l'argent qu'il loue à moitié prix.

et pour ne les pas faire profiter de tout le bénéfice. Ces mêmes changeurs ou banquiers font encore un autre négoce; c'est de payer en argent tout bon billet ou lettre de change à terme qui n'est pas encore échu, en déduisant de la somme l'intérêt qu'on en tirerait pendant le temps qui reste à courir jusqu'à l'époque de l'échéance; cela s'appelle *escompter*.

Ces changeurs ou banquiers se réunissent quelquefois plusieurs ensemble et forment de grandes compagnies pour faire, avec de plus grands fonds, l'un ou l'autre de ces commerces ou tous les deux à la fois. Cela peut être utile, en ce que faisant beaucoup plus d'affaires, ils peuvent se contenter d'un moindre bénéfice sur chacune, obliger par là leurs rivaux à réduire aussi le leur pour soutenir la concurrence et diminuer ainsi le taux général des frais du change, de l'escompte, et par suite de l'intérêt de l'argent, ce qui est un bien. Il arrive aussi que ces grandes compagnies, ayant beaucoup de crédit, émettent pour des sommes considérables, des billets payables à vue; et, comme on les sait très bons, on les prend pour comptant et pendant ce temps elles font travailler leur argent. C'est comme s'il y avait une plus grande quantité d'argent dans le pays, ce qui, à certains égards, peut être encore un avantage, quoique je le croie bien faible : car, qu'il y ait peu ou beaucoup d'argent dans un pays, la circulation se fait de même dans les deux cas. La seule différence est que la même quantité d'argent représente plus ou moins de marchandises dans un cas que dans l'autre. Quoi qu'il en soit, c'est en cela que consiste uniquement la manœuvre de toutes ces banques. Mais, pour qu'elles produisent les bons effets que nous venons de voir, il faut qu'elles ne soient ni protégées ni privilégiées; qu'il puisse toujours s'en établir de pareilles à côté d'elles, et surtout qu'elles puissent toujours, et à tout instant, être contraintes de réaliser leurs billets à vue. Car, sans ces conditions, au lieu de diminuer le prix de leurs services, elles l'augmenteraient bientôt, en vertu des avantages du monopole, et elles finiraient aussi très promptement par prendre des termes pour solder leurs billets à vue, ce qui est une vraie banqueroute, et établit, qui pis est, tout de suite dans la société un véritable papier-monnaie forcé. Au reste, quand ces banques vont bien, ce qui est très rare et ne s'est encore jamais vu longtemps de suite nulle part, elles méritent encore bien peu la haute estime qu'on leur accorde. Produire, fabriquer, transporter, c'est-à-dire extraire les matières premières avec intelligence, les façonner avec adresse, et les échanger à propos, ou, en d'autres termes, faire le plus de travail que l'on peut et le rendre le plus fructueux possible, voilà la grande source de la richesse des nations. Tous les petits profits que l'on peut faire sur le change, sur l'escompte, sur l'intérêt de quelques sommes fictives, et autres grivelages de cette espèce, sont de bien faibles gains, qui peuvent peut-être faire la fortune de quelques particuliers, et c'est pourquoi on les vante tant; mais qui sont bien peu de chose en comparaison de la masse des affaires, et bien indifférents à la prospérité d'un pays. Y attacher de l'importance est une grande erreur. Voilà, suivant moi, ce que l'on peut dire d'essentiel et de vrai sur les monnaies.

Puisque Montesquieu a jugé à propos de parler, dans ce livre, des dettes publiques, il est bon d'observer que, non seulement elles ont l'inconvénient de nécessiter des impôts pour en payer les intérêts, et de faire vivre avec ces intérêts une foule d'oisifs qui, sans cela, seraient obligés de travailler ou de faire travailler utilement leurs capitaux, mais encore qu'elles n'ont point l'avantage de diminuer le taux courant de l'intérêt de l'argent, comme l'avance notre auteur au chapitre VI.

Elles produisent au contraire l'effet opposé; car un gouvernement qui emprunte ne peut pas forcer à ce qu'on lui prête. Il faut qu'il donne un intérêt capable de déterminer le prêteur, et par conséquent au moins égal à celui qu'offrent ordinairement les particuliers solvables. Mais toutes les sommes qu'on lui prête, on les aurait prêtées à d'autres. Par conséquent, la concurrence augmente pour emprunter et par suite l'intérêt se tient plus haut qu'il n'aurait été: d'où il arrive que bien des spéculations d'agriculture, de manufacture ou de commerce, qui auraient été fructueuses en empruntant des fonds moins chers, deviennent impossibles. C'est un grand obstacle à la production en général.

L'intérêt de l'argent emprunté fait, sur toutes les affaires, l'effet que produit l'impôt foncier sur la culture. À mesure que l'un et l'autre augmentent, il y a toujours plus de terres et d'entreprises qui ne valent plus la peine d'être exploitées.

LIVRE XXIII

DES LOIS DANS LE RAPPORT QU'ELLES ONT AVEC LE NOMBRE DES HABITANTS

La population est arrêtée chez les sauvages par le défaut de moyens, et chez les peuples civilisés par la mauvaise répartition des moyens. Partout où il y a aisance, liberté, égalité, lumières, elle augmente rapidement. Au reste, ce n'est pas la multiplication des hommes qui est désirable, c'est leur bonheur.

Si l'on est étonné de voir un chapitre de politique commencer par une traduction, et même une traduction assez mauvaise d'un morceau de Lucrèce, on est bien plus surpris encore de tout ce que l'on trouve d'énoncé dans ce livre, et cela sans improbation ou même avec éloges, sur les moyens d'augmenter ou de diminuer le nombre de citoyens d'un État, sur le droit des pères sur la vie de leurs enfants et sur leurs mariages, sur l'intervention du gouvernement dans tout cela, etc., etc. Il est impossible de suivre de pareilles idées pas à pas. Nous commencerons donc par quelques réflexions générales, et ensuite nous tâcherons d'observer de plus près la nature humaine sur laquelle l'art, et surtout l'art social, doit toujours régler et modeler ses conceptions et ses institutions.

Tout être animé est entraîné à se reproduire par le plus irrésistible de tous les penchants. Un homme et une femme, parvenus à un âge fait, bien constitués, et pouvant pourvoir largement à leur subsistance, sont toujours capables, durant le temps de leur vie pendant lequel ils sont propres à la propagation, de faire plus de deux, plus de quatre, ou même plus de six enfants. Ainsi, quand on supposerait que, suivant le cours de la nature, la moitié ou même les deux tiers de ces enfants dussent périr avant d'être en état de produire leurs semblables, supposition certainement bien exagérée, l'homme et la femme dont il s'agit devraient encore, avant de finir leur carrière, laisser une postérité plus que suffisante pour les remplacer; et la population devrait toujours aller croissant. Si donc nous la voyons stationnaire et rare chez les peuples sauvages, et presque stationnaire, quoique plus nombreuse chez les vieilles nations civilisées, il faut en chercher les causes. Pour les sauvages, la raison en est sans doute que les grandes disettes, les accidents imprévus, les intempéries, les épidémies, emportent souvent une partie des hommes faits, et altèrent les sources de la reproduction dans ceux qui demeurent, et que le dénuement, le besoin, l'impossibilité d'apporter des soins nécessaires, le manque d'intelligence et d'affection, font périr la plus grande partie des enfants qui naissent. Pour les nations civilisées, quoique le développement de l'industrie, l'accroissement des moyens et des ressources, leur ait permis de multiplier bien plus, elles s'arrêtent pourtant dans leurs progrès, lorsque leurs avantages deviennent trop mal répartis. Un petit nombre d'hommes des classes aisées et privilégiées dévore la subsistance d'une grande multitude; et pourtant ils sont énervés par les excès, par l'indolence, par les travaux intellectuels, par les passions; et, soit l'effet du calcul, soit celui de l'altération physique et morale de leur nature, ils ne multiplient pas. Pendant ce temps, les hommes et les femmes de la classe pauvre, à qui on enlève journellement une partie considérable du fruit de leurs travaux, sont affaiblis par une fatigue excessive, languissent dans leur misère, et sont vieux avant le temps. Ils font encore un assez grand nombre d'enfants, mais ils sont débiles. Ils ne peuvent ni ne savent les soigner en santé, ni les secourir dans leurs maladies, et il en périt une quantité prodigieuse. Comme ces malheureux forment incomparablement le plus grand nombre dans la société, leur détresse influe prodigieusement sur les tables de mortalité; et je suis persuadé que c'est elle seule qui a fait trouver en Europe qu'environ la moitié des enfants meurent dès leurs premières années. Quoi qu'il en soit, il est certain que chez les peuples sauvages, il existe autant d'hommes que le faible développement de leur intelligence en peut défendre contre toutes les chances de mort, et cela est peu de chose. Les peuples civilisés, au contraire, ont des moyens plus puissants; ils sont plus nombreux sur une étendue de terrain semblable, mais non pas aussi nombreux qu'ils pourraient l'être. Chez eux, il n'existe des hommes qu'autant et à proportion que les gouvernants, les grands, les riches, et en général tous les oisifs, laissent des moyens de subsistance à la classe laborieuse et pauvre qui produit plus qu'elle ne consomme. Aussi, dès que le gouvernement devient plus doux et moins rapace, dès qu'il réforme quelques abus, dès qu'il empêche quelques oppressions, dès qu'enfin quelques fonds ou quelques revenus repassent des mains des oisifs dans celles des travailleurs, on voit tout de suite la population croître presque soudainement. Cela est si vrai que, dans nos États-Unis de l'Amérique[1], où nous avons les avantages de la civilisation sans en avoir les inconvénients, où le peuple est éclairé et par conséquent fait un travail très productif, où il jouit pleinement du fruit de ce travail, où il ne doit payer ni dîmes, ni champarts, ni droits seigneuriaux, ni même de fermages, car ordinairement la terre qu'il cultive est à lui, ni des impôts fort lourds, ni l'impôt plus lourd encore de la paresse et de l'ignorance, effet de la misère et du découragement, la population double tous les vingt ans; et, quoi qu'on en dise, *l'immigration* est pour très peu de chose dans cet accroissement. On pourrait même observer, au contraire, que, quelle qu'en soit la cause, nous avons peu de vieillards, peu de longévités remarquables; de sorte que la durée moyenne de la vie humaine serait plus courte chez nous qu'en Europe, si dans cette vieille Europe le nombre prodigieux d'enfants qui périssent ne diminuait pas extrêmement ce taux moyen. Il est bien vrai que, quand nous n'aurons plus de nouvelles terres à occuper, les hommes se gêneront un peu davantage les uns les autres et que cette progression pourra se ralentir; mais, tant que chacun travaillera avec intelligence et librement, et recueillera à lui tout seul le fruit de ce travail, il n'y aura presque point de ménage qui ne laisse après lui plus d'enfants qu'il n'en faut pour le remplacer. En thèse générale, on peut dire que, dans notre espèce, la fécondité naturelle étant très grande, et augmentant même avec le bon état des individus, il existe toujours des hommes dans un pays autant et à proportion qu'ils savent et qu'ils peuvent se procurer des moyens de subsistance. Cependant, pour que cette maxime soit pleinement juste, il ne faut pas entendre par moyens de subsistance, seulement les vivres, mais toutes les connaissances, toutes les ressources et tous les secours par lesquels nous pouvons nous préserver de toutes les misères et de tous les malheurs auxquels nous sommes sujets. Voilà pour ce qui concerne la possibilité de la population; et cette manière de l'envisager fait déjà voir assez clairement, je pense, quelle est la manière de l'accroître. Aisance, liberté, égalité, lumières, en sont les principaux moyens; et toutes les ordonnances d'Auguste et de Louis XIV sur les mariages sont des expédients misérables et ridicules.

Maintenant considérons ce sujet sous un autre aspect. Est-il donc si désirable de multiplier les hommes dans un pays, comme les lapins dans une garenne? Nul de nos politiques n'a imaginé que cela puisse faire une

1. Cette formulation trouve son origine dans la fiction initiale selon laquelle l'auteur résiderait en Amérique.

question, et nul despote n'hésitera sur la réponse*. Un des plus grands hommes qui aient jamais régné, Frédéric II, a sali une de ses lettres à Voltaire de la phrase suivante : « *Je les regarde* (*les hommes*) *comme une horde de cerfs dans le parc d'un grand seigneur, et qui n'ont d'autre fonction que de peupler et remplir l'enclos* »[a]. Il est vrai que Voltaire lui reproche sévèrement cet apophtegme et lui cite, en réponse, une maxime de Milton, qui renferme une vérité bien terrible pour les oppresseurs : « *Amongst unequals no society* »[b]. Toutefois tel était le sentiment d'un roi jeune encore, ayant passé sa vie dans le malheur et ne régnant que depuis un an ; et ce roi est un des meilleurs qui aient jamais existé. Jugez de ce que peuvent penser d'autres princes ayant moins de lumières et ayant joui d'une longue prospérité. En partant de ce principe, on sent bien qu'il faut multiplier son gibier, parce que plus on en a, plus on en tue ; plus on en fait tuer, plus on en mange. Pour nous, qui avons en vue le bonheur réel de ces pauvres animaux, et non pas la satisfaction vraie ou fausse de leurs nobles maîtres, il nous paraît clair qu'il s'agit de les rendre heureux et non pas de les rendre nombreux.

Nous avons vu, en parlant du commerce, que quand vingt hommes travaillent sans art et sans outils, ils se procurent des jouissances comme vingt, et jouissent chacun comme un ; et que quand, en mettant plus d'intelligence dans leurs travaux, ils les rendent plus productifs, ils peuvent parvenir jusqu'à se procurer cent fois plus de moyens de jouissance, et à jouir chacun cent fois davantage, s'ils restent en même nombre ; mais qu'ils ne jouissent chacun que comme dix, si pendant ce temps ils deviennent dix fois plus nombreux. Ce calcul est simple. Il est vrai pourtant qu'étant devenus dix fois plus nombreux, ils font aussi dix fois plus de travail, et qu'ainsi leur multiplication n'est pas au détriment de leur aisance, ou du moins n'y est que pour la somme de sacrifices que leur a coûtée l'éducation des enfants dont le nombre s'est accru, et ne devient vraiment un mal que quand les hommes sont assez nombreux pour se gêner les uns les autres et

a. Lettre du 24 août 1741.

b. *Entre les êtres inégaux, nulle société.* C'est d'un seul mot mettre hors la loi tout ce qui se prétend au-dessus de la règle commune. Des misérables ont souvent dit que Voltaire, le meilleur des hommes, flattait les hommes puissants. Il est vrai que, pour les encourager, il a souvent loué avec excès ce qu'ils faisaient de bon ; mais il n'a jamais applaudi à leurs mauvaises actions, ni à leurs mauvais sentiments, ni même à leurs mauvaises maximes ; et il les a souvent blâmés hautement : qu'un seul de ses vils détracteurs se vante d'en avoir fait autant.

* *Dans les éditions anonymes de Liège* (*1817*) *et de Paris* (*1819*), *la fin du paragraphe est rédigée comme suit, sans appels de notes :* « Pour nous, qui avons en vue le bien de l'humanité, il nous paraît clair qu'il s'agit de les rendre heureux et non pas de les rendre nombreux ».

s'empêcher réciproquement d'employer leurs facultés aussi utilement pour eux qu'ils pourraient le faire s'ils étaient moins rapprochés.

Quoi qu'il en soit, il est certain que l'augmentation du nombre des individus est une conséquence de leur bien-être; mais que c'est leur bien-être qui est le vrai but de la société, et que leur multiplication n'en est que l'accessoire souvent peu désirable. Au reste, quand on en ferait le principal, les moyens que nous avons indiqués seraient encore les seuls efficaces pour produire cette multiplication si follement désirée. Tous ceux qui révoltent la nature, qui blessent la liberté naturelle, qui froissent les sentiments qui sont dans tous les cœurs, qui enlèvent à chacun, en tout ou en partie, la libre disposition de sa personne; tous ceux enfin qui exigent l'action violente d'une autorité que personne n'a pu vouloir donner à un autre sur lui-même, n'atteindront point le but. Car les hommes ne sont point des machines impassibles, mais des êtres sensibles; leurs sentiments sont les plus grands ressorts de leur vie, surtout ceux qui sortent du fonds même de leur Constitution. D'un autre côté, quand je dis qu'il est désirable que le nombre des hommes ne s'augmente pas au-delà d'un certain terme, il n'en faut point conclure que l'on puisse donner à qui que ce soit le pouvoir de retrancher l'excédent du nombre des vivants : tout être animé, une fois né et capable de jouissance et de souffrance, n'est la propriété de personne, ni de son père, ni de l'État; il est la sienne propre. Par son existence même, il a droit à sa conservation. L'en priver est un crime qui a été autorisé par beaucoup de législateurs, contre lesquels les théologiens de leur pays n'ont point réclamé.

Mais ne pas donner naissance à cet être, quand il ne pourrait que vivre malheureux et que rendre malheureux ses proches, est un acte de prudence qui a été condamné et contrarié par beaucoup de dispositions législatives et de préceptes religieux. C'est ainsi que va souvent le monde. Ceci nous amène naturellement au sujet des deux livres suivants.

LIVRE XXIV

DES LOIS DANS LE RAPPORT QU'ELLES ONT AVEC LA RELIGION ÉTABLIE DANS CHAQUE PAYS, CONSIDÉRÉE DANS SES PRATIQUES ET EN ELLE-MÊME

LIVRE XXV

DES LOIS DANS LE RAPPORT QU'ELLES ONT AVEC L'ÉTABLISSEMENT DE LA RELIGION DE CHAQUE PAYS, ET SA POLICE EXTÉRIEURE

Moins les idées religieuses ont de force dans un pays, plus on y est vertueux, heureux, libre et paisible.

La religion n'est pas un sujet bien difficile à traiter sous le rapport de l'art social. L'esprit des lois à cet égard doit être de ne blesser ni de gêner les opinions religieuses d'aucun citoyen, de n'en adopter aucune, et d'empêcher qu'aucune ait la moindre influence sur les affaires civiles. Sans doute il y a des religions plus nuisibles que d'autres par les usages qu'elles adoptent, par les maximes pernicieuses qu'elles consacrent, par le célibat de leurs prêtres, par les moyens de séduction, de corruption ou seulement d'influence qu'elles leur donnent, par leur dépendance d'un souverain étranger, surtout par leur aversion plus ou moins grande pour les lumières en tout genre. Mais aucune, quelle qu'elle soit, n'appartient en rien à l'ensemble du corps social. Elle est une relation immédiate et particulière de chaque individu avec l'auteur de toutes choses. Elle n'est point au nombre des choses qu'il a dû et pu mettre en commun avec ses co-associés ou concitoyens. On ne peut jamais s'engager à penser de même ou autrement qu'un autre, parce qu'on n'en est pas le maître. On ne l'est pas même de ne pas changer d'avis. Toute religion consiste essentiellement dans des opinions purement spéculatives, appelées *dogmes*. Sous ce rapport, toutes, excepté *la véritable*[1], sont des systèmes philosophiques plus ou moins téméraires, plus ou moins contraires à la sage réserve de la saine logique. Toutes joignent à ces dogmes quelques préceptes de conduite. Si quelques-uns de ces préceptes sont contraires à la saine morale sociale (et cela arrive toujours, parce que toutes ont été faites dans des temps d'ignorance et que la morale ne peut être épurée que dans des temps éclairés et ne l'est pas même encore complètement), ces préceptes sont un mal. Si les préceptes de conduite adoptés par une religion étaient tous irrépréhensibles, ils auraient encore le tort qu'elle leur donnerait pour base des opinions hasardées, au lieu de les fonder sur la saine raison et sur des motifs inébranlables. C'est là le cas de dire, avec bien plus de raison, ce que Omar disait de l'Alcoran : *Si tous ces livres n'enseignent que la même chose que la raison, ils sont inutiles; s'ils enseignent le contraire, ils sont nuisibles.* Le gouvernement ne doit donc jamais faire enseigner aucun système religieux, mais la meilleure doctrine morale, reconnue telle par les esprits les plus éclairés du temps dans lequel il existe. D'ailleurs les opinions religieuses ont ceci de particulier qu'elles donnent un pouvoir illimité à ceux qui les annoncent, sur ceux qui les croient réellement les dépositaires et les interprètes de la volonté divine. Leurs promesses sont immenses dans l'avenir. Nulle puissance temporelle ne peut les balancer. Il suit de là que les prêtres sont toujours dangereux pour l'autorité civile; ou bien que, pour en être soutenus, ils adorent tous ses abus et font un devoir aux hommes de lui sacrifier tous leurs droits; en sorte que, tant qu'ils sont en grand crédit, ni liberté, ni même oppression paisible n'est possible. Aussi tout gouvernement qui veut opprimer s'attache les prêtres, puis travaille à les rendre assez puissants pour le servir. Celui qui veut le bonheur et la liberté s'occupe de les discréditer par le progrès des lumières. Voilà à quoi se réduit l'esprit des lois sur ce point. Il me paraît assez inutile d'aller chercher ce que l'auteur d'une religion devrait faire pour la faire goûter et pour qu'elle puisse se répandre. J'ose croire qu'il ne s'en fera pas de nouvelles, du moins chez les nations policées.

1. La « véritable » religion dont il est question ici n'a rien de commun avec « les religions » et n'exprime évidemment, de la part d'un agnostique comme l'était Destutt de Tracy, aucune adhésion à quelque révélation que ce soit. On doit comprendre cette expression dans le sens où Cabanis l'emploie au même moment lorsqu'il évoque, dans la *Lettre à M. F[auriel] sur les causes premières*, « la religion [qui] fut et sera toujours la seule vraie », « religion » qui consiste à « déduire les règles de notre conduite des lois de la nature ».

LIVRE XXVI

DES LOIS DANS LE RAPPORT QU'ELLES DOIVENT AVOIR AVEC L'ORDRE DES CHOSES SUR LESQUELLES ELLES STATUENT

Il n'y a rien à tirer de ce livre.

Sous un titre assez énigmatique, tout ce livre se réduit à ce seul point : qu'il ne faut pas se décider sur une question par les motifs qui ont déterminé à l'égard d'une autre d'une nature toute différente. Cela est trop évident pour que personne soit tenté de le nier. Je ne m'y arrêterai donc pas; d'autant que toutes les décisions énoncées sur les nombreux objets que l'on prend pour exemples sont jugées d'avance, au moins dans ma manière de voir, par les principes que j'ai établis précédemment, en traitant des différentes matières auxquelles ces objets se rapportent. Si je les discutais de nouveau, je ne ferais que me répéter; et quand on a posé des bases, il n'est pas nécessaire d'examiner, l'un après l'autre, chaque cas particulier. N'ayant donc aucune instruction nouvelle à tirer de ceci, je passe outre sans plus tarder.

LIVRE XXVII

DE L'ORIGINE ET DES RÉVOLUTIONS DES LOIS DES ROMAINS SUR LES SUCCESSIONS

LIVRE XXVIII

DE L'ORIGINE ET DES RÉVOLUTIONS DES LOIS CIVILES CHEZ LES FRANÇAIS

Ces deux-ci sont purement historiques. Je ne m'y arrêterai pas.

Mon objet dans ce commentaire n'a point été de faire l'apologie de l'érudition de Montesquieu; et encore moins de me joindre à ceux qui lui reprochent d'avoir mal saisi l'esprit des lois de ces temps anciens, dont il a essayé de percer l'obscurité. Je ne me suis proposé que d'établir quelques principes de l'art social. Or, comme ces deux livres-ci sont purement historiques et qu'on n'en peut rien tirer pour la théorie de la formation et de la distribution des pouvoirs, ni pour celle de la formation et de la distribution des richesses, je les passerai entièrement sous silence.

LIVRE XXIX

DE LA MANIÈRE DE COMPOSER LES LOIS

Rien d'instructif encore ici, que la manière dont Condorcet a critiqué ce livre, ou plutôt l'a refait.

Ce titre un peu vague a besoin de quelque explication pour être bien compris, ainsi que plusieurs autres titres sur lesquels nous avons déjà fait la même remarque. L'auteur, dans ce livre, se propose de prouver que les lois doivent être claires et précises, s'énoncer avec dignité et simplicité; qu'elles ne doivent point prendre le style et la tournure de dissertation, et surtout ne pas s'appuyer sur des raisons ridicules, quand elles donnent leurs motifs; qu'elles ont souvent des effets indirects, contraires au but du législateur; qu'elles doivent être en harmonie entre elles; que souvent plusieurs se corrigent et se soutiennent les unes les autres, et que, pour bien apprécier leurs effets, il faut les rapprocher et les juger dans leur ensemble, et non pas chacune en particulier et prise isolément; qu'il ne faut point que le législateur perde de vue la nature de l'objet sur lequel il statue et se décide par des motifs qui y sont étrangers. En cela, ce livre rentre dans le sujet déjà traité dans le livre vingt-sixième, comme à d'autres égards il se rapproche en bien des points des objets des livres douzième et sixième. L'auteur montre encore que, pour bien apprécier une loi, il faut tenir compte des circonstances dans lesquelles elle a été rendue; cela a déjà été dit et prouvé ailleurs. Il veut aussi que les lois statuent toujours d'une manière générale et ne soient pas rendues, comme les rescrits[1], à l'occasion de faits

1. Réponse d'un empereur romain aux questions de droit soulevées par un magistrat ou un particulier.

particuliers[1]. Enfin, il voudrait que le législateur se défît de ses préjugés. Personne ne sera tenté de le contredire sur aucun de tous ses points. On pourrait bien n'être pas aussi satisfait des divers exemples et de quelques-unes des raisons qu'il emploie pour prouver des choses si claires. Plusieurs seraient grandement sujets à critique. Mais, comme il n'en résulterait aucune lumière nouvelle qui fût de grande importance, je m'en abstiens. Il ne suffit pas d'avoir raison contre les grands hommes; il faut encore, pour s'attacher à les contredire, que cela soit nécessaire.

J'ai entre les mains une critique de ce livre de l'*Esprit des lois*, faite par le plus grand philosophe de ces derniers temps, Condorcet. Elle n'a jamais été publiée, et probablement n'a pas été faite pour l'être. On la trouvera à la fin de ce volume. On y verra avec quelle force de dialectique il réfute Montesquieu et avec quelle supériorité de vues il refait son ouvrage. On y verra surtout que, si je suis loin d'une si haute capacité, je ne suis pas moins éloigné d'une telle sévérité*.

* *Dans les éditions anonymes de Liège (1817) et de Paris (1819), les deux dernières phrases sont rédigées comme suit :* « Si j'osais, je la donnerais ici. On y verrait avec quelle force de dialectique il réfute Montesquieu et avec quelle supériorité de vues il refait son ouvrage. On y verrait surtout que, si je suis loin d'une si haute capacité, je ne suis pas moins éloigné d'une telle sévérité. » *Elles sont accompagnées d'une note de bas de page indiquant :* « L'intention de l'auteur n'était pas de livrer à l'impression ce travail de Condorcet; mais, cédant aux vives instances qu'on lui a faites, il a bien voulu nous le confier; et nous croyons ajouter un grand prix au *Commentaire* que nous publions en le faisant suivre de cet écrit. »

1. Rousseau a aussi établi que la loi, expression de la volonté générale, ne peut porter sur un objet particulier.

LIVRE XXX

THÉORIE DES LOIS FÉODALES CHEZ LES FRANCS, DANS LE RAPPORT QU'ELLES ONT AVEC L'ÉTABLISSEMENT DE LA MONARCHIE

LIVRE XXXI

THÉORIE DES LOIS FÉODALES CHEZ LES FRANCS, DANS LE RAPPORT QU'ELLES ONT AVEC LES RÉVOLUTIONS DE LA MONARCHIE

Ces deux livres sont encore purement historiques.

*Malgré tous ses défauts, l'*Esprit des lois, *quand il a paru, a mérité d'être attaqué par tous les ennemis des lumières et de l'humanité, et d'être défendu par leurs amis.*

Les raisons qui m'ont fait passer si rapidement sur les livres vingt-septième et vingt-huitième m'obligent à en user de même à l'égard de ceux-ci. Je respecte beaucoup ces recherches : elles ont sans doute leur utilité ; mais elles n'ont qu'un rapport très éloigné avec celles qui m'occupent. Ainsi je ne les examinerai point. J'observerai seulement, sans entrer dans le fond de la dispute, que tout homme sensé est affligé de voir Montesquieu (*chapitre XXV du livre XXX*) donner comme une forte raison contre le système de l'abbé Dubos *qu'il serait injurieux* pour les grandes maisons de France et pour les trois races de leurs rois, parce que dans cette hypothèse il y aurait eu un temps *où elles auraient été des familles communes*. On n'est pas moins choqué de l'emphase avec laquelle il parle continuellement de cette fameuse noblesse qu'il représente toujours comme incessamment *couverte de poussière, de sang et de sueur*, et qui finalement ne l'a été que de *ridicules*, précisément pour s'être trop infatuée de ces pompeuse billevesées. Il y a bien encore quelques autres niaiseries, qui même contredisent celles-là, comme par exemple de dire que, dès le temps de Gontran, *les armées françaises ne furent plus funestes qu'à leur propre pays*, et de s'écrier : *chose singulière*! *Elle* (*la monarchie*) *était dans la décadence dès le temps des petits-fils de Clovis*. C'est de bonne heure. Il aurait mieux valu, ce me semble, avouer naïvement qu'elle était un enfant mort-né, ou du moins fort mal constitué. Mais je livre tout cela aux réflexions des lecteurs. Ainsi ma tâche est finie.

Ce serait peut-être ici le lieu de hasarder un jugement général sur l'ouvrage dont nous venons de discuter différentes parties. Cependant je m'en abstiendrai. Je me contenterai de remarquer que l'*Esprit des lois*, quand il a paru, n'a guère été attaqué que par des hommes de parti, la plupart très méprisables et de très mauvaise foi ; et que, malgré ses nombreux défauts, connus, reconnus et avoués, il a constamment été défendu par tous les vrais amis des lumières et de l'humanité, même par ceux qui avaient de justes motifs personnels de se plaindre de l'auteur. À leur tête, il faut mettre Voltaire qui, dans cette occasion, comme dans toutes les autres semblables, a bien manifesté son noble et généreux caractère, aussi supérieur aux petitesses de la vanité, que son esprit l'était à celles des préjugés, en faisant l'éloge le plus complet, et même le plus exagéré de l'*Esprit des lois* par ce mot si connu : *Le genre humain avait perdu ses titres ; Montesquieu les a retrouvés, et les lui a rendus.*

FIN DU COMMENTAIRE

OBSERVATIONS DE CONDORCET SUR LE VINGT-NEUVIÈME LIVRE DE L'*ESPRIT DES LOIS*[1]

LIVRE XXIX

SUR LA MANIÈRE DE COMPOSER LES LOIS

Chapitre Ier. – *De l'Esprit du législateur.*
Chapitre II. – *Continuation du même sujet.*

Je n'entends pas ce premier chapitre.

L'esprit d'un législateur doit être la justice, l'observation du droit naturel dans tout ce qui est proprement *loi*. Dans les règlements sur la forme des jugements ou des décisions particulières, il doit chercher la meilleure méthode de rendre ces décisions conformes à la loi et à la vérité. Ce n'est point par esprit de modération, mais par esprit de justice, que les lois criminelles doivent être douces, que les lois civiles doivent tendre à l'égalité et les lois d'administration au maintien de la liberté et de la propriété.

Les deux exemples cités sont mal choisis. La simplicité des formes n'est pas contraire à la sûreté, soit de la personne, soit des biens, pour le maintien de laquelle les formes sont établies. Montesquieu semble le croire; mais il ne le prouve nulle part, et les injustices causées par les formes compliquées rendent l'opinion contraire au moins vraisemblable.

Le second exemple est ridicule. Qu'importe à la science de composer les lois que Cécilius ou Aulu-Gelle aient dit une sottise ?

1. Ce texte, rédigé par Condorcet vers 1780, était inédit quand sa veuve l'a confié à Destutt de Tracy. Il a été ensuite intégré dans le volume Ier (p. 363-388) de la seconde édition des *Œuvres* de Condorcet, publiées par A. Condorcet O'Connor et M.F. Arago en 1847-1849.

Par esprit de modération, Montesquieu n'entendrait-il pas cet esprit d'incertitude qui altère par cent petits motifs particuliers les principes invariables de la justice ? (*Voyez le chapitre* XVIII).

Chapitre III. – *Que les lois qui paraissent s'éloigner des vues du législateur y sont souvent conformes.*

Le premier devoir d'un législateur est d'être juste et raisonnable. Il est injuste de punir un homme pour n'avoir pas pris un parti, puisqu'il peut ou ignorer quel est le parti le plus juste, ou les croire tous deux coupables. Il est contre la raison de prononcer la peine d'infamie par une loi : l'opinion seule peut décerner cette peine. Si la loi est d'accord avec l'opinion, la loi est inutile ; et elle devient ridicule si elle est contraire à l'opinion.

Montesquieu ne se trompe-t-il pas sur l'intention de Solon ? Il semble qu'elle était plutôt d'obliger le gros de la nation à prendre parti dans les querelles entre un tyran, un Sénat oppresseur, des magistrats iniques, et les défenseurs de la liberté, afin d'assurer à ceux-ci l'appui des citoyens bien intentionnés, mais que la crainte aurait empêchés de se déclarer.

C'était un moyen de changer en guerre civile toute insurrection particulière ; mais ce motif était conforme à l'esprit des républiques grecques.

Chapitre IV. – *Des lois qui choquent les vues du législateur.*

Un bénéfice étant ou une fonction publique, ou une récompense, doit être donné au nom de l'État ; et on doit savoir à qui l'État l'a donné. Un procès pour un bénéfice est donc une chose ridicule.

Si on regarde, au contraire, un bénéfice comme une propriété, et le droit de le donner comme une autre espèce de propriété, alors la loi citée est évidemment injuste.

Comment, dans l'*Esprit des lois*, Montesquieu n'a-t-il jamais parlé de la justice ou de l'injustice des lois qu'il cite, mais seulement des motifs qu'il attribue à ces lois ? Pourquoi n'a-t-il établi aucun principe pour apprendre à distinguer, parmi les lois émanées d'un pouvoir légitime, celles qui sont injustes et celles qui sont conformes à la justice ? Pourquoi, dans l'*Esprit des lois*, n'est-il question nulle part de la nature du droit de propriété, de ses conséquences, de son étendue, de ses limites ?

Chapitre V. – *Continuation du même sujet.*

Je ne sais pourquoi Montesquieu appelle une loi ce serment qui était aussi imprudent que barbare. Une loi qui ordonnerait de détruire une ville, parce que ses habitants en ont détruit une autre, peut être très injuste ; mais elle ne serait pas plus contraire aux vues du législateur que la loi qui décerne la peine de mort contre les assassins, dans la vue d'empêcher les meurtres.

Il existe près de nous tant de lois importantes, qui contrarient les vues pour lesquelles le législateur les a établies, qu'il est bien étrange que l'auteur de l'*Esprit des lois* ait été choisir ces deux exemples.

Cette observation se présente souvent, et l'on peut en donner la raison. (*Voyez chapitre* XVI).

Chapitre VI. – *Que les lois qui paraissent les mêmes n'ont pas toujours le même effet.*

La loi de César était injuste et absurde. Quelle était donc la tyrannie de cet homme si clément, s'il s'était arrogé le droit de fouiller les maisons des citoyens, d'enlever leur argent, etc.!, et s'il n'employait pas ces moyens, à quoi servait sa loi? D'ailleurs elle devait augmenter la masse des dettes; et elle n'aurait pu être utile aux débiteurs qu'en diminuant l'intérêt de l'argent. Or, la liberté du commerce est le seul moyen de produire cet effet. Toute autre loi n'est propre qu'à faire hausser l'intérêt au-dessus du taux naturel.

La loi de César n'était vraisemblablement qu'un brigandage, et celle de Law était de plus une extravagance. (*Voir Dion Cassius, livre 41*).

Chapitre VII. – *Continuation du même sujet. Nécessité de bien composer les lois.*

L'ostracisme était une injustice. On n'est point criminel pour avoir du crédit, des richesses ou de grands talents. C'était de plus un moyen de priver la République de ses meilleurs citoyens, qui ne rentraient ensuite qu'à la faveur d'une guerre étrangère ou d'une sédition.

Et comment la *nécessité de bien composer les lois*, et, ce qui en devrait être la suite, les principes d'après lesquels on doit les composer, sont-ils établis par l'exemple de deux mauvaises lois établies dans deux villes grecques?

Il s'agit de donner aux hommes les lois les plus conformes à la justice, à la nature et à la raison; il s'agit de composer ces lois de manière qu'elles puissent être bien exécutées et qu'on n'en abuse point; et l'auteur de l'*Esprit des lois* fait l'éloge d'une loi absurde des Athéniens! Jamais d'analyses, jamais de discussions, jamais aucun principe précis; toujours un ou deux exemples qui le plus souvent ne prouvent qu'une chose, c'est qu'il n'y a rien de si commun que les mauvaises lois *.

Chapitre VIII. – *Que les lois qui paraissent les mêmes n'ont pas toujours eu le même effet.*

La liberté de faire des substitutions dérive dans les lois romaines, comme dans les nôtres, du principe que le droit de propriété s'étend jusqu'à la disposition des biens après la mort. Ce principe est assez généralement établi, parce que presque partout ce sont les possesseurs actuels qui dans l'origine ont fait les lois. Si les Romains voulaient perpétuer certains sacrifices, comme nous voulons perpétuer certains titres, il est vraisemblable que la vanité en était également le motif. C'était toujours un représentant qu'on se choisissait dans l'avenir.

Chapitre IX. – *Que les lois grecques et romaines ont puni l'homicide de soi-même, sans avoir le même motif.*

Dans quel pays de la Grèce punissait-on le suicide? Et quelle était la peine établie?

Montesquieu n'en dit rien. Aussi trouve-t-on que Platon ne parle dans ce dialogue d'aucune loi établie, mais de celles qu'il faudrait établir. Il veut, par exemple, qu'un esclave qui tuerait un homme libre en se défendant, soit puni de mort, etc. Quant aux suicides, Platon conseille à leurs parents de les enterrer sans cérémonie, sans inscription, et de consulter dévotement les prêtres sur la forme des sacrifices expiatoires.

Enfin ce mot: *sera puni*, n'est pas dans Platon; et voilà comment Montesquieu cite Platon et comment il prouve qu'en Grèce on punissait le suicide.

À Rome, si l'on se donnait la mort avant d'être condamné, on évitait la confiscation des biens, la privation de la sépulture, etc. Les empereurs déclarèrent donc que les accusés qui se tueraient pour prévenir la condamnation seraient traités comme s'ils avaient été condamnés. Les lois qui prononçaient la confiscation après la condamnation étaient injustes; celles qui privent les condamnés de la sépulture peuvent être barbares; mais il ne s'agit pas dans tout cela de peine contre le suicide.

On fait grâce en Angleterre de certaines peines à ceux qui savent lire. Supposons qu'on eût fait une loi pour priver de cette grâce ceux qui

* La phrase. « Jamais d'analyses, … les mauvaises lois. » ne figure pas dans les éditions anonymes de Liège (1817) et de Paris (1819).

apprennent à lire pendant le procès, dira-t-on qu'on a établi des peines en Angleterre contre ceux qui apprennent à lire ?

Chapitre X. – *Que les lois qui paraissent contraires dérivent quelquefois du même esprit.*

Pour que l'exemple répondît au titre, il faudrait que la loi française eût pour motif le principe de respecter l'asile d'un citoyen.

Et pour que le titre répondît à l'exemple, il faudrait dire qu'*on étend plus ou moins, dans différents pays, les conséquences d'un même principe.*

Mais alors le titre n'eût pas eu l'air profond.

Montesquieu aurait pu observer que du même principe, du respect pour la vie des hommes, on peut déduire ou des lois douces, ou des lois sévères jusqu'à l'atrocité ; et il aurait fallu en conclure que tout autre principe que celui de la justice peut conduire à de fausses conséquences.

Chapitre XI. – *De quelle manière deux lois diverses peuvent être comparées.*

Pour que le principe établi dans ce chapitre fût vrai, il faudrait qu'un système de lois où il en entrerait d'injustes, pût être bon. Autrement il est beaucoup plus simple de juger séparément chaque loi, de voir si elle ne choque pas la justice, le droit naturel. Si elle y est contraire, alors il faut la rejeter ; et dans le cas où elle aurait une utilité locale, la remplacer par une autre loi qui aurait les mêmes effets sans blesser la justice.

Dans l'exemple cité, il fallait 1) distinguer le faux témoignage regardé en lui-même comme un crime et le faux témoignage considéré seulement comme un attentat contre la vie, l'honneur d'un citoyen, et prouver que c'est sous ce point de vue seul qu'il est un délit. 2) Il fallait montrer que la loi de France non seulement n'est pas nécessaire, mais qu'elle est mauvaise ; non en ce qu'elle punit de mort, dans une affaire capitale, celui qui a causé par un faux témoignage la mort d'un innocent, mais parce qu'elle autorise à poursuivre comme faux témoin celui qui, après la confrontation, se rétracterait, ou dont le faux témoignage serait découvert ; qu'elle n'est par conséquent qu'un obstacle de plus opposé à la justification d'un innocent accusé. 3) De ce qu'il est difficile en Angleterre de faire périr un innocent par un faux témoignage, il ne s'ensuit pas que l'on ne doive point regarder ce crime, lorsqu'il est commis, comme un crime capital.

Ainsi non seulement le principe exposé dans ce chapitre est très incertain, mais le fait employé comme exemple ne s'y applique point.

Qu'on nous permette seulement d'être un peu surpris que la barbarie de la torture, le refus injuste et tyrannique d'admettre à la preuve de faits justificatifs, et la loi équivoque et peut-être trop rigoureuse contre les faux témoins, soient présentés par Montesquieu comme formant un système de législation dont il faille examiner l'ensemble. Si c'est un persiflage, il n'est pas assez marqué.

Chapitre XII. – *Que les lois qui paraissent les mêmes sont réellement quelquefois différentes.*

Ce chapitre ne contient rien que de juste. Mais le titre semble annoncer la prétention de dire une chose extraordinaire que le chapitre ne justifie pas. Cette proposition : *Le receleur doit être puni de la même peine que le voleur*, n'est pas une loi, mais une maxime générale, vraie ou fausse. Si elle est vraie, la loi de France et la loi romaine sont également bonnes ou mauvaises, soit lorsqu'elles statuent contre le voleur, soit lorsqu'elles statuent contre le receleur ; si elle est fausse, toutes les deux sont nécessairement mauvaises par rapport à l'un des deux.

Chapitre XIII. – *Qu'il ne faut point séparer les lois de l'objet pour lequel elles sont faites. Des lois romaines sur le vol.*

La distinction entre le vol manifeste et le vol non manifeste n'a pas besoin d'une explication tirée des lois de Lacédémone. La différence de la peine peut n'avoir eu d'autre motif que la certitude de l'un de ces vols, et la difficulté de prouver l'autre. Et comme le second n'était puni que par une amende, cette distinction n'est pas déraisonnable ; parce qu'un receleur, un acheteur imprudent ou à demi de mauvaise foi, pouvaient être sans injustice condamnés à cette amende du double. Il y a des cas où nos tribunaux font grâce de la vie et condamne aux galères perpétuelles un assassin, un empoisonneur, sous prétexte qu'ils ne sont pas absolument convaincus, mais seulement à très peu près. C'est une jurisprudence assez naturelle chez un peuple encore à demi-sauvage, qui regarde la punition des crimes plus comme un acte de vengeance réglé par la loi que comme un acte de justice.

La distinction entre la peine des pubères et des impubères n'a besoin, pour être entendue, ni des lois de Lacédémone, ni des raisonnements de Platon sur les lois de l'île de Crète. Elle est fondée sur ce que les impubères sont supposés n'avoir ni l'usage de leur raison, ni la connaissance distincte des lois de la société.

Chapitre XIV. – *Qu'il ne faut pas séparer les lois des circonstances dans lesquelles elles ont été faites.*

J'avouerai qu'il m'est encore impossible d'apercevoir la moindre liaison entre le titre de ce chapitre et le premier article.

On voit clairement que Montesquieu avait rassemblé une foule de notes sur les lois de tous les peuples et que, pour faire son ouvrage, il les a rangées sous différents titres. Voilà toute cette méthode dont on lui a fait tant d'honneur et qui n'existe que dans la tête de ceux qui refont son livre d'après leurs idées.

De ce qu'un médecin, qui ne réussit pas dans le traitement d'un malade qui lui a donné sa confiance librement, n'appartient à aucun corps, il ne s'ensuit pas qu'on doive le punir; et qu'au contraire il ne mérite aucune punition, lorsque, ayant un privilège exclusif de me traiter, il m'a empêché, en vertu de son privilège, de m'adresser à un autre qui m'aurait guéri.

Est-ce qu'en France les chirurgiens et les apothicaires ne sont pas interdits ou condamnés à des dommages, lorsqu'ils se rendent coupables d'impéritie? Si on ne punit pas les médecins, c'est qu'il serait très rare de pouvoir les convaincre d'avoir eu tort; au lieu que la preuve contre les chirurgiens et les apothicaires est souvent très facile[a].

Chapitre XV. – *Qu'il est bon quelquefois qu'une loi se corrige elle-même.*

Tout homme qui tue un autre homme est coupable d'homicide, sinon d'assassinat, à moins qu'il ne l'ait tué à son corps défendant, pour sauver sa vie ou celle d'un autre; et pour être regardé comme innocent, il faut que cette excuse soit au moins probable.

La loi des douze tables était mauvaise. D'ailleurs Montesquieu veut-il dire autre chose, sinon qu'une loi peut exiger quelques modifications, distinguer certaines circonstances? Tout cela est vrai et commun; et il pouvait le dire d'une manière plus simple et plus utile.

a. Ajoutons: qu'est-ce qu'un médecin d'une condition plus basse qu'un autre médecin? Et cette condition *plus basse* est-elle une bonne raison de condamner ce médecin à la mort, pour la même faute pour laquelle le médecin d'une condition *un peu relevée* n'est condamné qu'à la déportation? Tout cela fait frémir le bon sens.

(*Note de l'auteur du* Commentaire).

Chapitre XVI. – *Choses à observer dans la composition des lois.*

L'auteur commence dans ce chapitre à traiter le sujet annoncé par le titre du livre. Ce qu'il dit est vrai en général, mais il n'est ni assez approfondi, ni assez développé. (*Voyez les remarques sur le chapitre XIX*).

D'ailleurs, ce chapitre XVI renferme beaucoup de choses inexactes.

Le testament, attribué à Richelieu, emploie une expression vague, mais cette phrase n'est pas une loi ; et Montesquieu pouvait trouver dans nos lois, ou dans celles des peuples voisins, des exemples plus frappants. Le chancelier de l'Hôpital crut devoir faire déclarer Charles IX majeur à quatorze ans commencés; mais ni lui, ni personne, n'imaginèrent jamais d'en donner d'autres raisons sérieuses que celles qu'on ne pouvait avouer publiquement.

Ce n'est pas dans des lois qu'on a cité ni la rondeur de la couronne, ni les nombres de Pythagore.

L'édit de proscription de Philippe II n'est pas une loi.

Quoi ! Notre jurisprudence criminelle est remplie de lois vagues qui conduisent des juges ignorants et féroces à des barbaries honteuses; et Montesquieu dédaigne d'en parler, et il va chercher ses exemples dans des lois oubliées !

Il reproche aux lois du Bas-Empire leur style; mais c'est confondre le préambule d'une loi avec la loi. Lorsqu'un peuple se donne à lui-même des lois, il n'a pas besoin d'en développer les motifs ; et souvent il n'en pourrait donner d'autres que sa volonté. Mais lorsqu'un seul homme dicte des lois à toute une nation, le respect dû à la nature humaine lui impose le devoir de rendre raison de ses lois, de montrer qu'il ne prescrit rien que de conforme à la justice, à la saine raison, à l'intérêt général. Les ministres des empereurs eurent tort s'ils écrivirent ces préambules comme des rhéteurs; mais ils avaient raison de les regarder comme nécessaires; et Montesquieu devait faire cette distinction[a].

a. Ou plutôt il ne devait pas la faire. Tout délégué du peuple, agissant pour lui, doit lui rendre compte de ses motifs : et quand il serait possible que le peuple entier agisse, il ferait encore bien de se rendre compte à lui-même de ses raisons. Il en agirait plus sagement. Condorcet lui-même dit, au chapitre XIX, que tout législateur, pouvant se tromper, doit dire le motif qui l'a déterminé ; et il explique les différents avantages de cette précaution et la manière de l'exécuter.

Il y a encore une raison pour que tout législateur donne ses motifs; et que ces motifs, fussent-ils bons, s'ils ne sont pas de nature à être goûtés généralement, il n'est pas encore temps de rendre la loi ; et qu'au contraire, s'il parvient à les faire goûter, il est bien plus près d'amener la nation à toutes les bonnes conséquences qui en dérivent, que s'il avait fait passer la loi toute seule par autorité ou par surprise. (*Note de l'auteur du* Commentaire).

Chapitre XVII. – *Mauvaise manière de donner les lois.*

Les lois doivent statuer sur des objets généraux et non sur des questions particulières; et les rescrits des empereurs ne peuvent être regardés que comme des interprétations données par le législateur. Or, de telles interprétations ne peuvent avoir ni effet rétroactif, ni force de loi, tant qu'elles ne seront pas revêtues de la forme authentique qui caractérise les lois.

Une loi de Caracalla était une loi et pouvait être une loi absurde; un rescrit de Marc-Aurèle ou de Julien, fût-il un oracle de sagesse, ne devait pas être regardé comme une loi, avant qu'un édit lui en eût donné la sanction.

Justinien put avoir tort de donner force de loi à plusieurs de ces rescrits, s'ils contenaient des dispositions absurdes; mais ce n'était point parce qu'ils avaient été faits par les jurisconsultes qui écrivaient au nom de Caracalla ou de Commode. Les empereurs ne faisaient pas plus leurs rescrits que Louis XIV n'a fait l'ordonnance de 1670.

Ce Macrin qui avait été gladiateur et greffier, puis rédacteur des rescrits de Caracalla; qui régna quelques mois et perdit l'empire et la vie par sa lâcheté, est une singulière autorité à citer dans l'*Esprit des lois*.

Chapitre XVIII. – *Des idées d'uniformité.*

Nous voici à un des chapitres les plus curieux de l'ouvrage. C'est un de ceux qui ont valu à Montesquieu l'indulgence de tous les gens à préjugés, de tous ceux qui haïssent les lumières, de tous les protecteurs des abus, etc. Il faut l'examiner en détail.

1) Les idées d'uniformité, de régularité, plaisent à tous les esprits et surtout aux esprits justes.

2) Le *grand esprit* de Charlemagne peut-il être cité au dix-huitième siècle dans la discussion d'une question de philosophie? Ce n'est sans doute qu'une plaisanterie, contre ceux qui avaient les idées que Montesquieu voulait combattre.

3) Nous n'entendons pas ce que signifient *les mêmes poids dans la police, les mêmes mesures dans le commerce*. Le commerce emploie des poids et des mesures; la police se mêle des uns et des autres, et ne devrait s'en mêler que pour savoir s'ils ont réellement la valeur qui leur a été supposée et pour en conserver d'exacts, avec lesquels on puisse comparer ceux qui sont employés.

4) L'uniformité de poids et de mesures ne peut déplaire qu'aux gens de loi qui craignent de voir diminuer le nombre des procès, et aux négociants

qui craignent tout ce qui rend les opérations du commerce faciles et simples. Ce qu'on a proposé à cet égard, avec l'approbation universelle de tous les hommes éclairés, c'est de déterminer une mesure naturelle, fixe et invariable, qu'on pût toujours retrouver; de l'employer à former des mesures de longueur, de superficie, de contenance et de poids; de manière que les divisions successives en mesure et en poids moindres fussent exprimées par des nombres simples et commodes pour les divisions; d'établir ensuite d'une manière publique et légale, et par les moyens exacts que fournit la physique, le rapport précis de toutes les mesures usitées dans un pays avec la mesure nouvelle, ce qui prévient pour jamais toute espèce de procès pour la valeur de ces mesures; la nouvelle mesure aurait été adoptée par le gouvernement, les assemblées d'État, les communautés, etc. Les particuliers auraient eu la liberté de se servir de telle mesure qu'ils auraient voulue. Ce changement se serait donc fait sans aucune gêne, sans aucun trouble pour le commerce : et jamais personne n'a proposé une autre opération.

5) Comme la vérité, la raison, la justice, les droits des hommes, l'intérêt de la propriété, de la liberté, de la sûreté, sont les mêmes partout, on ne voit pas pourquoi toutes les provinces d'un État, ou même tous les États, n'auraient pas les mêmes lois criminelles, les mêmes lois civiles, les mêmes lois de commerce, etc. Une bonne loi doit être bonne pour tous les hommes, comme une proposition vraie est vraie pour tous. Les lois qui paraissent devoir être différentes suivant les différents pays, ou statuent sur des objets qu'il ne faut pas régler par des lois, comme sont la plupart des règlements de commerce, ou bien sont fondées sur des préjugés, des habitudes, qu'il faut déraciner; et un des meilleurs moyens de les détruire est de cesser de les soutenir par des lois.

6) L'uniformité dans les lois peut s'établir sans trouble, sans que le changement produise aucun mal.

On en convient pour l'établissement d'une bonne jurisprudence criminelle. Mais quel trouble produira celui d'un code civil? Il changera l'ordre de la distribution des successions; mais une succession qu'on attend n'est pas un droit de propriété : il ne résulte de même aucun droit d'un testament avant la mort du testateur. Les conventions faites avant la nouvelle loi conserveront toute leur force, à moins qu'elles ne soient contraires au droit naturel. Les conventions sont de trois espèces. Ou leur exécution est instantanée, ou elle dure un temps fixe, ou elle est perpétuelle. Dans les deux premiers cas, l'exécution des conventions faites avant la loi nouvelle peut être jugée d'après l'ancienne jurisprudence, sans nuire à l'uniformité des lois. Dans le dernier, elle y pourrait nuire; mais l'exécution perpétuelle d'une convention ne peut naître du droit de propriété, elle est uniquement fondée sur la sanction de la loi; et par conséquent le législateur doit, par la nature des choses, conserver le droit de changer ces conventions, en conservant le droit véritable et originaire de chacune des parties ou de ses ayant-cause.

Si on établit un mode de jurisprudence uniforme et simple, il s'ensuivra que les gens de loi perdront l'avantage de posséder exclusivement la connaissance des formes; que tous les hommes sachant lire seront également habiles sur cet objet; et il est difficile d'imaginer qu'on puisse regarder cette égalité comme un mal.

7) Ce n'est point une petite vue que l'idée d'une uniformité qui donnerait à tous les habitants d'un pays des idées précises sur des objets essentiels, une connaissance plus nette de leurs intérêts, et qui diminuerait l'inégalité entre les hommes relativement à la conduite de la vie et des affaires.

8) Un fermier général disait aussi en 1775: *Pourquoi faire des changements? Est-ce que nous ne sommes pas bien?* La répugnance à changer ne peut être raisonnable que dans deux circonstances: 1) Lorsque les lois d'un pays approchent tellement d'être conformes à la raison et à la justice, que les abus sont si petits, que l'on ne peut espérer du changement aucun avantage sensible. 2) Dans celle où l'on croirait qu'il n'y a aucun principe certain d'après lequel on puisse se diriger d'une manière sûre dans l'établissement des lois nouvelles. Or toutes les nations qui existent sont bien éloignées du premier point, et on ne peut plus être de la seconde opinion.

9) *La grandeur du génie* est une de ces phrases vagues qui frappent les petits esprits et qui les séduisent, qui plaisent aux hommes corrompus et sont adoptées par eux. Les uns, parce qu'ils ne voient rien, aiment à croire que la lumière n'existe pas; les autres, qui la craignent, voudraient que personne ne s'avisât d'ouvrir les yeux.

10) *Lorsque les citoyens suivent les lois, qu'importe qu'ils suivent la même?* Il importe qu'ils suivent de bonnes lois; et comme il est difficile que deux lois différentes soient également justes, également utiles, il importe encore qu'ils suivent la meilleure; il importe enfin qu'ils suivent la même, par la raison que c'est un moyen de plus d'établir de l'égalité entre les hommes. Quel rapport le cérémonial tartare ou chinois peut-il avoir avec les lois? Cet article semble annoncer que Montesquieu regardait la

législation comme un jeu, où il est indifférent de suivre telle ou telle règle, pourvu qu'on suive la règle établie, quelle qu'elle puisse être. Mais cela n'est pas vrai, même des jeux. Leurs règles, qui paraissent arbitraires, sont fondées presque toutes sur des raisons que les joueurs sentent vaguement et dont les mathématiciens, accoutumés aux calculs des probabilités, sauraient rendre compte.

Chapitre XIX. – *Des législateurs.*

Montesquieu confond ici les législateurs avec les écrivains politiques qui ont proposé des systèmes de législation.

Est-il bien sûr qu'Aristote ait eu une intention si marquée de contredire Platon ?

Ce que nous savons des républiques grecques nous donne lieu de croire que leur législation était très imparfaite à quelques égards et surtout très compliquée. Plus la législation d'un État est simple, mieux il sera gouverné.

Qu'a de commun César Borgia avec la législation ? Les discours de Machiavel sur Tite-Live, son histoire de Florence, renferment beaucoup de vues politiques qui annoncent, si l'on a égard au siècle où vivait Machiavel, un esprit vaste et profond : mais il n'a certainement pas songé, en les écrivant, à César Borgia. Quant au livre intitulé *Le Prince*, quant à la *Vie de Castracani*, etc., ce sont des ouvrages où Machiavel développe comment un scélérat peut s'y prendre pour voler, assassiner, etc., avec impunité. César Borgia passa quelque temps pour être un bon modèle en ce genre ; mais il ne s'agit point là de législation.

Pourquoi Montesquieu n'a-t-il pas compté Locke parmi les législateurs ? Est-ce qu'il a trouvé les lois de la Caroline trop simples ?

Nous sera-t-il permis de placer ici quelques idées sur le sujet de ce livre ? Nous distinguerons d'abord le cas où il s'agirait de donner à un peuple une législation nouvelle ; celui où l'on ne statue que sur une branche plus ou moins étendue de la législation ; celui enfin où la loi n'a qu'un objet particulier.

Dans le premier cas, il est d'abord essentiel de fixer les objets sur lesquels le législateur doit statuer.

Ces objets sont :

1) Les lois qui ont pour but de défendre les citoyens contre la violence ou contre la fraude ; ce sont les lois criminelles.

2) Les lois de police : elles se partagent en deux classes. Les unes ont pour objet de déterminer les sacrifices que chaque citoyen peut être obligé

de faire de sa liberté au maintien de l'ordre et de la tranquillité publique. C'est un véritable droit que l'homme acquiert en vivant en société; et par conséquent il n'est pas injuste de soumettre les individus à sacrifier à ce droit une partie de leur liberté. La deuxième espèce des lois de police a pour objet de régler la jouissance des choses communes, comme les rues, les chemins, etc.

3) Les lois civiles, qui se distinguent en cinq espèces : celles qui déterminent à qui doit appartenir la propriété, comme les lois sur les successions, etc.; celles qui règlent les moyens d'acquérir la propriété, comme les lois sur les ventes; celles qui règlent l'exercice du droit de propriété, dans les cas où cet exercice peut nuire à la propriété d'un tiers; celles qui assurent la propriété, comme les lois sur les hypothèques, sur les débiteurs, etc.; celles enfin qui statuent sur l'état des personnes.

Sur tous ces objets, il faut des lois de deux espèces. Les premières sont les principes d'après lesquels chaque question doit être décidée; les autres règlent la forme suivant laquelle elle doit l'être.

4) Les lois politiques, qui règlent : 1) l'exercice du droit de législation; 2) la manière d'employer la force publique au maintien de la sûreté extérieure; 3) les moyens de l'employer à assurer l'exécution des lois; 4) la manière de traiter, au nom de la nation, avec les étrangers; 5) les dépenses qui doivent être faites aux frais de la nation; 6) les impôts.

Nous ne parlons pas des lois de commerce, parce que le commerce doit être absolument libre et n'a besoin d'aucune autre loi que de celles qui assurent les propriétés.

Ensuite il faut sur chaque partie réduire à des questions générales, simples, et en un aussi petit nombre qu'on pourra, toutes les questions particulières qui peuvent se présenter, et examiner pour chacune :

1) Si elle doit être décidée par une loi.

2) Si, d'après les règles de la justice, la raison ne fournit pas une réponse à la question.

Si la raison fournit une réponse, il faut la suivre; sinon, on choisira le parti qui paraîtra le plus conforme à l'utilité publique.

Il ne suffit pas que les lois soient claires, il faut qu'elles ne contiennent que des mots d'un sens précis et déterminé; et toutes les fois qu'une loi en emploiera d'autres, ces mots seront définis avec une exactitude scrupuleuse.

Comme tout législateur peut se tromper, il faut joindre à chaque loi le motif qui a décidé à la porter. Cela est nécessaire, et pour attacher à ces lois ceux qui y obéissent, et pour éclairer ceux qui les exécutent; enfin, pour empêcher des changements pernicieux, et faciliter en même temps ceux qui sont utiles. Mais l'exposition de ces motifs doit être séparée du texte de la loi; comme dans un livre de mathématiques, on peut séparer la suite de l'énoncé des propositions de l'ouvrage même qui en contient les démonstrations. Une loi n'est autre chose que cette proposition: *Il est juste ou raisonnable que...* (suit le texte de la loi).

Si l'on ne veut donner qu'une branche particulière de législation, il faut avoir soin de la circonscrire avec exactitude; examiner, après l'avoir réglée selon la raison et la justice, si elle n'est en contradiction avec aucune loi établie, et détruire soigneusement toutes celles-ci, comme on détruit toutes les racines d'un mal qu'on veut extirper. Cependant il vaudrait mieux laisser subsister une bonne loi, en contradiction avec une mauvaise qu'on n'aurait pu détruire, que de laisser la mauvaise seule.

Pour une loi particulière, si l'on veut être sûr qu'elle soit bonne, il faudra l'examiner non pas isolée, mais dans son rapport avec toutes celles qui doivent entrer dans un bon système de lois, pour la branche de législation à laquelle elle appartient, et avec l'état actuel de cette branche de législation. Alors il peut arriver, ou que la loi qu'on veut faire doive entrer dans un bon système de législation; ou qu'elle ne soit utile et juste que parce qu'elle s'oppose à l'injustice qui résulte d'une mauvaise loi qu'on ne peut changer.

Dans le premier cas, il faut se conformer à la justice absolue; dans le second, à la justice relative. Dans le premier, la loi doit être présentée comme une véritable loi; dans le second, comme une modification de la mauvaise loi qu'elle corrige.

Plus l'objet de la loi est particulier, plus il importe que le législateur expose ses motifs. Il est beaucoup plus aisé de saisir l'esprit d'une législation générale, ou d'une branche de législation, que celui d'une loi isolée.

Il serait bon de régler, dans une législation générale, un moyen de réformer les lois qui entraînent des abus, sans qu'on soit obligé d'attendre que l'excès de ces abus ait fait sentir la nécessité de la réforme.

Il y a des lois qui doivent paraître au législateur faites pour être éternelles; il y en a d'autres qui doivent vraisemblablement être changées. Ces deux classes de lois doivent être distinguées dans la rédaction.

Par exemple, cette loi: *Les impôts seront toujours établis proportionnellement au produit net des terres*, peut être regardée comme une loi fondée sur la nature des choses[a]. Mais la loi qui fixe la manière d'évaluer le produit peut être variable, parce qu'il est possible de perfectionner la méthode qu'il faut employer dans ces évaluations.

Il est encore plus important de distinguer les lois qui ne sont que pour un temps. Le chancelier de l'Hôpital, dans un édit de pacification, porta peine de mort contre ceux qui briserait des images. Il est clair que cette loi, trop rigoureuse, n'avait pour objet que de prévenir des imprudences qui pouvaient rallumer la guerre civile; et c'est en vertu de cette loi, regardée comme perpétuelle contre toute raison, que le parlement de Paris a eu la barbarie de condamner le chevalier de la Barre. Même en supposant la loi juste, il eût fallu statuer qu'elle cesserait d'être exécutée au bout de tant d'années, à moins que la continuation des troubles n'obligeât de la renouveler.

Ce que dit Montesquieu, *chapitre XVI*, sur les énonciations en monnaie, n'est pas suffisant. Non seulement il faut y ajouter toujours leur évaluation en valeurs réelles; mais il faut, suivant les cas, faire cette évaluation, ou en métal, ou en denrées; et l'évaluation en denrées doit être faite d'après le prix moyen du blé en Europe, du riz en Asie, parce que la denrée qui sert de nourriture principale et habituelle au peuple est la seule dont on puisse regarder la valeur comme constante; et si la manière de vivre changeait, il faudrait faire une autre évaluation.

Nous avons dit qu'il y avait des choses qu'il faut évaluer en métal[b]. Tel est l'intérêt d'une somme d'argent prêtée, qui doit toujours être la même partie du poids total; tel est l'intérêt de l'achat d'une maison, d'un meuble, etc., tandis que l'intérêt de l'achat d'une terre doit être évalué en denrées.

Les lois doivent être rédigées suivant un ordre systématique, de manière qu'il soit facile d'en saisir l'ensemble et d'en suivre les détails.

C'est le seul moyen de juger s'il ne s'y est pas glissé de contradictions ou d'omissions, si les questions qui se présentent dans la suite ont été prévues ou non.

a. On voit qu'à l'époque où Condorcet a écrit ceci, il partageait encore les opinions des économistes français les plus exclusifs. Il prouve lui-même la sagesse profonde de l'expression dont il vient de se servir : *Il y a des lois QUI DOIVENT PARAÎTRE au législateur faites pour être éternelles*. Les hommes, en effet, ne peuvent jamais répondre de l'avenir sous aucun rapport. (*Note de l'auteur du* Commentaire)

b. Cette distinction n'est point fondée. Une somme d'argent est une valeur déterminée au moment où on la prête. On doit faire en sorte que l'intérêt qu'on en paie soit toujours la même portion qu'il a été convenu de donner annuellement de cette valeur, telle qu'elle était au moment du prêt. L'emprunteur a pu en acheter tout de suite une valeur égale de biens susceptibles d'accroissement ou de décroissement. (*Note de l'auteur du* Commentaire)

C'est le seul moyen de bien voir, lorsqu'une réforme devient nécessaire, sur quelle partie de l'ancienne loi elle doit porter; et alors la réforme doit être faite de manière qu'on puisse, sans altérer l'unité du système de la loi, substituer la loi nouvelle à celle que l'on réforme.

Ces réflexions sont simples : elles ne forment qu'une petite partie de ce qui doit entrer dans un ouvrage sur la manière de composer les lois : elles sont nécessaires, et Montesquieu n'a pas daigné s'en occuper.

FIN DES OBSERVATIONS DE CONDORCET

ANNEXE I

PRÉFACE A L'ÉDITION AMÉRICAINE DE 1811

THE AUTHOR
to his fellow citizens of United States of America

I am a Frenchman by birth and education. I was an early friend of the revolution of France, and continued to support it, until those entrusted with its helm, had evidently changed its direction. Flying then from the tyrannies of the monster Robespierre, I found, and still enjoy, safety, freedom, and hospitality among you. I am grateful for these boons, and anxious to shew that gratitude, by such services as my faculties and habits enable me to render. Reading and contemplation have been the occupations of my life and mostly on those subjects which concern the condition of man. Montesquieu's immortal work on the *Spirit of Laws* could not fail, of course, to furnish matter for profound consideration. I have admired his vivid imagination, his extensive reading, and dextrous use of it. But I have not been blind to his paradoxes, his inconsistencies, and whimsical combinations. And I have thought the errors of his book, the more important to be corrected, as its truths are numerous and of powerful influence on the opinions of society. These opinions attemper the principles of which governments are administered, on which so much depend the happiness and misery of man. Few nations are in the situation to profit by the detection of political errors, or to shape their practice by newly developed truths. This is the eminent advantage on the country in which I write. Had its language been more familiar to me, I should with pleasure have made it the original medium of submitting to you my reflections, and of explaining the grounds of my cordial esteem for the principles of your government. Their translation, however, is committed to one well skilled in both languages, and, should it be desired at any future time, the original composition shall be at the command of those for whom it has been written.

ANNEXE II

LETTRES SUR L'*ESPRIT DES LOIS* ATTRIBUÉES À HELVETIUS, PUBLIÉES EN ANNEXE DE L'ÉDITION AMÉRICAINE (1811) DU *COMMENTAIRE*

Les deux lettres de C. A. Helvétius que Destutt de Tracy fait figurer en annexe de l'édition, en 1811, de A Commentary and Review of Montesquieu's Spirit of Laws, *ont été publiées pour la première fois en 1789 par l'abbé de La Roche*[1] *dans une brochure de 23 pages intitulée* Lettres de M. Helvétius au Président de Montesquieu, et à M. Saurin, relatives à l'aristocratie de la noblesse. *Elles sont reprises dans l'édition des* Œuvres complètes *d'Helvétius en 14 volumes, publiée à Paris chez P. Didot l'aîné en l'an 3 (1795), ainsi que dans celle des* Œuvres complètes *de Montesquieu en 12 volumes publiées la même année chez le même éditeur, chacune de ces deux éditions étant établies par l'abbé de La Roche.*

Dans un article très argumenté[2], *R. Koebner met très sérieusement en doute l'authenticité de ces deux lettres (dont on ne dispose pas des manuscrits et qui ne sont guère compatibles avec la pensée d'Helvétius au moment où il est censé les avoir écrites) et conclut, de façon convaincante, au fait qu'elles ont été fabriquées par l'abbé de La Roche lui-même, en*

1. Bénédictin acquis aux idées des lumières, Lefebvre de La Roche (1740-1806) devint l'un des protégés d'Helvétius qui l'aida à obtenir sa sécularisation. Hébergé, ainsi que l'abbé Morellet et Cabanis, chez Mme Helvétius, il formait avec ses deux acolytes le noyau du salon de celle que B. Franklin appelait « Notre Dame d'Auteuil ». Légataire des papiers et manuscrits du philosophe, il se fit un devoir de publier ses inédits et ses *Œuvres complètes*.

2. « The Authenticity of the letters on the *Esprit des lois* attributed to Helvétius », *Bulletin of the Institute of Historical research*, XXIV, 1951, p. 19-43.

appui aux luttes politiques et intellectuelles auxquelles il participait d'abord en 1789 contre les « monarchiens » partisans d'une Constitution « à l'anglaise », puis à la suite de la chute des Jacobins. La conclusion de l'Avertissement, rédigé lui aussi par l'abbé, sonne comme un demi-aveu : « En lisant ces différentes pièces, on les croirait écrites pendant la Révolution ».

*On trouvera ci-après un extrait de l'*Avertissement *et le texte des deux lettres, établis à partir de l'édition de l'an 3 (1795) des* Œuvres complètes *d'Helvétius.*

AVERTISSEMENT

On a imprimé dans plusieurs papiers publics qu'Helvétius, lors du grand succès de l'*Esprit des lois*, en avait témoigné sa surprise à quelques-uns de ses amis intimes. Voici l'anecdote telle qu'on la tient d'Helvétius. Il était l'ami de Montesquieu et passait beaucoup de temps avec lui dans sa terre de La Brède pendant ses tournées de fermier-général. Dans leurs conversations philosophiques, le président communiquait à son ami ses travaux sur l'*Esprit des lois*. Il lui fit ensuite passer le manuscrit avant de l'envoyer à l'impression. Helvétius qui aimait autant l'auteur que la vérité fut affligé, en lisant l'ouvrage, d'y retrouver des opinions qu'il avait combattues de vive voix et par lettres, qu'il croyait d'autant plus dangereuses qu'elles allaient être consacrées en maximes politiques par un des plus beaux génies de la France, et dans un livre étincelant d'esprit et rempli de vérités grandes et neuves. Sa modestie naturelle et son admiration pour l'auteur des *Lettres persanes* lui inspirant de la défiance pour son propre jugement, il pria Montesquieu de permettre qu'il communiquât son manuscrit à un ami commun, M. Saurin, auteur de *Spartacus*, esprit solide et profond, que tous deux estimaient comme l'homme le plus vrai et le juge le plus impartial. Saurin fut du même avis qu'Helvétius. Quand l'ouvrage eut paru, et qu'ils en virent le prodigieux succès, sans changer d'opinion, ils se turent, en respectant le jugement du public et la gloire de leur ami.

Comme quelques idées de Montesquieu ont servi depuis à fortifier de grands préjugés, et que des passions particulières les ont érigées en principes pratiques, il est utile de mettre sous les yeux du public les jugements que les amis de Montesquieu lui adressaient à lui-même. [...]

En lisant ces différentes pièces, on les croirait écrites pendant la Révolution ; tant il est vrai qu'un philosophe qui a passé sa vie à méditer sur les droits des hommes et sur les erreurs des gouvernements est en avant des idées de son siècle, et prévoit des effets que doit produire infailliblement le progrès des lumières et des véritables principes de l'ordre social.

LETTRE I
HELVÉTIUS À MONTESQUIEU
SUR SON MANUSCRIT DE *L'ESPRIT DES LOIS*

Sans date

J'ai relu jusqu'à trois fois, mon cher président, le manuscrit que vous m'avez fait communiquer. Vous m'aviez vivement intéressé pour cet ouvrage à La Brède. Je n'en connaissais pas l'ensemble. Je ne sais si nos têtes françaises seront assez mûres pour en saisir les grandes beautés : pour moi, elles me ravissent. J'admire l'étendue du génie qui les a créées et la profondeur des recherches auxquelles il a fallu vous livrer pour faire sortir la lumière de ce fatras des lois barbares dont j'ai toujours cru qu'il y avait si peu de profit à tirer pour l'instruction des hommes. Je vous vois, comme le héros de Milton, pataugeant au milieu du chaos, sortir victorieux des ténèbres. Nous allons être, grâce à vous, bien instruits de l'esprit des législations grecques, romaines, vandales et wisigothes; nous connaîtrons le dédale tortueux au travers duquel l'esprit humain s'est traîné pour civiliser quelques malheureux peuples opprimés par des tyrans ou des charlatans religieux. Vous nous dites : voilà le monde comme il s'est gouverné et comme il se gouverne encore. Vous lui prêtez souvent une raison et une sagesse qui n'est au fond que la vôtre, et dont il sera bien surpris que vous lui fassiez les honneurs.

Vous composez avec le préjugé, comme un jeune homme entrant dans le monde en use avec les vieilles femmes qui ont encore des prétentions et auprès desquelles il ne veut qu'être poli et paraître bien élevé. Mais aussi ne les flattez-vous pas trop? Passe pour les prêtres. En faisant leur part de gâteau à ces cerbères de l'église, vous les faites taire sur votre religion; sur le reste ils ne vous entendront pas. Nos robins ne sont en état ni de vous lire ni de vous juger. Quant aux aristocrates et à nos despotes de tout genre, s'ils vous entendent, ils ne doivent pas trop vous en vouloir; c'est le reproche que j'ai toujours fait à vos principes. Souvenez-vous qu'en les discutant à La Brède, je convenais qu'ils s'appliquaient à l'état actuel; mais qu'un écrivain qui voulaient être utile aux hommes devait plus s'occuper de maximes vraies dans un meilleur ordre de choses à venir que de consacrer celles qui sont dangereuses, du moment que le préjugé s'en empare pour s'en servir et les perpétuer. Employer la philosophie à leur donner de l'importance, c'est faire prendre à l'esprit humain une marche rétrograde et éterniser des abus que l'intérêt et la mauvaise foi ne sont que trop habiles à faire valoir. L'idée de la perfection amuse nos contemporains; mais elle instruit la jeunesse et sert à la postérité. Si nos neveux ont le sens commun, je doute qu'ils s'accommodent de nos principes de gouvernement et qu'ils adaptent à des constitutions, sans doute meilleures que les nôtres, vos balances compliquées de pouvoirs intermédiaires. Les rois eux-mêmes, s'ils s'éclairent sur leurs vrais intérêts, (et pourquoi ne s'en aviseraient-ils pas ?) chercheront, en se débarrassant de ces pouvoirs, à faire plus sûrement leur bonheur et celui de leurs sujets.

En Europe, aujourd'hui la moins foulée des quatre parties du monde, qu'est un souverain alors que toutes les sources des revenus publics se sont égarées dans les cent mille canaux de la féodalité qui les détourne sans cesse à son profit ? La moitié de la nation s'enrichit de la misère de l'autre; la noblesse insolente cabale et le monarque qu'elle flatte en est lui-même opprimé sans qu'il s'en doute. L'histoire bien méditée en est une leçon perpétuelle. Un roi se crée des ordres intermédiaires; ils sont bientôt ses maîtres et les tyrans de son peuple. Comment contiendraient-ils le despotisme ? Ils n'aiment que l'anarchie pour eux et ne sont jaloux que de leurs privilèges, toujours opposés aux droits naturels de ceux qu'ils oppriment.

Je vous l'ai dit, je vous le répète, mon cher ami; vos combinaisons de pouvoirs ne font que séparer et compliquer les intérêts individuels au lieu de les unir. L'exemple du gouvernement anglais vous a séduit. Je suis bien loin de penser que cette Constitution soit parfaite. J'aurais trop à vous dire sur ce sujet. Attendons, comme disait Locke au roi Guillaume, que des revers éclatants, qui auront leur cause dans le vice de cette Constitution, nous aient fait sentir ses dangers; que la corruption, devenue nécessaire pour vaincre la force d'inertie de la chambre haute, soit établie par les ministres dans les Communes et ne fasse plus rougir personne : alors on verra le danger d'un équilibre qu'il faudra rompre sans cesse pour accélérer ou retarder les mouvements d'une machine si compliquée. En effet, n'est-il pas arrivé de nos jours qu'il a fallu des impôts pour soudoyer des parlements qui donnent au roi le droit de lever des impôts sur le peuple ?

La liberté même dont la nation anglaise jouit est-elle bien dans les principes de cette Constitution plutôt que dans deux ou trois bonnes lois qui n'en dépendent pas, que les Français pourraient se donner et qui seules rendraient leur gouvernement plus supportable ? Nous sommes encore loin d'y prétendre. Nos prêtres sont trop fanatiques et nos nobles trop ignorants pour devenir citoyens et sentir les avantages qu'ils gagneraient à l'être, à former une nation. Chacun sait qu'il est esclave, mais vit dans l'espérance d'être sous-despote à son tour.

Un roi est aussi esclave de ses maîtresses, de ses favoris et de ses ministres. S'il se fâche, le coup de pied qu'en reçoivent ses courtisans se rend et se propage jusqu'au dernier goujat. Voilà, j'imagine, dans un gouvernement le seul emploi auquel peuvent servir les intermédiaires. Dans un pays gouverné par les fantaisies d'un chef, ces intermédiaires qui l'assiègent cherchent encore à le tromper, à l'empêcher d'entendre les vœux et les plaintes du peuple sur les abus dont eux seuls profitent. Est-ce le peuple qui se plaint que l'on trouve dangereux? Non, c'est celui qu'on n'écoute pas. Dans ce cas, les seules personnes à craindre dans une nation sont celles qui l'empêchent d'être écoutée. Le mal est à son comble quand le souverain, malgré les flatteries des intermédiaires, est forcé d'entendre les cris de son peuple arrivés jusqu'à lui. S'il n'y remédie promptement, la chute de l'empire est prochaine. Il peut être averti trop tard que ses courtisans l'ont trompé.

Vous voyez que par intermédiaires j'entends les membres de cette vaste aristocratie de nobles et de prêtres dont la tête repose à Versailles, qui usurpe et multiplie à son gré presque toutes les fonctions du pouvoir par le seul privilège de la naissance, sans droit, sans talent, sans mérite, et retient dans sa dépendance jusqu'au souverain, qu'elle sait faire vouloir et changer de ministre selon qu'il convient à ses intérêts.

Je finirai, mon cher président, par vous avouer que je n'ai jamais bien compris les subtiles distinctions sans cesse répétées sur les différentes formes de gouvernements. Je n'en connais que de deux espèces : les bons, qui sont encore à faire; les mauvais, dont tout l'art est, par différents moyens, de faire passer l'argent de la partie gouvernée dans la bourse de la partie gouvernante. Ce que les anciens gouvernements ravissaient par la guerre, nos modernes l'obtiennent plus sûrement par la fiscalité. C'est la seule différence de ces moyens qui en forme les variétés. Je crois cependant à la possibilité d'un bon gouvernement où, la liberté et la propriété du peuple respectées, on verrait l'intérêt général résulter, sans toutes vos balances, de l'intérêt particulier. Ce serait une machine simple, dont les ressorts, aisés à diriger, n'exigeraient pas ce grand appareil de rouages et de contrepoids si difficiles à remonter par les gens malhabiles qui se mêlent le plus souvent de gouverner. Ils veulent tout faire et agir sur nous comme sur une matière morte et inanimée qu'ils façonnent à leur gré, sans consulter ni nos volontés ni nos vrais intérêts; ce qui décèle leur sottise et leur ignorance. Après cela, ils s'étonnent que l'excès des abus en provoque la réforme; ils s'en prennent à tout, plutôt qu'à leur maladresse, du mouvement trop rapide que les lumières et l'opinion publique impriment aux affaires. J'ose le prédire, nous touchons à cette époque.

LETTRE II
HELVÉTIUS À M. SAURIN

J'ai écrit, Mon cher Saurin, comme nous en étions convenus, au président, sur l'impression que vous avait faite son manuscrit, ainsi qu'à moi. J'ai enveloppé mon jugement de tous les égards de l'intérêt et de l'amitié. Soyez tranquille, nos avis ne l'ont point blessé. Il aime dans ses amis la franchise qu'il met avec eux. Il souffre volontiers les discussions, y répond par des saillies, et change rarement d'opinion. Je n'ai pas cru, en lui exposant les nôtres, qu'elles modifieraient les siennes; mais nous n'avons pas pu dire

Cur ego amicum
Offendam in nugis? Hae nugae seria ducent
In mala desirum semel, exceptumque sinistre.

Quoi qu'il en coûte, il faut être sincère avec ses amis. Quand le jour de la vérité luit et détrompe l'amour propre, il ne faut pas qu'ils puissent nous reprocher d'avoir été moins sévères que le public.

Je vous envoie sa réponse, puisque vous ne pouvez pas me venir chercher à la campagne. Vous la trouverez telle que je l'avais prévue. Vous verrez qu'il avait besoin d'un système pour rallier toutes ses idées, et que, ne voulant rien perdre de tout ce qu'il avait pensé, écrit ou imaginé depuis sa jeunesse, selon les dispositions particulières où il s'est trouvé, il a dû s'arrêter à celui qui contrarierait le moins les opinions reçues. Avec le genre d'esprit de Montaigne, il a conservé ses préjugés d'homme de robe et de gentilhomme: c'est la source de toutes ses erreurs. Son beau génie l'avait élevé dans sa jeunesse jusqu'aux *Lettres persanes*. Plus âgé, il semble s'être repenti d'avoir donné ce prétexte à l'envie de nuire à son ambition. Il s'est plus occupé à justifier les idées reçues que du soin d'en établir de nouvelles et de plus utiles. Sa manière est éblouissante. C'est avec le plus grand art du génie qu'il a formé l'alliage des vérités et des préjugés. Beaucoup de nos philosophes pourront l'admirer comme un chef-d'œuvre. Ces matières sont neuves pour tous les esprits; et moins je lui vois de contradicteurs et de bons juges, plus je crains qu'il ne nous égare pour longtemps.

Mais que diable veut-il nous apprendre par son *Traité des fiefs* ? Est-ce une matière que devait chercher à débrouiller un esprit sage et raisonnable ? Quelle législation peut résulter de ce chaos barbare des lois que la force a établies, que l'ignorance a respectées, et qui s'opposeront toujours au bon ordre des choses ? Sans les conquérants qui ont tout détruit, où en serions-nous avec toutes ces bigarrures d'institutions ? Nous aurions donc hérité de toutes les erreurs accumulées depuis l'origine du genre humain ; elles nous gouverneraient encore ; et, devenues la propriété du plus fort ou du plus fripon, ce serait un terrible remède que la conquête pour nous en débarrasser. C'est cependant l'unique moyen, si la voix des sages se mêle à l'intérêt des puissances pour les ériger en propriétés légitimes. Et quelles propriétés que celles d'un petit nombre, nuisibles à tous, à ceux même qui les possèdent et qu'elles corrompent par l'orgueil et la vanité ! En effet, si l'homme n'est heureux que par les vertus, et par les lumières qui en assurent le principe, quelles vertus et quels talents attendre d'un ordre d'hommes qui jouissent de tout et peuvent prétendre à tout dans la société par le seul privilège de leur naissance ? Le travail de la société ne se fera que pour eux ; toutes les places lucratives et honorables leur seront dévolues ; le souverain ne gouvernera que par eux, et ne tirera des subsides de ses sujets que pour eux. N'est-ce pas là bouleverser toutes les idées du bon sens et de la justice ? C'est cet ordre abominable qui fausse tant de bons esprits et dénature parmi nous tous les principes de morale publique et particulière.

L'esprit de corps nous envahit de toutes parts. Sous le nom de corps, c'est un pouvoir qu'on érige aux dépens de la grande société. C'est par des usurpations héréditaires que nous sommes gouvernés. Sous le nom de Français il n'existe que des corporations d'individus et pas un citoyen qui mérite ce titre. Les philosophes eux-mêmes voudraient former des corporations. Mais, s'ils flattent l'intérêt particulier aux dépens de l'intérêt commun, je le prédis, leur règne ne sera pas long. Les lumières qu'ils auront répandues éclaireront tôt ou tard les ténèbres dont ils envelopperont les préjugés…

ANNEXE III

AVERTISSEMENT DE L'ÉDITEUR AUX ÉDITIONS ANONYMES DE LIÈGE (J.-F. DESOER) EN 1817 ET DE PARIS (DELAUNAY ET MONGIE) EN 1819

Cet ouvrage a été imprimé en anglais à Philadelphie, en 1811, sous les auspices du célèbre M. Jefferson, ancien président des États-Unis ; il sert de texte à l'enseignement dans le collège de Guillaume et Marie de l'État de Virginie, et dans plusieurs autres.

Un savant français distingué avait commencé de le traduire en 1812 : cette traduction n'a pas été achevée.

Nous croyons donc rendre un véritable service aux libéraux de tous les pays, en publiant aujourd'hui cet ouvrage, traduit dans la langue que l'Europe semble avoir adoptée pour toutes les sciences politiques et morales. Les lecteurs y trouveront un double avantage : celui de revenir sur le livre, si justement admiré, de l'*Esprit des lois*, livre dépositaire des titres du genre humain, perdus depuis trois mille ans, et retrouvés par Montesquieu (c'est Voltaire qui rend à ce beau génie cet immortel hommage) ; et cet autre, d'apprécier les conquêtes de l'esprit humain dans le domaine illimité de la raison, si longtemps usurpé par les préjugés et les routines, enfants de l'ignorance.

Purger un chef-d'œuvre de quelques erreurs qui appartiennent moins au grand homme qu'à son siècle subjugué par le despotisme des fausses doctrines, c'est l'honorer; surtout si l'on reconnaît, en même temps, comme l'a fait l'auteur du *Commentaire*, que Montesquieu, en secouant, autant qu'il le lui était permis, sa propre chaîne, en cachant le manteau du philosophe sous la simarre du magistrat, a imprimé à ces esprits, encore observateurs timides, une impression qui, depuis lui, n'a cessé de s'accroître et à laquelle nous devons, parmi tant d'immenses résultats, le gouvernement représentatif et le gouvernement fédéral ; celui-ci approprié à des peuples neufs, à des terres vierges que le privilège féodal n'a point souillés ; celui-là à l'Europe que ce régime délétère, depuis tant de siècles, frappe, plus ou moins, de servile stérilité.

Le volume est terminé par des *Observations* de Condorcet sur le vingt-neuvième livre de l'*Esprit des lois* ; c'est une critique que nous avons cru devoir rigoureusement imprimer telle qu'elle nous est parvenue. Dans cette lutte, le public a seul le droit de se prononcer. C'est à lui de déterminer jusqu'à quel point, s'y présentant avec tous les avantages qu'il a pu puiser dans un demi-siècle de philosophie, Condorcet a balancé l'inébranlable renommée dont Montesquieu jouit et dans sa patrie et chez tous les peuples policés. Éminemment français, il est cosmopolite par le droit du génie et par l'*Esprit des lois*.

Nous ajouterons quelques observations. Premièrement que l'auteur du *Commentaire* résidant actuellement en Amérique, nous n'avons pu soumettre à son examen les épreuves : nous devons cet avis au lecteur dans le cas où il se serait glissé quelques légères fautes que nous n'aurions pas remarquées, malgré toute notre scrupuleuse attention. En second lieu, nous prévenons le public que nous avons cru pouvoir diviser le Commentaire par chapitres, dont chacun renferme plus ou moins de livres de l'*Esprit des lois*, selon que les matières l'ont exigé. Nous nous y sommes décidés, parce que nous avons cru reconnaître que c'était d'ailleurs l'intention de l'auteur. Le lecteur verra facilement que les titres des chapitres sont les titres mêmes des livres que l'auteur commente.

ANNEXE IV

MÉMOIRE POUR TH. DESOER, CONTRE MM. DESTUTT DE TRACY ET DALIBON [1]

POUR Théodore Desoer, libraire à Paris;

CONTRE M. le Comte Destutt de Tracy, Pair de France, membre de l'Institut, etc.

Et M. Dalibon, libraire à Paris.

On croira sans doute difficilement que M. le Comte de Tracy, pair de France, membre de l'Institut, et l'un de nos savants les plus distingués et les plus recommandables, se soit exposé à voir son nom cité devant les tribunaux pour inexécution de ses engagements. Serait-il donc vrai que M. le comte de Tracy, ce judicieux commentateur de l'*Esprit des lois*, absorbé par ses profondes méditations sur le droit public, aurait pu un instant méconnaître les principes élémentaires du droit privé, et oublier que tout homme qui fait profession d'honneur et de délicatesse doit respecter la loi sacrée des contrats?

Cette réflexion doit se présenter infailliblement la première à l'esprit, et peut-être sera-t-on plus disposé à penser que M. Dalibon, emporté par une spéculation commerciale, aura compromis par une coupable légèreté le nom du noble pair, et qu'il est seul la cause de tout le procès.

C'est ce que l'on va juger par l'exposé suivant; du reste le tort qui m'a été fait ne pourra être révoqué en doute; il est considérable; il doit être réparé, et ce point ne peut pas être l'objet d'une discussion sérieuse en droit, il n'y a qu'à rendre compte des faits.

1. Factum conservé à la B.N.F., sous la cote 4-FM-9688.

Ce n'est pas en France, c'est en Belgique, que M. de Tracy a jugé à propos de faire paraître pour la première fois son *Commentaire sur l'*Esprit des lois *de Montesquieu.* Il a été imprimé à Liège, en 1817, chez mon père qui en fut chargé par un libraire de Paris, avec qui M. de Tracy était depuis longtemps en relations d'affaires. Je fus chargé de faire passer, par une voie sûre, le manuscrit à Liège. Cet ouvrage devait faire sensation, et il obtint en effet le succès qu'il mérite. Cette première édition étant épuisée, je me présentai, vers la fin de 1818, chez M. de Tracy et lui proposai de publier son ouvrage à Paris, mais en y mettant son nom, qui d'ailleurs n'était plus un secret pour personne.

Cette dernière partie de ma proposition fut celle qui souffrit le plus de difficultés, car ce ne fut qu'au mois de mars 1819 qu'il se décida à l'accepter, *moyennant trois mille francs.* Je promis cette somme à M. de Tracy, et il me remit une portion de *copie* ou manuscrit, que je m'empressai de porter chez M. Fain, mon imprimeur; mais un autre m'avait prévenu [1], et M. Fain travaillait déjà à une réimpression de cet ouvrage, sur l'édition de Liège. J'en instruisis de suite M. de Tracy et lui reportai la portion de manuscrit qu'il venait de me remettre, ne voulant pas courir la chance d'une concurrence trop désavantageuse pour moi, puisque je ne pouvais faire paraître mon édition avant celle qui était déjà sous presse.

M. de Tracy s'indigna de la violation de sa propriété, et sur la promesse formelle qu'il me fit *d'empêcher cette édition de paraître, d'en faire punir l'auteur*, et de me charger par la suite de la réimpression de ses œuvres, je consentis à consommer mon marché. M. de Tracy *promit et s'engagea* (ce sont les termes de son écrit) *de ne COMMUNIQUER à personne le manuscrit de son* Commentaire sur l'*Esprit des lois, et de ne permettre d'en faire aucune édition ni réimpression d'ici au premier juin 1822, époque à laquelle il rentrerait dans sa propriété.*

Des poursuites furent en effet commencées; mais, soit qu'il répugnât à M. le comte de Tracy de poursuivre en son nom un procès en contrefaçon, soit par tout autre motif, les choses en restèrent là; et, tout aussi ennemi que lui des procès, j'ai subi toutes les conséquences fâcheuses de la concurrence, sans trop rechercher comment et pourquoi le grand courroux du noble pair s'était si justement enflammé et si promptement apaisé.

J'ai donc fait une édition in-8° du *Commentaire de l'*Esprit des lois : je n'ai tiré cette édition qu'à 1500 exemplaires; il m'était impossible, comme il est facile de le démontrer, de rentrer dans mes déboursés avec un aussi faible tirage et un prix aussi élevé d'un manuscrit acquis seulement pour

1. *Prévenu* au sens de *précédé.*

trois ans. Mon calcul avait pour base l'essor que la librairie française avait pris; j'avais compté que, parmi les nombreuses éditions de tous nos bons auteurs, Montesquieu ne serait pas le moins réimprimé, et que les éditeurs de l'*Esprit des lois* m'achèteraient un certain nombre d'exemplaires de ce *Commentaire*, afin de rendre leurs éditions aussi complètes que possible. J'avais d'ailleurs moi-même le projet de publier les *Œuvres complètes de Montesquieu*, et c'est aussi pourquoi j'ai fait imprimer une édition in-18 de ce *Commentaire*.

Cependant depuis plusieurs mois on parlait dans le public d'une nouvelle édition du *Commentaire sur l'*Esprit des lois; j'étais loin de penser que ces bruits pussent avoir le moindre fondement, et surtout que M. le comte de Tracy pût y avoir contribué en quoi que ce soit; j'aurais même cru lui faire injure en lui demandant à cet égard la moindre explication. M. de Tracy qui, comme écrivain, prêche la morale, et qui, comme homme public, la pratique, M. de Tracy, me disais-je, n'anticipera pas sur l'expiration de mon droit, peut-être même dois-je attendre de sa bienveillance et de sa justice qu'il me préférera à tout autre pour cette réimpression.

Telles étaient mes idées : mais je fus bien détrompé lorsque je lus dans le *Journal de la librairie* du samedi 6 avril 1822 l'annonce suivante : *Œuvres de Montesquieu, etc., suivies du Commentaire sur l'*Esprit des lois *et d'un mémoire sur cette question : quels sont les moyens de fonder la morale d'un peuple ; écrit publié en 1798 par M. le comte Destutt de Tracy, pair de France, membre de l'Institut, etc. : prospectus in-8°, imprimerie de Cellot. À Paris, chez Dalibon.* Le prospectus acheva de me convaincre, il porte : *Ce* Commentaire *est publié pour la première fois avec l'ouvrage original; son estimable* AUTEUR A BIEN VOULU LE REVOIR; *lui seul pouvait croire qu'il était susceptible de quelque amélioration.*

La seule annonce de cette nouvelle édition m'a causé le plus grand préjudice; elle a paralysé longtemps avant le terme la vente de l'ouvrage que M. de Tracy m'avait cédé pour trois ans; elle m'a empêché de traiter avec d'autres libraires qui auraient eu l'intention d'imprimer les *Œuvres de Montesquieu* et d'y ajouter le *Commentaire*. Ce serait donc vainement qu'on voudrait s'excuser sur ce que cette nouvelle édition n'a pas encore paru, sur ce qu'elle ne doit paraître qu'au mois de juillet : sans doute cette annonce pouvait être faite le 2 juin, mais jusque-là elle est prématurée, parce qu'elle m'est préjudiciable; et elle m'est préjudiciable, parce qu'elle paralyse la vente de mes éditions et me trouble dans la jouissance qui m'est acquise jusqu'au 1er juin, car il ne faut pas assimiler les propriétés littéraires aux propriétés foncières. Le bail passé à un nouveau fermier n'empêche pas le fermier en possession de faire sa récolte; tandis qu'en librairie, l'annonce d'une nouvelle édition corrigée par l'auteur empêche de tirer parti de l'édition précédente.

M. le comte de Tracy s'est engagé à ne *PERMETTRE d'en faire aucune édition ni réimpression d'ici au 1er juin 1822.*

M. Dalibon, par son prospectus répandu depuis deux mois et annoncé dans le *Journal de la librairie* du 6 avril, annonce avoir traité avec l'*estimable auteur qui a bien voulu revoir son ouvrage.* M. de Tracy n'a pas réclamé contre cette annonce faite publiquement et qui a retenti dans la république des lettres.

En ne prenant pour date certaine que l'annonce dans le *Journal de la librairie* du 6 avril, le traité entre M. de Tracy et M. Dalibon remonte nécessairement bien plus haut, car l'ouvrage a été acquis par M. Dalibon (l'annonce le prouve) *après avoir été revu par son estimable auteur.* L'acquisition d'un côté entraîne de l'autre la remise du manuscrit ou de la copie. M. de Tracy n'a donc pas observé son engagement de ne *COMMUNIQUER son manuscrit*, de ne *permettre* aucune édition ni réimpression avant le premier juin; il l'a fait certainement et a dû le faire longtemps avant; longtemps avant le 6 avril M. Dalibon avait acquis un droit dont M. de Tracy ne devait disposer qu'au premier juin.

Sous tous ces rapports, je suis donc lésé par les annonces et les traités qu'ont faits MM. le comte de Tracy et Dalibon. La justice et l'équité de ma cause doit frapper, ce me semble, tout homme honnête et de bonne foi.

Th. DESOER
Paris, ce 28 mai 1822

TABLE DES MATIÈRES

Achevé d'imprimer par Corlet Numérique - 14110 Condé-sur-Noireau
N° d'Imprimeur : 128079 - Dépôt légal : avril 2016 - *Imprimé en France*